조선시대 한문 기행일기

이 저서는 2017년 대한민국 교육부와 한국연구재단의 지원을 받아
수행된 연구임 (NRF-2017S1A5B5A02023757)

조선시대 한문 기행일기

김미선 著

경인문화사

머리말

　기행일기는 작품 수량이 많고, 형식적·문학적 완성도가 높으며, 다양한 여정을 담고 있어 조선시대 여러 일기 중에서 중요성이 높다. 하지만 조선시대 기행일기에 대한 종합적 조사·연구는 이루어지지 않고 있었다.

　필자는 한국연구재단의 2017년 학문후속세대지원사업(학술연구교수)에 선정되어 2017년 7월부터 2020년 6월까지 3년간 조선시대 한문 기행일기 연구를 본격적으로 진행하였다. 이 연구는 조선시대 한문 기행일기를 전체적으로 조사하여 현황을 파악한 후, 기행일기의 시기별 변화 추이 고찰, 기행목적별·기행지역별 분류, 주요 개별 작품 분석 등을 시행하여 조선시대 한문 기행일기를 종합적으로 연구하는 데에 목적이 있었다.

　조선시대 한문 기행일기 연구를 진행한 결과 1,200편이 넘는 기행일기를 확인하였고, 총 10편의 논문을 학술지에 게재하였다. 발표 시기순으로 논문을 정리하면 다음과 같다.

- 「조선시대 기행일기의 범주에 대한 논의」, 『국학연구』 35, 한국국학진흥원, 2018.03.
- 「기행일기 정리의 현황과 과제」, 『국학연구론총』 21, 택민국학연구원, 2018.06.
- 「조선시대 한문 기행일기의 현황과 가치」, 『한국민족문화』 71, 부산대학교 한국민족문화연구소, 2019.05.
- 「섬 여행을 기록한 조선시대 기행일기」, 『도서문화』 53, 목포대학교 도서

문화연구원, 2019.06.

· 「조선시대 기행일기 속 여행 목적」, 『국어문학』 71, 국어문학회, 2019.07.

· 「장한철『표해록』의 표류 체험 글쓰기와 문학교육적 의미」, 『영주어문』 44, 영주어문학회, 2020.02.

· 「강주호(姜周祜) 기행일기로 본 19세기초 안동 선비의 유람 여행」, 『어문론총』 83, 한국문학언어학회, 2020.03.

· 「기행일기로 본 조선시대 명승지」, 『한민족어문학』 89, 한민족어문학회, 2020.09.

· 「조선시대 기행일기의 문학교육적 활용」, 『동아인문학』 52, 동아인문학회, 2020.09.

· 「소승규「유봉래산일기」의 유람 여행 글쓰기와 문학교육적 의미」, 『동양학』 84, 단국대학교 동양학연구원, 2021.07.

연구 1년차에는 조선시대 기행일기의 범주에 대한 논문을 작성하여 조사의 방향을 정하였으며, 기행일기 정리의 현황을 파악한 논문을 작성하여 기행일기 조사에 활용하였다. 그리고 기행일기 조사를 시행한 결과 1,279편의 조선시대 한문 기행일기를 확인하고, 시기별 현황, 여행의 목적을 각각 분석한 논문을 2년차에 작성하였다. 이때 산 여행에 비해 연구가 부족하였던 섬 여행을 기록한 기행일기를 파악한 논문도 별도로 작성하였다.

3년차에는 기행일기 주요 개별 작품에 대한 논문 2편을 작성하고, 지역에 집중한 연구로서 기행일기로 본 명승지를 파악한 논문을 작성하였다. 아울러 조선시대 한문 기행일기의 문학교육적 활용을 연구한 논문을 작성하여, 기행일기의 현대적 활용 방안을 제시하였다. 3년의 연구 기간이 끝난 이후에도 기행일기 주요 개별 작품에 대한 논문 1편을 추가로 발표하였다.

이러한 연구를 통해 기행일기의 시기별 수량을 확인하고, 15세기~16세기를 기행일기 형성기로, 17세기를 기행일기 확장기로, 18세기~20세기초를 기행일기 전성기로 정리하였다. 조선시대 한문 기행일기의 여행 목적 중 주된 목적은 '유람'으로, 약 80%의 일기가 여기에 속하였으며, 그 외 다양한 목적으로 '과거 응시 및 스승 관련', '관직, 유배 관련', '성묘, 문헌 간행 등 선조 관련', '기타 온천, 상소, 모임 등'이 있음을 확인하였다.

또 제목에 유람지가 명확히 드러나는 조선시대 한문 기행일기 969편을 통해 명승지의 유형을 정리한 결과 726편이 자연 유형에, 243편이 인문 유형에 해당되었으며, 그중 산을 유람한 경우가 전체의 50%가 넘는 것을 확인하였다. 이렇듯 본 연구의 결과로 조선시대 한문 기행일기를 종합적으로 파악할 수 있었고, 기행일기의 교육적 활용 방안, 일부 개별 기행일기 작품의 특징과 의미 등도 확인할 수 있었다.

연구의 진행 과정에서 조선시대 한문 기행일기의 제목, 출전, 저자, 일기 기간 등을 기록한 목록을 작성하였지만, 1,200편이 넘는 목록을 논문에 싣기에는 한계가 있었다. 그렇기 때문에 발표한 논문에는 해당 논문 주제와 관련한 일부 목록만이 제시되었다. 조선시대 한문 기행일기 전체 목록이 제시되어야 기행일기의 현황을 사람들이 명확히 파악할 수 있으며, 본 연구의 결과를 다양한 사람들이 활용할 수 있게 될 것이다.

본 저서는 조선시대 한문 기행일기 연구의 마지막 성과물로, 조선시대 한문 기행일기 전체 목록을 제시하는 것에 주안점을 두었다. 그리하여 제2장에서는 조선시대 한문 기행일기 목록 전체를 세기별로 나누어 제시하고, 제3장에서는 이를 다시 저자순으로 정리하여 제시하였다. 본 저서에는 조선시대 한문 기행일기의 조사 과정, 자료적 특징 등에 대한 대략적인 설명만을 덧붙였으며, 기행일기에 대한 깊이 있는 논의는 기존에 발표한 논문에 담겨 있다. 그러므로 본 저서와 논문을 함께 보았을 때, 조선시대 한문 기행일기의 면모와 특징이 파악될 것이다.

　　2019년~2020년에 발표한 논문은 당시까지 조사된 1,279편의 기행일기를 대상으로 하여 작성되었으며, 이후 본 저서 완성 전까지 기행일기 몇 편이 더 확인되어 추가하였다. 그리하여 본 저서는 1,288편의 조선시대 한문 기행일기를 대상으로 하여 작성되었다. 이는 필자가 현재까지 조사한 결과를 담은 것으로, 나름 최선을 다해 조선시대 한문 기행일기를 조사하였지만 누락된 일기가 많을 것이다. 하지만 부족하더라도 이러한 목록이 제시되어야 조선시대 한문 기행일기에 대한 면모가 대략적으로라도 파악되고, 이를 보완하며 더욱 완성도 높은 연구 결과가 나올 수 있을 것이다. 본 저서가 다양하게 활용되기를 기대한다.

2021년 10월
김미선

| 목　차 |

머리말

제1장

조선시대
한문 기행일기의
범주와 조사

1. 조선시대 한문 기행일기의 범주

조선시대 한문 기행일기를 조사하기에 앞서 기행일기의 범주를 명확히 할 필요가 있다.[1] 조선시대의 일기는 생활일기, 강학일기, 관직일기, 기행일기, 사행일기, 유배일기, 전쟁일기, 의병일기, 사건일기, 장례일기 등으로 분류할 수 있다. 그런데 이 분류도 연구자들마다 견해가 다르며, 어디까지를 기행일기로 볼 것인가에 대해서도 이견이 있다. 그렇기 때문에 본 연구에서의 기행일기 범주를 먼저 밝혀야, 어떠한 일기들이 기행일기의 범주 속에 들어가 조사되고 연구되었는지 명확해질 것이다.

기행일기의 범주를 명확히 하기 위해, 선행 연구에서의 기행일기 범주를 살피고, 기행일기 범주에 대한 필자의 견해를 밝힌 논문 「조선시대 기행일기의 범주에 대한 논의」를 2018년에 발표하였다.[2] 이 논문에서 제시한 견해를 바탕으로 기행일기를 조사하였으며, 논문에서 제시한 기행일기의 범주를 간략히 정리하면 다음과 같다.[3]

---

1) '조선시대 한문 기행일기'라는 용어가 길기 때문에 이후 본문 서술에서는 간략하게 '기행일기'라는 용어를 사용할 것이다. 별도의 설명 없이 '기행일기'라고 서술한 것은 '조선시대 한문 기행일기'를 가리킨다.

2) 김미선, 「조선시대 기행일기의 범주에 대한 논의」, 『국학연구』 35, 한국국학진흥원, 2018.

3) 논문의 3장 '기행일기 범주에 대한 제언' 부분(김미선, 위의 논문, 431~443쪽)을 요약한 것이다. 본 저서는 논문에 싣지 못하였던 조선시대 한문 기행일기 목록 전체를 제시하는 것에 주안점을 두었다. 그렇기 때문에 논문에 이미 서술된 내용을 다시 언급하는 것은 최대한 지양하였으며, 꼭 필요한 부분만 출처를 밝히고 일부 요약하여 제시하였다.

기행일기는 여행 중에 보고 듣고 느낀 것을 일기 형식으로 적은 것으로, 여기에서의 여행은 자기의 거주지를 떠나 객지에 나다니는 일을 의미한다. 그렇다면 얼핏 거주지를 떠났던 일을 기록한 모든 일기를 기행일기로 보면 된다고 생각할 수 있다. 하지만 실제 일기를 읽다보면 거주지를 떠나는 일은 다양한 이유 속에서 일어나며, 여정이 들어 있되 일기의 중심이 여행이 아닌 다른 내용을 담고 있는 복합적인 일기가 많음을 알 수 있다. 여정이 들어있다 하더라도 다른 장르 일기로서의 특성과 성격이 중심이 되었다면 장르를 달리할 필요가 있다. 그렇기 때문에 기행일기의 범주를 볼 때는 일기의 분류를 고려하면서 살펴보아야 한다.

선행 연구의 검토와 필자의 실제 일기 조사를 바탕으로 할 때, 기행일기의 범주에 대해서는 다음과 같은 세 가지 부분에서 정리가 필요하다.

첫째, 특정한 내용의 작품 수가 독보적으로 많아 별도로 분류하는 게 효율적인 경우, 기행일기와는 다른 장르로 나누었으면 한다. 이에 해당하는 것은 바로 사행일기이다.

사행일기를 이우경, 정하영은 기행일기 하위로 넣었으며,[4] 염정섭은 기행일기와 따로 분류는 하였지만 넓은 의미로 기행일기에 넣을 수 있다고 하였고,[5] 황위주, 최은주, 김미선은 기행일기와 별도로 분류하였다.[6] 이러한 이견이 생긴 이유는 사행(使行)이 사신(使臣)으로서 해외에 다녀오는 것으로, 사행일기 속에 해외로 떠나는 여정과 새로운 나라에서 보게 된 일에 대한 기록이

---

4) 이우경, 『한국의 일기문학』, 집문당, 1995 ; 정하영, 「朝鮮朝 '日記'類 資料의 文學史的 意義」, 『정신문화연구』 19, 한국학중앙연구원, 1996.

5) 염정섭, 「조선시대 일기류 자료의 성격과 분류」, 『역사와현실』 24, 한국역사연구회, 1997.

6) 황위주, 「조선시대 일기자료의 현황과 활용방안」, 『국역 조선시대 서원일기』, 한국국학진흥원, 2007 ; 최은주, 「조선 시대 일기 자료의 실상과 가치」, 『대동한문학』 30, 대동한문학회, 2009 ; 김미선, 『호남문집 소재(所載) 일기류 자료』, 경인문화사, 2018.

있기 때문이다.

여행의 개념 자체가 거주지를 떠나 다른 고장이나 다른 나라에 가는 일로서, 휴식과 구경을 동반하지 않아도 되므로, 공적인 사신으로서 해외에 다녀온 일도 여행이라고 볼 수 있고, 그 일기도 기행일기에 들어갈 수 있다. 그런데 사행일기는 사신으로서의 공적인 임무를 위해 해외에 다녀온다는 공통성을 가져, 내용에 있어서 일정한 통일성이 있으며 전해지는 일기 수량도 매우 많다. 그렇기 때문에 기행일기와 별도로 분류하여 정리하는 것이 일기 조사 및 연구에 효율적이다.

둘째, 여정이 들어있으나 다른 장르에 해당하는 내용이 일기의 중심일 경우, 중심 내용에 해당하는 장르로 넣었으면 한다.

조선시대 일기를 살펴보다 보면 여정이 담긴 일기가 많다. 강학일기만 살펴보아도 스승이 계신 곳을 찾아가 수학하고 집에 돌아오기까지의 과정을 기록한 일기가 있으며, 유배일기에도 유배지로 오가는 여정이 담겨 있기도 하다.

관직일기의 경우에도 여정이 담긴 경우가 있다. 만약 전라도관찰사라는 관직으로 전라도에 있던 중 잠깐의 말미를 내어 근처의 산을 유람하고 일기로 썼다면 그것은 기행일기에 넣어야 하지만, 근무지로 가기 위한 여정이 잠깐 기록된 후 관직생활이 기록된 일기, 암행어사 등의 임무로 인해 일정 지역을 돌아보고 민생을 살핀 일을 기록한 일기의 경우에는 관직일기로 분류해야 할 것이다.

이외에 임진왜란 때 포로로서 일본에 끌려갔다 조선으로 돌아온 일을 기록한 일기에도 여정이 담겨 있다. 그러나 이들 일기의 핵심은 전쟁으로 인한 포로체험이므로, 전쟁일기에 포함시켜야 할 것이다. 장례일기의 경우에도 타지역에서 사망한 경우 시신을 옮기는 여정이 일기에 담기게 된다. 이러한 경우에도 여정이 담겨있으나 운구를 위한 여정이므로 장례일기에 포함시켜야 할 것이다.

이와 같이 강학일기, 관직일기, 유배일기, 전쟁일기, 장례일기 등 여러 가지

일기 속에도 여정이 들어갈 수 있다. 일기에 여정이 담겨있되 강학활동, 관직생활, 유배생활, 전쟁으로 인한 포로생활, 장례과정 등이 일기의 핵심 내용이고, 각각의 핵심 내용에 해당하는 일기 장르가 분류되어 있다면 그 장르에 넣는 것이 일기의 특성을 파악하는 데에 효율적일 것이다.

셋째, 특별한 사건을 이유로 여정을 떠났으나 여정에서 보게 된 것들이 일기의 중심인 경우, 기행일기에 넣었으면 한다.

표류로 인한 여정을 담고 있는 일기는 선행 연구에서 이견이 많았다. 표류를 기록한 일기는 그 극적인 사건으로 인해 문학성이 뛰어나며, 역사학적으로도 중요한 자료이다. 그리고 내용도 특별하여 '표류기', '표류일기'로 분리하고자 했던 연구자들의 의견에 공감이 간다. 그런데 실제 일기를 조사해보면 하나의 장르로 따로 묶어낼 만큼 많은 수의 일기가 발견되지 않는다.

표류라는 일 자체가 일상에서 자주 일어나는 일이 아닌데다가 그를 일기로 기록한 경우는 더욱 적다. 그렇기 때문에 표류일기를 일기 장르 중 하나로 별도로 분류하기에는 어려움이 있다. 이렇게 표류일기를 단독 장르로 분류하기 어렵다면, 어느 장르에 넣는 것이 적합할까? 현재까지의 상황으로 보자면 우선 기행일기에 넣는 것이 어떨까 한다. 최부『표해록』과 같은 작품을 살펴보면 표류의 극적인 장면도 당연히 일기에 나타나지만 더 많은 부분은 여정에 치중되어 있기 때문이다. 해외 여정과 그로 인해 보게 되는 풍경, 만나게 된 사람들과의 일화 등이 가장 많은 분량을 차지하므로 기행일기에 넣는 것이 적합할 것이다.

이 외에 제사·성묘를 위한 여정을 담은 일기, 과거 시험을 위한 여정을 담은 일기 등도 있다. 이러한 경우에도 제사일기, 과거일기라고 별도로 분류하기에는 일기의 수량이 적은 편이며, 모두 별도의 일기 장르로 나누다보면 일기 분류가 번다해지는 문제점이 있다. 제사·과거 등을 위해 오고가는 과정 중 근처를 유람하는 등 다양한 여정을 담고 있는 경우가 많으므로 기행일기에 포함시키는 것이 적합할 것이다.

아울러 유기(遊記) 관련하여 첨언하자면, 사행록 중 일기 형식인 것을 사행일기에 넣는 것처럼 산수 유람을 기록한 유기 중 일기 형식인 것은 기행일기에 넣어야 한다. 유산일기(遊山日記), 유람일기(遊覽日記) 등으로 불릴 수 있는 이런 일기를 기행일기에 포함시키는 것에 대해서는 이견이 거의 없다. 그러나 이렇게 별도로 언급하는 것은 기행일기 중 유기의 수량이 많아, 사행일기처럼 분리해야하는 것이 아닌가 하고 오인하는 경우를 우려해서이다. 산수 유람은 선조들의 여행 중 가장 큰 비중을 차지하는 것으로, 현대의 여행과도 일맥상통한다. 이를 기행일기와 별도로 분류한다면 기행일기의 기본이 흔들리므로 이와 같이 간략히 언급하였다.

어디까지를 일기로 볼 것인가에 대해서도 연구자들의 견해가 다르다. 필자는 기존에 호남문집 소재 일기를 조사·연구하면서 선행 연구자들의 일기에 대한 정의를 살폈으며, 필자 연구에서 어디까지를 일기로 보는지에 대한 견해를 밝혔다.[7] 이때에 일기의 범위를 넓게 정하여, 날짜별로 기록한 완벽한 형태의 일기뿐 아니라 일기류로 볼 수 있는 자료를 모두 연구대상에 포함시켰다. 본 저서에서도 '선조들이 오랜 기간 일기로 인식하고 작성했던 글들을 현대의 잣대로 제한해서는 안 된다', '연구자들, 일반 대중들에게 최대한 많은 기행일기를 제공한다'라는 생각 아래 일기의 범위를 넓게 정하였다. 그리하여 날짜가 명확하게 제시되지 않더라도 본인의 직접적인 여행 경험을 기록한 경우 최대한 연구대상에 포함시켰다.

----

7) 김미선, 『호남문집 소재(所載) 일기류 자료』, 경인문화사, 2018, 15~18쪽.

2. 조선시대 한문 기행일기의 조사

기행일기 전체를 조사한다는 것은 쉬운 일은 아니다. 하지만 기존에 일기, 유기 등을 조사·연구한 성과가 있고, 여러 기관들에 의해 만들어진 해제집, 체계적으로 구축된 DB 등을 활용한다면 기행일기에 대한 조사를 충분히 진행할 수 있으리라 생각하였다. 그리고 실제 다음과 같이 기행일기 조사를 시행하고 목록을 작성하였다.

첫째, 기존 출판물을 활용한 조사를 시행하였다. 기행일기만을 별도로 정리한 출판물은 확인하지 못하였다. 하지만 국립중앙도서관 소장 일기, 조선시대 개인일기, 호남문집 소재 일기에 기행일기도 포함되어 있기 때문에 아래와 같은 출판물을 활용하여 기행일기를 조사하였다.

> 국립중앙도서관 도서관연구소 고전운영실, 『국립중앙도서관 선본해제13 – 일기류』, 국립중앙도서관 도서관연구소, 2011 ; 국립문화재연구소 미술문화재연구실, 『조선시대 개인일기1 – 대구·경북』, 국립문화재연구소, 2015 ; 국립문화재연구소 미술문화재연구실, 『조선시대 개인일기2 – 인천·경기』, 국립문화재연구소, 2016 ; 국립문화재연구소 미술문화재연구실, 『조선시대 개인일기3 – 서울』, 국립문화재연구소, 2017 ; 국립문화재연구소 미술문화재연구실, 『조선시대 개인일기4 – 충청·강원·전라·경남』, 국립문화재연구소, 2018 ; 김미선, 『호남문집 소재(所載) 일기류 자료』, 경인문화사, 2018.

산수 유람을 기록한 유기(遊記)의 경우 작품을 모아 영인하거나 번역한 출판물이 많으며, 학술적 저서 속에 유기 목록이 포함되어 있기도 하다. 유기 중 일기 형식인 것은 기행일기에 포함시킬 수 있으므로, 이러한 유기 관련 출판물을 활용하여 기행일기를 조사하였다. 조사한 유기 관련 출판물은 다음과 같다.

강정화 외, 『지리산 유람록의 이해』, 보고사, 2016 ; 강정화·황의열 편, 『지리산권 유산기 선집』, 선인, 2016 ; 경상대학교 경남문화연구원 편, 『금강산유람록』 1~10, 민속원, 2016~2019 ; 국립수목원 편, 『산림역사 자료 연구총서1 경상북도 - 산림정책과 산림문화 역사성 규명을 위한 국역 유산기』, 한국학술정보, 2013 ; 국립수목원 편, 『산림역사 자료 연구총서2 경기도 - 산림정책과 산림문화 역사성 규명을 위한 국역 유산기』, 한국학술정보, 2014 ; 국립수목원 편, 『산림역사 자료 연구총서3 경상남도 - 산림정책과 산림문화 역사성 규명을 위한 국역 유산기』, 한국학술정보, 2014 ; 국립수목원 편, 『산림역사 자료 연구총서4 강원도 - 산림정책과 산림문화 역사성 규명을 위한 국역 유산기』, 한국학술정보, 2015 ; 국립수목원 편, 『산림역사 자료 연구총서5 충청도, 전라도 - 산림정책과 산림문화 역사성 규명을 위한 국역 유산기』, 한국학술정보, 2016 ; 국학진흥연구사업추진위원회 편, 『와유록(臥遊錄)』, 한국정신문화연구원, 1997 ; 김대현 외, 『국역 무등산유산기(無等山遊記)』, 광주시립민속박물관, 2010 ; 김용곤 외 역, 『조선시대 선비들의 금강산 답사기』, 혜안, 1998 ; 김용남, 『옛 선비들의 속리산기행』, 국학자료원, 2009 ; 박영호·김우동 역, 『국역 주왕산유람록』 I~II, 청송군, 2013~2014 ; 심경호, 『산문기행 - 조선의 선비, 산길을 가다』, 이가서, 2007 ; 오문복, 『제주도명승』, 제주문화원, 2017 ; 이경수, 『17세기의 금강산기행문』, 강원대학교출판부, 2000 ; 이상태 외 역, 『조선시대 선비들의 백두산 답사기』, 혜안, 1998 ; 이종묵 선역, 『누워서 노니는 산수 - 조선시대 산수유기 걸작선』, 태학사, 2002 ; 이혜순 외, 『조선중기의 유산기 문학』, 집문당, 1997 ; 전송열·허경진 편역, 『조선 선비의 산수기행』, 돌베개, 2016 ; 정민 편, 『한국역대산수유기취편(韓國歷代山水遊記聚編)』 1~10, 민창문화사, 1996 ; 정병호 외 역, 『경북 동해안 산수유람기』, 한국국학진흥원, 2012 ; 정치영, 『사대부, 산수 유람을 떠나다』, 한국학중앙연구원 출판부, 2014 ; 청량산박물관 편역, 『옛 선비들의 청량산 유람록』 I~III, 민속원, 2007~2012 ; 최석기 외 역, 『선인들의 지리산 유람록』, 돌베개, 2007 ; 최석기 외 역, 『선인들의 지리산 유람록』 3~6, 보고사, 2009~2013 ; 최석기 외 역, 『지리산 유람록 - 용이 머리를 숙인 듯 꼬리를 치켜든 듯』, 보고사, 2008.

　이중 정민이 편찬한 『한국역대산수유기취편』은 577편에 이르는 전국의 유기를 모아 영인한 것이고, 국립수목원에서 편찬한 5권의 『산림정책과 산림문화 역사성 규명을 위한 국역 유산기』는 전국의 유산기를 선별하여 번역하고 목록을 제시한 것이다. 또한 금강산, 무등산, 지리산 등 각 산별로 유기를 모아 정리한 것을 다수 볼 수 있다. 이러한 출판물에 실린 유기를 조사한 결과 약 76%를 기행일기로 볼 수 있었다.[8]

　둘째, 일기 관련 DB를 조사하였다. 일기 관련 대표적인 DB로는 한국국학진흥원에서 운영하는 '국학진흥원 일기류DB'[9]가 있다. 900편이 넘는 일기에 대한 해제, 원전 전체 이미지를 볼 수 있으며,[10] 일부 일기에 대해서는 번역과 원전 텍스트도 탑재되어 있다.

　호남지방문헌연구소와 지역문화교류호남재단이 운영하는 '호남기록문화유산'[11] 내 '일기자료' 부분을 통해서도 230편의 일기를 확인할 수 있다. 전체 일기에 대한 해제를 볼 수 있으며, 일부 일기에 대해서는 원전 전체 이미지가 탑재되어 있다.

　이러한 DB를 통해 기행일기를 조사하였으며, 이외 조선시대 일기 속 이야기 요소를 가공하여 제시한 '스토리테마파크 – 일기와생활'[12]도 조사에 활용하였다. '문화콘텐츠닷컴'[13] 내의 '명산여행기, 유산기'에 유산기에 대한 설명과 번역이 담겨 있는데, 기행일기에 포함되는 작품이 있기 때문에 이것도 조

---

8) 각 책에 실린 유기의 수량 및 기행일기의 수량은 「기행일기 정리의 현황과 과제」(『국학연구론총』 21, 택민국학연구원, 2018)에서 제시하였다. 이 논문에서는 '일기 DB 내의 기행일기', '일기 해제집 내의 기행일기'에 대해서도 설명하였다.

9) https://diary.ugyo.net/

10) 일기 DB가 계속 추가되고 있다. 2021년 10월 14일 기준으로는 940편의 일기를 확인할 수 있으며, 주제별 분류 중 기행일기 하위에는 306편이 분류되어 있다.

11) http://www.memoryhonam.co.kr/

12) http://story.ugyo.net/

13) http://www.culturecontent.com/

사에 활용하였다.

셋째, 문집 내에 수록된 일기를 조사하였다. 문집에는 한 사람이 남긴 문학 작품이 망라하여 수록되어 있으며, 저자가 기행일기를 남긴 경우 이것도 문집에 수록되어 전해지기도 한다. '한국고전종합DB'14)는 한국고전번역원이 운영하는 고전문헌 종합 DB로, 하위 '한국문집총간' 내에 많은 문집이 담겨 있다. '한국문집총간'은 문집 원전을 표점, 영인하여 출판물로 간행되었으며, DB로도 제공되어 검색을 통해 손쉽게 원전 텍스트와 이미지를 확인할 수 있다. 또 각 문집에 대한 해제도 실러 있고, 번역이 완료된 문집의 경우 번역문도 탑재되어 있어, '한국고전종합DB'를 활용해 기행일기를 집중적으로 조사하였다.

문집 내 일기를 확인하기 위해 국립중앙도서관 누리집15), '미디어한국학'16) 내 '한국역대문집총서' 등도 활용하였으며, 전남대학교 중앙도서관 등에 대한 방문 조사도 시행하였다.

이외 저서, 선집, 논문, 기사, 사전 등에서 기행일기를 확인하게 되면, 원전을 찾고 목록에 포함시켰다. 이러한 조사 결과로 1,288편의 기행일기를 확인하였고, 그를 대상으로 제2장과 제3장에 제시되는 기행일기 목록을 만들었다.

14) http://db.itkc.or.kr/
15) http://www.nl.go.kr/
16) http://www.mkstudy.com/

제2장

조선시대
한문 기행일기의
시기별 현황

　일기의 기간이 1392년부터 1910년까지인 기행일기를 조사하였으며, 1,288
편을 확인하였다. 가장 이른 시기의 일기는 성간(成侃, 1427~1456)의 <유관악
사북암기(遊冠岳寺北巖記)>(1443년 6월), 가장 늦은 시기의 일기는 위계룡(魏啓
龍, 1870~1948)의 <화양행일기(華陽行日記)>(1910년 8월 19일~9월 23일)였다.
기행일기의 세기별 수량을 정리하면 아래 표와 같다.

조선시대 한문 기행일기의 세기별 수량 및 비율

시기	수량(편)	비율(%)	비고
15세기	17	1.31	
16세기	64	4.96	
17세기	248	19.25	
18세기	415	32.22	
19세기	491	38.12	
20세기	52	4.03	1910년까지
시기 미상	1	0.07	
합계	1,288		

　2017년부터 2019년 초기까지 조사를 시행한 결과 1,279편의 기행일기를
확인하였으며, 이를 대상으로 논문 「조선시대 한문 기행일기의 현황과 가치」
를 2019년 5월에 발표하였다.[1] 본 저서의 기행일기 수량은 1,288편으로 논문

....

1) 김미선, 「조선시대 한문 기행일기의 현황과 가치」, 『한국민족문화』 71, 부산대학교
　한국민족문화연구소, 2019.

발표 당시보다 9편이 증가하였지만,2) 기행일기의 세기별 추이와 특징에는 차이가 거의 없다. 해당 논문에서는 기행일기가 등장하고 수량이 조금씩 증가한 15세기~16세기를 기행일기 형성기로, 기행일기 수가 급격히 증가한 17세기를 기행일기 확장기로, 가장 많은 수의 기행일기가 꾸준히 등장한 18세기~20세기초를 기행일기 전성기로 보았다. 그리고 세기별로 특징을 정리하고 목록의 일부를 제시하였다.

본 장에서는 논문에서 제시하지 못한 세기별 목록을 일기 기간순으로 제시할 것이다. 목록에 대한 이해를 돕기 위해 논문에서 밝혔던 목록의 세기별 정리 기준을 제시하면 다음과 같다.3)

일기의 기간이 두 세기에 걸쳐 있는 경우 일기가 시작되는 세기에 포함시

....

2) 세기별로는 17세기 2편, 19세기 10편이 증가하였으며, 16세기 1편, 18세기 2편이 감소하였다. 16세기 1편이 감소한 것은 이탁(李鐸)의 <북정기행(北征紀行)>을 삭제했기 때문이다. 이 일기는 한국국학진흥원이 운영하는 '유교넷'의 '일기류' 부분을 통해 16세기 일기로 확인하여 목록에 포함시켰다. 그러나 이후 '유교넷'의 '일기류' 부분이 '국학진흥원 일기류DB'로 개편되었고, 2021년 10월 현재 <북정기행>이 1917년의 일기로 수정되어 있기 때문에 이를 반영하여 삭제하였다. 18세기 2편이 감소한 것은 남극엽(南極曄)의 <영남일기(嶺南日記)>와 홍삼우당(洪三友堂)의 <두류록(頭流錄)>을 19세기로 이동시켰기 때문이다. 남극엽의 <영남일기>는 『호남문집 소재(所載) 일기류 자료』(경인문화사, 2018)를 집필하면서 1743년으로 시기를 추정하였으나, 재검토 결과 1803년이 더 적합하다고 판단하였다. 1743년에는 남극엽이 8살로 너무 어렸으며, 영남에 다녀온 후 아팠고 이후 사망까지 이르렀다는 기록이 있어, 사망하기 직전 해인 1803년에 영남에 다녀온 것으로 보았다. 홍삼우당의 <두류록>은 『선인들의 지리산 유람록 3』(보고사, 2009)에 시기가 1767년으로 되어 있어 처음에는 그것을 따랐다. 이 책에는 홍삼우당의 생몰년이 미상으로 되어 있으나, 『국역 無等山遊山記』(광주시립민속박물관, 2010)를 통해 생년을 1848년으로 확인할 수 있었고, 그 생몰시기에 맞게 <두류록>의 시기를 1887년으로 수정하였다.

3) 논문의 2장 '조선시대 한문 기행일기의 현황' 도입부(김미선, 위의 논문, 6~8쪽)의 일부이다. 당시 논문에서 제시한 세기별 수량은 15세기 17편, 16세기 65편, 17세기 246편, 18세기 417편, 19세기 481편, 20세기(1910년까지) 52편, 시기 미상 1편이었다.

컸다. 일기를 살펴보다 보면 날짜는 나오지만 연도가 나오지 않는 일기가 다수 있다. 이렇게 연도를 알 수 없는 경우 저자 생몰연도, 일기의 내용, 문집에 함께 수록된 일기를 보면서 해당 세기에 일기를 포함시켰으며, 선행 연구에서 세기를 추정한 경우 그것을 참조하였다. 저자의 생몰연도가 두 세기에 걸쳐 있는 경우, 여행을 어느 정도 성장한 후에 간다는 것을 고려하여 15세 이후 살았던 기간이 더 긴 세기에 해당 일기를 포함시켰다.

다만 저자가 1910년 이후까지 생존한 경우에는 일기 연도가 미상인 경우 조사에서 제외하였다. 15~19세기에 두 세기에 걸쳐 저자가 생존한 경우 어떤 세기로 추정하여도 조선시대 일기인 것이 확실하지만 1910년 이후까지 생존한 경우에는 일제강점기 일기일 수도 있기 때문이다. 아울러 저자가 19세기 말~20세기초에 생존하였고 여러 편의 일기를 남긴 경우 1910년까지의 일기만 본 조사에 포함시켰다.

시기 미상 1편은 유사(柳泗, 1502~1571)의 『설강유고(雪江遺稿)』 부록에 수록된 <유호가정기(遊浩歌亭記)>이다. 호가정은 유사가 1558년에 창건한 정자이고, 이 일기는 유사의 후손인 유종(柳睲)이 5월에 호가정에서 노닌 일을 기록한 것이다. 유종의 생몰연도는 확인할 수 없으나 호가정은 1558년에 창건되었고, 이 일기를 수록한 문집은 1905년에 간행되어 조선시대 일기인 것은 확실하므로 본 조사에 포함시켰다.

아울러 본 저서의 세기별 목록은 다음과 같이 작성하였다. 세기는 추정하였으나 일기 기간이 미상인 경우에는 각 세기의 마지막에 저자 생몰연도순으로 배치하였다. 일기 기간 중 연도만 알 수 있는 경우에는 해당 연도의 마지막에 넣었으며, 월까지 아는 경우에는 해당 월의 마지막에 넣었다. 다만 홍석주의 1831년 일기와 같이 한 사람의 연속된 여정을 별도의 일기로 기록한 경우, 연도만 아는 것이 섞여 있어도 나란히 배치하였다. 연도와 계절을 아는 경우에는 해당 계절의 마지막에 넣었다. 예컨대 봄은 3월 다음에, 여름은 6월 다음에, 가을은 9월 다음에, 겨울은 12월 다음에 넣었다.

또 한 저자에게 여러 편의 기행일기가 있는 경우, 저자의 몇 번째 기행일기인지를 저자명 옆에 숫자로 표기하여 바로 파악할 수 있게 하였다.4) 한 저자의 일기 중 일기 기간이 미상인 것이 여러 편인 경우, 연도만 알 수 있는 작품이 여러 편인 경우에는 출전에 수록된 순서로 숫자를 표기하였다.

목록은 '일기명, 출전, 저자, 생몰연도, 일기 기간, 요약'으로 이루어져 있으며, '요약' 부분에는 일기의 내용을 간략히 정리하였다. 산이나 지역의 이칭이 일기명에 쓰인 경우, '요약' 부분에서는 현재 주로 쓰는 명칭으로 정리하였으며, 이칭이 처음 나온 경우에만 이칭임을 밝혔다.5) 출전이 없거나 저자가 미상인 경우에는 내용 정리 다음에 관련 정보를 볼 수 있는 저서나 DB, 소장처 등에 대한 간략한 설명을 덧붙였다.

---

4) '1, 2, 3 ……'과 같이 표기하였으며, 10편 이상이라서 두 자릿수인 경우에는 '01, 02, 03 ……'과 같이 표기하였다.

5) '풍악'은 '금강산'으로, '목멱산, 종남산'은 '남산'으로, '서석산'은 '무등산'으로, '삼각산'은 '북한산'으로, '도솔산'은 '선운산'으로, '주방산, 대둔산'은 '주왕산'으로, '두류산, 방장산'은 '지리산'으로, '지제산'은 '천관산'으로, '장수산'은 '치악산'으로, '강도, 심도'는 '강화도'로, '송경, 송도, 송악'은 '개성'으로, '계림, 동경, 동도'는 '경주'로 정리하였다.

1. 15세기 한문 기행일기

순번	일기명	출전	저자	생몰연도	일기 기간	요약
1	유관악사북암기 (遊冠岳寺北巖記)	진일유고 (眞逸遺藁)	성간 (成侃)	1427 ~1456	1443년 6월	관악사를 유람한 일을 기록.
2	유두류록 (遊頭流錄)	점필재집 (佔畢齋集)	김종직 (金宗直)	1431 ~1492	1472년 8월 14일~18일	지리산을 유람한 일을 기록. 두류산은 지리산의 이칭임.
3	유송도록 (遊松都錄)	뇌계집 (㵢谿集)	유호인 (俞好仁)	1445 ~1494	1477년 4월~5월	개성을 유람한 일을 기록. 송 도는 개성을 가리킴.
4	동행기 (東行記)	와유록 (臥遊錄)	성현 (成俔)	1439 ~1504	1481년	관동 지역을 유람한 일을 기록.
5	망양정기 (望洋亭記)	나재집 (懶齋集)	채수1 (蔡壽)	1449 ~1515	1481년	울진 망양정을 유람한 일을 기록.
6	유장산기 (遊獐山記)	연헌잡고 (蓮軒雜稿)	이의무 (李宜茂)	1449 ~1507	1483년 3월	장산을 유람한 일을 기록.
7	유금강산기 (遊金剛山記)	추강집 (秋江集)	남효온1 (南孝溫)	1454 ~1492	1485년 4월 15일~윤4월 20일	금강산을 유람한 일을 기록.
8	송경록 (松京錄)	추강집 (秋江集)	남효온2 (南孝溫)	1454 ~1492	1485년 9월 7일~18일	개성을 유람한 일을 기록. 송 경은 개성을 가리킴.
9	지리산일과 (智異山日課)	추강집 (秋江集)	남효온3 (南孝溫)	1454 ~1492	1487년 9월 27일~10월 13일	지리산을 유람한 일을 기록.
10	유천왕봉기 (遊天王峰記)	추강집 (秋江集)	남효온4 (南孝溫)	1454 ~1492	1487년 9월	지리산 천왕봉에 올랐던 일을 기록.
11	표해록 (漂海錄)	금남집 (錦南集)	최부 (崔溥)	1454 ~1504	1488년 1월 30일~6월 4일	제주 추쇄경차관이던 최부가 부친상을 당해 제주도에서 나 주로 이동 중 표류와 중국을 통한 귀환과정을 기록.
12	두류기행록 (頭流紀行錄)	탁영집 (濯纓集)	김일손1 (金馹孫)	1464 ~1498	1489년 4월 11일~28일	지리산을 유람한 일을 기록.
13	유가수굴기 (遊佳殊窟記)	추강집 (秋江集)	남효온5 (南孝溫)	1454 ~1492	1489년 8월	상원군에 위치한 가수굴이라 는 동굴을 구경한 일을 기록.
14	유금강록 (遊金剛錄)	재사당선생 일집	이원 (李黿)	? ~1504	1493년 5월	금강산을 유람한 일을 기록.

순번	일기명	출전	저자	생몰 연도	일기 기간	요약
		(再思堂先生 逸集)				
15	유송도록 (遊松都錄)	나재집 (懶齋集)	채수2 (蔡壽)	1449 ~1515	미상(3월)	개성을 유람한 일을 기록.
16	가야산해인사조 현당기 (伽倻山海印寺釣 賢堂記)	와유록 (臥遊錄)	김일손2 (金馹孫)	1464 ~1498	미상	가야산 해인사를 유람한 일을 기록.
17	유서석산기 (遊瑞石山記)	월성세고 (月城世稿)	정지유 (鄭之遊)	15 ~16세기	미상	동생이 무등산을 유람한다는 것을 듣고 쓴 글.

2. 16세기 한문 기행일기

순번	일기명	출전	저자	생몰연도	일기 기간	요약
1	유천마산록 (遊天磨山錄)	와유록 (臥遊錄)	박은 (朴誾)	1479 ~1504	1502년 2월~3월	천마산을 유람한 일을 기록.
2	금골산록 (金骨山錄)	망헌유고 (忘軒遺稿)	이주 (李冑)	1468 ~1504	1502년 9월	진도 유배 중 금골산에 다녀온 일을 기록.
3	유봉황대지 (遊鳳凰臺志)	희락당고 (希樂堂稿)	김안로1 (金安老)	1481 ~1537	1503년 7월	평양 봉황대를 유람한 일을 기록.
4	유백사정기 (遊白沙汀記)	와유록 (臥遊錄)	남곤 (南袞)	1471 ~1527	1510년 8월	백사정을 유람한 일을 기록.
5	유금강록 (遊金剛錄)	와유록 (臥遊錄)	성제원 (成悌元)	1506 ~1559	1531년 5월 8일~26일	금강산을 유람한 일을 기록.
6	유칠보산기 (遊七寶山記)	금호유고 (錦湖遺稿)	임형수 (林亨秀)	1504 ~1547	1542년 3월	칠보산을 유람한 일을 기록.
7	유청량산록 (遊淸凉山錄)	무릉잡고 (武陵雜稿)	주세붕 (周世鵬)	1495 ~1554	1544년 4월 9일~18일	청량산을 유람한 일을 기록.
8	유소백산록 (遊小白山錄)	퇴계집 (退溪集)	이황 (李滉)	1501 ~1570	1549년 4월 22일~26일	소백산을 유람한 일을 기록.
9	관동행록 (關東行錄)	용암집 (龍巖集)	박운 (朴雲)	1493 ~1562	1552년 7월 12일~8월	평해의 온정에 다녀온 일을 기록.
10	등덕유산향적봉기 (登德裕山香積峰記)	갈천집 (葛川集)	임훈 (林薰)	1500 ~1584	1552년 8월 24일~29일	덕유산 최고봉인 향적봉에 오른 일을 기록.
11	관동일록 (關東日錄)	치재유고 (恥齋遺稿)	홍인우 (洪仁祐)	1515 ~1554	1553년 4월 9일~5월 20일	금강산과 동해안 일대 명승지를 유람한 일을 기록.
12	유금강산록 (遊金剛山錄)	겸암집 (謙菴集)	유운룡 (柳雲龍)	1539 ~1601	1557년 9월	금강산을 유람한 일을 기록.
13	유두류록 (遊頭流錄)	남명집 (南冥集)	조식 (曺植)	1501 ~1572	1558년 4월 10일~25일	지리산을 유람한 일을 기록.
14	유청학산기 (遊靑鶴山記)	율곡전서 (栗谷全書)	이이 (李珥)	1536 ~1584	1569년 4월 14일~16일	청학산을 유람한 일을 기록.
15	유청량산록 (遊淸凉山錄)	송암집 (松巖集)	권호문 (權好文)	1532 ~1587	1570년 11월 1일~12월 5일	청량산을 유람한 일을 기록.
16	유천마록 (遊天磨錄)	첨모당집 (瞻慕堂集)	임운 (林芸)	1517 ~1572	1570년	천마산을 유람한 일을 기록.

순번	일기명	출전	저자	생몰연도	일기 기간	요약
17	금강산기행록 (金剛山紀行錄)	청계집 (靑溪集)	양대박1 (梁大樸)	1543 ~1592	1572년 4월 4일~20일	아버지를 모시고 금강산을 유람한 일을 기록.
18	유서석록 (遊瑞石錄)		고경명 (高敬命)	1533 ~1592	1574년 4월 20일~24일	무등산을 유람한 일을 기록. 서석산은 무등산의 이칭임. 단독으로 간행되었으며, 후에 『제봉전서(霽峰全書)』에도 수록됨.
19	유청량산록 (遊淸凉山錄)	송소집 (松巢集)	권우 (權宇)	1552 ~1590	1575년 10월 22일~11월 30일	청량산을 유람한 일을 기록.
20	유한계록 (遊寒溪錄)	옥동집 (玉洞集)	문익성 (文益成)	1526 ~1584	1575년	한계에서 노닌 일을 기록.
21	두타산일기 (頭陀山日記)	성암유고 (省菴遺稿)	김효원 (金孝元)	1542 ~1590	1577년 봄	두타산을 유람한 일을 기록.
22	남명소승 (南溟小乘)	백호집 (白湖集)	임제 (林悌)	1549 ~1587	1577년	제주목사인 부친을 찾아간 일을 기록.
23	동경유록 (東京遊錄)	간재집 (艮齋集)	이덕홍 (李德弘)	1541 ~1596	1579년 4월 17일~21일	경주를 유람한 일을 기록. 동경은 경주를 가리킴.
24	유청량산록 (遊淸凉山錄)	갈봉집 (葛峯集)	김득연 (金得硏)	1555 ~1637	1579년 8월 26일~9월 4일	청량산을 유람한 일을 기록.
25	유가야산록 (遊伽倻山錄)	한강집 (寒岡集)	정구 (鄭逑)	1543 ~1620	1579년 9월 10일~24일	가야산을 유람한 일을 기록.
26	유두류록 (遊頭流錄)	도탄집 (桃灘集)	변사정1 (邊士貞)	1529 ~1596	1580년 4월 5일~11일	지리산 천왕봉, 쌍계사 등을 유람한 일을 기록.
27	계림록 (鷄林錄)	졸옹집 (拙翁集)	홍성민 (洪聖民)	1536 ~1594	1580년 ~1590년	경주를 몇 차례 유람한 일을 기록. 계림은 경주를 가리킴.
28	유상 (遊賞)	태천집 (笞泉集)	민인백 (閔仁伯)	1552 ~1626	1580년경	금강산, 마이산, 홍류동 등을 유람한 일을 기록.
29	남간기 (南磵記)	송정집 (松亭集)	하수일1 (河受一)	1553 ~1612	1581년 4월 25일	내효도곡(內孝道谷)의 남간을 유람한 일을 기록.
30	유청량산록 (遊淸凉山錄)	회산세고 (檜山世稿)	황서 (黃曙)	1554 ~1602	1582년 9월 16일~21일	청량산을 유람한 일을 기록.
31	유황계폭포기 (遊黃溪瀑布記)	송정집 (松亭集)	하수일2 (河受一)	1553 ~1612	1582년 10월 3일~4일	남명 조식의 서원에서 제사를 모신 후 황계 폭포를 구경한 일을 기록.

순번	일기명	출전	저자	생몰연도	일기 기간	요약
32	유묘향산록 (遊妙香山錄)	지산집 (芝山集)	조호익1 (曺好益)	1545 ~1609	1585년 4월 18일~5월 4일	묘향산을 유람한 일을 기록.
33	유향풍산록 (遊香楓山錄)	지산집 (芝山集)	조호익2 (曺好益)	1545 ~1609	1585년 6월	향풍산을 유람한 일을 기록.
34	국도기 (國島記)	하곡집 (荷谷集)	허봉 (許篈)	1551 ~1588	1585년 가을	국도를 유람한 일을 기록.
35	유소백산록 (遊小白山錄)	추월당집 (秋月堂集)	한산두 (韓山斗)	1556 ~1627	1586년 3월	소백산을 유람한 일을 기록.
36	두류산기행록 (頭流山紀行錄)	청계집 (靑溪集)	양대박2 (梁大樸)	1543 ~1592	1586년 9월 2일~9월 12일	네 차례에 걸쳐 지리산을 유람한 일을 기록.
37	유적벽기 (遊赤壁記)	학봉집 (鶴峯集)	김성일 (金誠一)	1538 ~1593	1586년 가을	화순 동복 적벽을 유람한 일을 기록.
38	유내영산록 (遊內迎山錄)	해월집 (海月集)	황여일 (黃汝一)	1556 ~1622	1587년 8월 1일~10일	내영산을 유람한 일을 기록.
39	동행록 (東行錄)	역양집 (嶧陽集)	문경호 (文景虎)	1556 ~1619	1589년 7월~9월	울주 온천을 배를 타고 다녀온 일을 기록.
40	덕룡유산록 (德龍遊山錄)	향북당유고 (向北堂遺稿)	정준일 (鄭遵一)	1547 ~1623	1590년 3월 15일	덕룡산을 유람한 일을 기록.
41	유송도록 (遊松都錄)	도탄집 (桃灘集)	변사정2 (邊士貞)	1529 ~1596	1591년 2월 23일~27일	개성의 박연폭포 등을 유람한 일을 기록.
42	망양정기 (望洋亭記)	아계유고 (鵝溪遺稿)	이산해1 (李山海)	1539 ~1609	1592년 5월	유배 가는 중에 경포대, 망양정 등에 들른 일을 기록.
43	월송정기 (越松亭記)	아계유고 (鵝溪遺稿)	이산해2 (李山海)	1539 ~1609	1592년	강원도 평해 유배 중에 월송정에 올랐던 일을 기록.
44	유청량산록 (遊淸凉山錄)	오봉집 (梧峯集)	신지제 (申之悌)	1562 ~1624	1594년 9월 1일~5일	관찰사의 명으로 청량산에 다녀온 일을 기록.
45	유구월산기 (遊九月山記)	와유록 (臥遊錄)	조수익 (趙守翼)	1565 ~1602	1594년 9월 10일~12일	구월산을 유람한 일을 기록.
46	유금강산기 (遊金剛山記)	경암집 (敬菴集)	노경임1 (盧景任)	1569 ~1620	1595년 9월	금강산을 유람한 일을 기록.
47	야유보통계기 (夜遊普通溪記)	감수재집 (感樹齋集)	박여량1 (朴汝樑)	1554 ~1611	1597년 5월 16일~17일	보통의 계곡에서 밤에 노닌 일을 기록.
48	관어대유행기 (觀魚臺遊行記)	죽로집 (竹老集)	신활 (申活)	1576 ~1643	1598년 3월 15일	관어대를 유람한 일을 기록.
49	중유압록강기 (重遊鴨綠江記)	서경집 (西坰集)	유근 (柳根)	1549 ~1627	1599년 여름	사신 가는 길에 압록강을 유람한 일을 기록.

순번	일기명	출전	저자	생몰 연도	일기 기간	요약
50	청량산유상록 (淸凉山遊賞錄)	안촌집 (安村集)	배응경 (裵應褧)	1544 ~1602	1600년 5월 8일~20일	청량산을 유람한 일을 기록.
51	유학가산기 (遊鶴駕山記)	경암집 (敬菴集)	노경임2 (盧景任)	1569 ~1620	1600년 가을	이틀간의 학가산 유람을 기록.
52	월야방운주사기 (月夜訪雲住寺記)	아계유고 (鵝溪遺稿)	이산해3 (李山海)	1539 ~1609	1600년 겨울	도고산 운주사를 밤에 방문 했던 일을 기록.
53	덕수유산기 (德水遊山記)	희락당고 (希樂堂稿)	김안로2 (金安老)	1481 ~1537	미상 (5월 5일)	덕수의 산을 유람한 일을 기록.
54	서행기 (西行記)	회산집 (檜山集)	정환 (丁煥)	1497 ~1540	미상	서울에서 평양까지 유람한 일을 기록.
55	유장수사기 (遊長水寺記)	옥계집 (玉溪集)	노진 (盧禛)	1518 ~1578	미상	장수사를 유람한 일을 기록.
56	유선암사기 (遊仙巖寺記)	아계유고 (鵝溪遺稿)	이산해4 (李山海)	1539 ~1609	미상	선암사를 유람한 일을 기록.
57	유백암사기 (遊白巖寺記)	아계유고 (鵝溪遺稿)	이산해5 (李山海)	1539 ~1609	미상	백암사를 유람한 일을 기록.
58	두류산 (頭流山)	영허집 (映虛集)	영허 해일1 (映虛海日)	1541 ~1609	미상	지리산을 유람한 일을 기록.
59	향산 (香山)	영허집 (映虛集)	영허 해일2 (映虛海日)	1541 ~1609	미상	묘향산을 유람한 일을 기록.
60	금강산 (金剛山)	영허집 (映虛集)	영허 해일3 (映虛海日)	1541 ~1609	미상	금강산을 유람한 일을 기록.
61	유덕산장항동반 석기 (遊德山獐項洞盤 石記)	송정집 (松亭集)	하수일3 (河受一)	1553 ~1612	미상 (8월 18일)	덕산 장항동의 반석에 다녀 온 일을 기록.
62	유낙수암기 (遊落水巖記)	송정집 (松亭集)	하수일4 (河受一)	1553 ~1612	미상	낙수암을 유람한 일을 기록.
63	유청암서악기 (遊靑巖西岳記)	송정집 (松亭集)	하수일5 (河受一)	1553 ~1612	미상 (4월)	청암(경남 하동군) 서쪽 토 가사 좌주의 산 중 서악에 오른 일을 기록.
64	유삼각산기 (遊三角山記)	난곡유고 (蘭谷遺稿)	정길 (鄭佶)	1566 ~1619	미상	북한산을 유람한 일을 기록. 삼각산은 북한산의 이칭임.

3. 17세기 한문 기행일기

순번	일기명	출전	저자	생몰연도	일기 기간	요약
1	유한라산기 (遊漢拏山記)	와유록 (臥遊錄)	김상헌1 (金尙憲)	1570 ~1652	1601년 9월 24일~25일	한라산을 유람한 일을 기록.
2	유청량산기 (遊淸凉山記)	구전집 (苟全集)	김중청 (金中淸)	1567 ~1629	1601년 11월 3일~12일	청량산을 유람한 일을 기록.
3	등냉산기 (登冷山記)	경암집 (敬菴集)	노경임3 (盧景任)	1569 ~1620	1602년 7월	냉산을 유람한 일을 기록.
4	유금강산기 (遊金剛山記)	월사집 (月沙集)	이정구01 (李廷龜)	1564 ~1635	1603년 8월 1일~30일	금강산을 유람한 일을 기록.
5	제쌍룡사동유록 (題雙龍寺同游錄)	약포집 (藥圃集)	정탁 (鄭琢)	1526 ~1605	1603년 가을	쌍룡사를 유람한 일을 기록.
6	동유일록 (東遊日錄)	낙재집 (樂齋集)	서사원1 (徐思遠)	1550 ~1615	1603년	동쪽으로 유람을 하고 싶어 입암(立巖)에 다녀온 일을 기록.
7	유삼각산기 (遊三角山記)	월사집 (月沙集)	이정구02 (李廷龜)	1564 ~1635	1603년	북한산을 유람한 일을 기록.
8	유박연기 (游朴淵記)	월사집 (月沙集)	이정구03 (李廷龜)	1564 ~1635	1604년 3월	사신으로 북경에 가는 길에 박연폭포를 유람한 일을 기록.
9	유주방산록 (遊周房山錄)	하음집 (河陰集)	신즙1 (申楫)	1580 ~1639	1604년 4월 1일	주왕산을 유람한 일을 기록. 주방산은 주왕산의 이칭임.
10	월출산유산록 (月出山遊山錄)	창주유고 (滄洲遺稿)	정상 (鄭詳)	1533 ~1609	1604년 4월 26일~30일	72세의 나이로 월출산을 유람한 일을 기록.
11	유천산기 (遊千山記)	월사집 (月沙集)	이정구04 (李廷龜)	1564 ~1635	1604년 5월	사신 가는 길에 요양에 이르러 천산을 유람한 일을 기록.
12	유각산사기 (遊角山寺記)	월사집 (月沙集)	이정구05 (李廷龜)	1564 ~1635	1604년 9월	사신 갔다 돌아오는 길에 산해관의 각산사를 유람한 일을 기록.
13	유천마성거양산기 (遊天磨聖居兩山記)	현주집 (玄洲集)	조찬한1 (趙纘韓)	1572 ~1631	1605년 9월 7일	천마산과 성거산을 유람한 일을 기록.
14	위한강정선생동유기 (爲寒岡鄭先生東遊記)	낙재집 (樂齋集)	서사원2 (徐思遠)	1550 ~1615	1605년	스승 한강 정구를 모시고 팔거와 대곡 사이를 유람한 일을 기록.

순번	일기명	출전	저자	생몰 연도	일기 기간	요약
15	유망천서 (遊輞川序)	호봉집 (壺峯集)	이돈 (李燉)	1568 ~1624	1606년 여름	안동 망천을 유람한 일을 기록.
16	천성일록 (天聖日錄)	잠곡유고 (潛谷遺稿)	김육 (金堉)	1580 ~1658	1607년 4월 3일~7일	천성산을 유람한 일을 기록.
17	유변산록 (遊邊山錄)	휴옹집 (休翁集)	심광세 (沈光世)	1577 ~1624	1607년 5월	변산을 유람한 일을 기록.
18	유국도록 (遊國島錄)	벽오유고 (碧梧遺稿)	이시발 (李時發)	1569 ~1626	1607년 윤6월	국도를 유람한 일을 기록.
19	구사금강록 (龜沙金剛錄)		권엽 (權曄)	1574 ~1640	1607년 7월 30일~9월 12일	금강산을 유람한 일을 기록. 필사본으로 『17세기의 금강 산기행문』에 설명 있음.
20	유천관산기 (遊天冠山記)	헌헌헌문집 (軒軒軒文集)	김여중 (金汝重)	1556 ~1630	1609년 9월	천관산을 유람한 일을 기록.
21	유원주법천사기 (遊原州法泉寺記)	성소부부고 (惺所覆瓿藁)	허균 (許筠)	1569 ~1618	1609년	원주 명봉산 법천사에 올라 스 님과 대화를 나눈 일을 기록.
22	유한라산기 (遊漢拏山記)	와유록 (臥遊錄)	김치 (金緻)	1577 ~1625	1609년	한라산을 유람한 일을 기록.
23	두류산일록 (頭流山日錄)	감수재집 (感樹齋集)	박여량2 (朴汝樑)	1554 ~1611	1610년 9월 2일~16일	지리산을 유람한 일을 기록.
24	유향산일기 (遊香山日記)	습정집 (習靜集)	송방조 (宋邦祚)	1567 ~1618	1610년 9월 3일~11월 2일	묘향산을 유람한 일을 기록.
25	유두류산록 (遊頭流山錄)	어우집 (於于集)	유몽인 (柳夢寅)	1559 ~1623	1611년 2월 초~4월 8일	지리산을 유람한 일을 기록.
26	유주왕방산일기 (遊周方山日記)	호우집 (湖憂集)	이환 (李煥)	1582 ~1662	1614년 4월 16일~18일	주왕산을 유람한 일을 기록.
27	유화담기 (遊花潭記)	월사집 (月沙集)	이정구06 (李廷龜)	1564 ~1635	1614년 여름	화담을 유람한 일을 기록.
28	유송악기 (遊松嶽記)	월사집 (月沙集)	이정구07 (李廷龜)	1564 ~1635	1614년 여름	기우제를 위해 개성의 송악 에 다녀온 일을 기록.
29	유청량산일기 (遊淸凉山日記)	수암집 (修巖集)	유진 (柳袗)	1582 ~1635	1614년 9월 12일~17일	청량산을 유람한 일을 기록.
30	유청량산록 (遊淸凉山錄)	망와집 (忘窩集)	김영조 (金榮祖)	1577 ~1648	1614년 9월 12일~18일	청량산을 유람한 일을 기록.
31	유운문산록 (遊雲門山錄)	오한집 (螯漢集)	손기양 (孫起陽)	1559 ~1617	1614년 9월 19일~26일	운문산을 유람한 일을 기록.

순번	일기명	출전	저자	생몰연도	일기 기간	요약
32	유서산기 (遊西山記)	청음집 (淸陰集)	김상헌2 (金尙憲)	1570 ~1652	1614년 가을	어머님께 눈병이 났는데 서산의 샘물이 효험이 있다는 말을 듣고 형님 등과 다녀온 일을 기록.
33	유풍암기 (遊楓巖記)	기암집 (畸庵集)	정홍명 (鄭弘溟)	1582 ~1650	1614년	풍암을 유람한 일을 기록.
34	장단적벽선유일기 (長湍赤壁船遊日記)	낙서집 (洛西集)	장만 (張晩)	1566 ~1629	1615년 4월 2일~6일	배를 타고 임진강 상류 석벽을 유람한 일을 기록.
35	유금강산기 (遊金剛山記)	창주유고 (滄洲遺稿)	이형윤 (李炯胤)	1593 ~1645	1615년 8월 27일~윤8월 26일	금강산을 유람한 일을 기록.
36	유도봉서원기 (遊道峯書院記)	월사집 (月沙集)	이정구08 (李廷龜)	1564 ~1635	1615년 가을	도봉서원에 다녀온 일을 기록.
37	방장산선유일기 (方丈山仙遊日記)	부사집 (浮查集)	성여신 (成汝信)	1546 ~1631	1616년 9월 24일~10월 8일	지리산을 유람한 일을 기록. 방장산은 지리산의 이칭임.
38	두류산선유기 (頭流山仙遊記)	능허집 (凌虛集)	박민 (朴敏)	1566 ~1630	1616년 12월	지리산을 유람하고 내려와 호수에서 밤배를 띄우고 논 일을 기록.
39	한강선생봉산욕행록 (寒岡先生蓬山浴行錄)	석담집 (石潭集)	이윤우 (李潤雨)	1569 ~1634	1617년 7월 20일~9월 5일	한강 정구를 모시고 봉산 온천에 다녀온 일을 기록.
40	유의무려산기 (遊醫巫閭山記)	월사집 (月沙集)	이정구09 (李廷龜)	1564 ~1635	1617년 7월	사신 갔다 돌아오는 길에 광녕의 의무려산을 유람한 일을 기록.
41	유두류산록 (遊頭流山錄)	현곡집 (玄谷集)	조위한 (趙緯韓)	1567 ~1649	1618년 4월 11일~20일	지리산을 유람한 일을 기록.
42	금강록 (金剛錄)	수몽집 (守夢集)	정엽 (鄭曄)	1563 ~1625	1618년 윤4월 1일~14일	금강산을 유람한 일을 기록.
43	역진연해군현잉입두류상쌍계신흥기행록 (歷盡沿海郡縣仍入頭流賞雙溪神興紀行祿)	제호집 (霽湖集)	양경우 (梁慶遇)	1568 ~?	1618년 윤4월 15일~5월 18일	영암, 진도, 지리산 등을 유람한 일을 기록.

순번	일기명	출전	저자	생몰연도	일기 기간	요약
44	영동산수기 (嶺東山水記)	묵수당집 (默守堂集)	최유해 (崔有海)	1588 ~1641	1620년 9월 15일~11월 9일	두타산, 삼일포, 금강산 등을 유람한 일을 기록.
45	지제산유상기 (支提山遊賞記)	동계집 (東溪集)	박춘장 (朴春長)	1595 ~1664	1622년 4월 1일~8일	천관산을 유람한 일을 기록. 지제산은 천관산의 이칭임.
46	유두류산기 (遊頭流山記)	봉강집 (鳳岡集)	조겸 (趙瑊)	1569 ~1652	1623년 9월	지리산을 유람한 일을 기록.
47	영귀정범주기 (詠歸亭泛舟記)	경와집 (敬窩集)	김휴 (金烋)	1597 ~1638	1623년	영귀정에서 뱃놀이를 한 일을 기록.
48	무릉산동유록 (武陵山同遊錄)	도곡집 (道谷集)	안정 (安侹)	1574 ~1636	1625년 3월 2일~5일	무릉산을 유람한 일을 기록.
49	유가야산기 (遊伽倻山記)	창주집 (滄洲集)	허돈 (許燉)	1586 ~1632	1625년 9월 11일~15일	가야산을 유람한 일을 기록.
50	가야록 (伽倻錄)	남계문집 (柟溪文集)	이중무 (李重茂)	1568 ~1629	1625년 9월 12일~16일	가야산을 유람한 일을 기록.
51	내내선유서 (柰內船遊序)	조은집 (釣隱集)	한몽삼 (韓夢參)	1589 ~1662	1626년 3월	내내 인근을 배로 유람한 일을 기록.
52	심현록 (尋賢錄)	간송집 (澗松集)	조임도1 (趙任道)	1585 ~1664	1626년 7월	도봉서원, 오산서원에 다녀온 일을 기록.
53	유금강록 (遊金剛錄)	하음집 (河陰集)	신즙2 (申楫)	1580 ~1639	1627년 6월 27일~9월 15일	금강산을 유람한 일을 기록.
54	유청량산록 (遊淸凉山錄)	경암집 (敬庵集)	오여벌 (吳汝橃)	1579 ~1635	1627년 9월	청량산을 유람한 일을 기록.
55	낙산산수병기 (洛山山水屛記)	인재집 (認齋集)	최현 (崔晛)	1563 ~1640	1627년 초가을	1626년 관찰사가 되어 이동 중 낙산에 잠깐 갔던 일을 간략히 기술한 후, 1627년 유람을 기록.
56	유남천석담기 (遊南川石潭記)	백주집 (白洲集)	이명한1 (李明漢)	1595 ~1645	1628년 3월	남천 석담을 유람한 일을 기록.
57	유기룡산록 (遊騎龍山錄)	상화집 (常華集)	정호신 (鄭好信)	1605 ~1650	1628년 봄	기룡산을 유람한 일을 기록.
58	풍악록 (楓嶽錄)	창곡문집 (蒼谷文集)	이현영 (李顯英)	1573 ~1642	1628년 4월 2일~윤4월 4일	금강산을 유람한 일을 기록. 풍악은 금강산의 가을 명칭임.

순번	일기명	출전	저자	생몰 연도	일기 기간	요약
59	유산록 (遊山錄)	잠와유고 (潛窩遺稿)	이명준 (李命俊)	1572 ~1630	1628년 4월 12일~5월 5일	금강산을 유람한 일을 기록.
60	유수연소기 (遊水淵小記)	지족당집 (知足堂集)	박명단 (朴明榑)	1571 ~1639	1628년 4월 22일	수연을 유람한 일을 기록.
61	경양대동범록 (景釀臺同泛錄)	어촌유고 (漁村遺稿)	양훤 (楊暄)	1597 ~1650	1628년 4월	경양대 아래에서 배를 타고 노닌 일을 기록.
62	경양대하선유기 (景釀臺下船遊記)	간송집 (澗松集)	조임도2 (趙任道)	1585 ~1664	1628년	경양대 아래에서 배를 타고 노닌 일을 기록.
63	과종록 (過從錄)	간송집 (澗松集)	조임도3 (趙任道)	1585 ~1664	1629년 3월 18일~24일	창녕 창암을 유람한 일을 기록.
64	유주왕산일기 (遊周王山日記)	오우당집 (五友堂集)	김근 (金近)	1579 ~1656	1629년 4월 16일~18일	주왕산을 유람한 일을 기록.
65	영천초천일기 (榮川椒泉日記)	모암집 (慕巖集)	이충민 (李忠民)	1588 ~1673	1629년 7월 4일~24일	치료를 위해 영천의 초천에 다녀온 일을 기록.
66	유조계기 (遊曺溪記)	월사집 (月沙集)	이정구10 (李廷龜)	1564 ~1635	1630년	5대조 이회림(李懷林)의 묘소에 참배하고 인근 조계를 유람한 일을 기록.
67	원행록 (遠行錄)	간송집 (澗松集)	조임도4 (趙任道)	1585 ~1664	1631년 6월 6일~24일	봉화에 가서 스승을 조문하고 도산서원 등을 거쳐 돌아온 일을 기록.
68	대설방천방사기 (大雪訪千方寺記)	석루집 (石樓集)	이경전1 (李慶全)	1567 ~1644	1631년 11월	눈 오는 밤에 천방사에 다녀온 일을 기록.
69	노호승설마기 (露湖乘雪馬記)	석루집 (石樓集)	이경전2 (李慶全)	1567 ~1644	1631년 윤11월 21일	노량강에서 썰매를 타고 노닌 하루의 일을 기록.
70	제암선유기 (霽巖船遊記)	창명유고 (滄溟遺稿)	남선 (南釫)	1609 ~1656	1634년 4월	제암에서 배를 타고 노닌 일을 기록.
71	유관록 (遊觀錄)	간송집 (澗松集)	조임도5 (趙任道)	1585 ~1664	1635년 3월 2일~13일	배를 타고 김해 신산서원 향사에 다녀온 일을 기록.
72	청평록 (清平錄)	청음집 (清陰集)	김상헌3 (金尙憲)	1570 ~1652	1635년 3월 8일~14일	청평산을 유람한 일을 기록.
73	서상록 (西上錄)	임곡집 (林谷集)	임진부 (林眞怤)	1586 ~1657	1635년 11월 18일~1636년 1월 21일	관직 제수와 사직으로 서울을 오간 일을 기록.
74	배인홍군숙부 유강한기	규창유고 (葵窓遺稿)	이건 (李健)	1614 ~1662	1638년 9월 9일~10일	숙부와 배를 타고 한강을 유람한 일을 기록.

순번	일기명	출전	저자	생몰연도	일기 기간	요약
	(陪仁興君叔父遊江漢記)					
75	범해록 (泛海錄)	기언 (記言)	허목01 (許穆)	1595 ~1682	1638년 9월	배를 타고 남해 바다를 유람한 일을 기록.
76	유금강기 (遊金剛記)	백암집 (柏巖集)	안응창 (安應昌)	1603 ~1680	1640년 4월 13일~14일	금강산을 유람한 일을 기록.
77	유풍악기 (遊楓嶽記)	백주집 (白洲集)	이명한2 (李明漢)	1595 ~1645	1640년 4월 13일~미상	금강산을 유람한 일을 기록.
78	화왕유산록 (火旺遊山錄)	역양집 (嶧陽集)	양이정 (楊以貞)	1597 ~1650	1640년 늦여름	화왕산을 유람한 일을 기록.
79	밀암동기 (蜜巖洞記)	백곡집 (柏谷集)	김득신1 (金得臣)	1604 ~1684	1640년 7월 9일	밀암동을 유람한 일을 기록.
80	유도덕산록 (遊道德山錄)	몽암집 (蒙庵集)	이채 (李埰)	1616 ~1684	1643년 4월	도덕산을 유람한 일을 기록.
81	유두류산기 (遊頭流山記)	구당집 (久堂集)	박장원1 (朴長遠)	1612 ~1671	1643년 8월 20일~26일	지리산을 유람한 일을 기록.
82	개진기회록 (開津期會錄)	간송집 (澗松集)	조임도6 (趙任道)	1585 ~1664	1643년 10월	고양의 개진보(開津步)에서 배등암(裵藤庵) 어른을 만난 일을 기록.
83	유내연록 (遊內延錄)	대은집 (臺隱集)	권경1 (權璟)	1604 ~1666	1647년 3월	내연산을 유람한 일을 기록.
84	유청량산록 (遊清凉山錄)	유암집 (楡巖集)	배유장 (裵幼章)	1618 ~1687	1647년 9월	청량산을 유람한 일을 기록.
85	자금강주지 백마강기 (自錦江舟至 白馬江記)	초암집 (初菴集)	신혼1 (申混)	1624 ~1656	1648년 3월	배를 타고 금강에서 백마강까지 유람한 일을 기록.
86	여강기행 (驪江記行)	설봉집 (雪峯集)	강백년 (姜栢年)	1603 ~1681	1648년 5월 4일	배를 타고 여강을 유람한 일을 기록.
87	유속리산기 (遊俗離山記)	동암유고 (東庵遺稿)	홍대구1 (洪大龜)	1610 ~1694	1648년 가을	속리산을 유람한 일을 기록.
88	무자장유록 (戊子壯遊錄)	일봉집 (一峯集)	조현기 (趙顯期)	1634 ~1685	1648년	개성의 송악산, 안변부 황룡산 등을 유람한 일을 기록.
89	북관일기 (北關日記)	당촌집 (塘村集)	황위 (黃暐)	1605 ~1654	1649년 6월 ~10월 13일	함경도를 유람한 일을 기록.

순번	일기명	출전	저자	생몰연도	일기 기간	요약
90	유청평산기 (遊淸平山記)	구당집 (久堂集)	박장원2 (朴長遠)	1612 ~1671	1651년 8월 22일~23일	청평산을 유람한 일을 기록.
91	풍악록 (楓嶽錄)	백헌집 (白軒集)	이경석 (李景奭)	1595 ~1671	1651년 9월 17일~28일	금강산을 유람한 일을 기록.
92	조석천기 (潮汐泉記)	양곡집 (陽谷集)	오두인1 (吳斗寅)	1624 ~1689	1651년 9월 23일	경상도도사일 때 영남을 유람하였는데, 이중 조석천을 방문한 일을 기록.
93	의암기 (義巖記)	양곡집 (陽谷集)	오두인2 (吳斗寅)	1624 ~1689	1651년 10월 24일	경상도도사일 때 영남을 유람하였는데, 이중 의암을 유람한 일을 기록.
94	두류산기 (頭流山記)	양곡집 (陽谷集)	오두인3 (吳斗寅)	1624 ~1689	1651년 11월 1일~6일	경상도도사일 때 영남을 유람하였는데, 이중 지리산을 유람한 일을 기록.
95	중유청평기 (重遊淸平記)	구당집 (久堂集)	박장원3 (朴長遠)	1612 ~1671	1651년 12월	청평산을 유람한 일을 기록.
96	청량산기 (淸凉山記)	양곡집 (陽谷集)	오두인4 (吳斗寅)	1624 ~1689	1651년	경상도도사일 때 영남을 유람하였는데, 이중 청량산을 유람한 일을 기록.
97	부석사기 (浮石寺記)	양곡집 (陽谷集)	오두인5 (吳斗寅)	1624 ~1689	1651년	경상도도사일 때 영남을 유람하였는데, 이중 부석사를 유람한 일을 기록.
98	인유기 (麟遊記)	구당집 (久堂集)	박장원4 (朴長遠)	1612 ~1671	1652년 2월 6일~미상	춘천 기린현을 유람한 일을 기록.
99	황산기유 (黃山記遊)	시남집 (市南集)	유계 (兪棨)	1607 ~1664	1653년 윤7월 5일	황산의 강원(講院)에 갔다가 근처를 유람한 일을 기록.
100	유속리산록 (遊俗離山錄)	이계집 (伊溪集)	남몽뢰 (南夢賚)	1620 ~1681	1654년 3월	속리산을 유람한 일을 기록.
101	남유록 (南遊錄)	성재유고 (醒齋遺稿)	신익상 (申翼相)	1634 ~1697	1654년 9월	영천, 안동 등을 유람한 일을 기록.
102	보상망창산기 (步上望昌山記)	구당집 (久堂集)	박장원5 (朴長遠)	1612 ~1671	1654년 10월	망창산을 유람한 일을 기록.
103	유향산기 (遊香山記)	초암집 (初菴集)	신혼2 (申混)	1624 ~1656	1654년	묘향산을 유람한 일을 기록.
104	백운동심원기 (白雲洞尋院記)	구당집 (久堂集)	박장원6 (朴長遠)	1612 ~1671	1655년 3월 18일	백운동에 다녀온 일을 기록.

순번	일기명	출전	저자	생몰연도	일기 기간	요약
105	유두류산기 (遊頭流山記)	담허재집 (湛虛齋集)	김지백 (金之白)	1623 ~1671	1655년 10월 8일~11일	지리산을 유람한 일을 기록.
106	관동유산기 (關東遊山記)	지지세고 (枝止世稿)	권정1 (權挺)	1618 ~1683	1657년 2월 27일~9월 3일	관동 지역을 유람한 일을 기록.
107	유적벽기 (遊赤壁記)	손암집 (損庵集)	조근1 (趙根)	1631 ~1680	1657년 4월	적벽을 유람한 일을 기록.
108	관동추순록 (關東秋巡錄)	추담집 (秋潭集)	유창 (兪瑒)	1614 ~1692	1657년 8월 22일~9월 23일	금강산을 유람한 일을 기록.
109	유풍악기 (遊楓嶽記)	목재집 (木齋集)	홍여하1 (洪汝河)	1621 ~1678	1657년 9월	금강산을 유람한 일을 기록.
110	유삼일포기 (遊三日浦記)	목재집 (木齋集)	홍여하2 (洪汝河)	1621 ~1678	1657년	삼일포를 유람한 일을 기록.
111	총석정기 (叢石亭記)	목재집 (木齋集)	홍여하3 (洪汝河)	1621 ~1678	1657년	총석정을 유람한 일을 기록.
112	유국도기 (遊國島記)	목재집 (木齋集)	홍여하4 (洪汝河)	1621 ~1678	1657년	국도를 유람한 일을 기록.
113	재방관동유산기 (再訪關東遊山記)	지지세고 (枝止世稿)	권정2 (權挺)	1618 ~1683	1658년 3월 15일~8월 9일	관동 지역을 유람한 일을 기록.
114	무술주행기 (戊戌舟行記)	기언 (記言)	허목02 (許穆)	1595 ~1682	1658년 6월	서울에서 직임을 사양하고 배를 타고 집에 내려간 일을 기록.
115	고양산수기 (高陽山水記)	기언 (記言)	허목03 (許穆)	1595 ~1682	1658년 여름	독재동, 중흥동을 유람한 일을 기록.
116	선성왕환록 (宣城往還錄)	양계집 (陽溪集)	이복1 (李馥)	1626 ~1688	1658년 11월 20일~24일	예안의 도산서원 등을 둘러보고 온 일을 기록.
117	기성왕환록 (基城往還錄)	양계집 (陽溪集)	이복2 (李馥)	1626 ~1688	1659년 5월 7일~19일	백일장으로 인해 예천 등에 다녀온 일을 기록.
118	남정록 (南征錄)	퇴우당집 (退憂堂集)	김수흥 (金壽興)	1626 ~1690	1660년 2월 30일~3월 26일	사시관으로서 이동 중 경주 등을 유람한 일을 기록.
119	유청량산록 (遊清凉山錄)	대은집 (臺隱集)	권경2 (權璟)	1604 ~1666	1660년 4월	청량산을 유람한 일을 기록.
120	온양온천북탕기 (溫陽溫泉北湯記)	약천집 (藥泉集)	남구만 (南九萬)	1629 ~1711	1660년 8월 22일~23일	어머니를 모시고 온양 온천에 갔다가 근처를 유람한 일을 기록.

순번	일기명	출전	저자	생몰연도	일기 기간	요약
121	삼척기행 (三陟記行)	기언 (記言)	허목04 (許穆)	1595 ~1682	1660년 10월 13일~17일	삼척부사에 제수되어 삼척으로 가는 여정을 기록.
122	두타산기 (頭陀山記)	기언 (記言)	허목05 (許穆)	1595 ~1682	1661년 6월	두타산을 유람한 일을 기록.
123	유희령산기 (遊戲靈山記)	곡운집 (谷雲集)	김수증01 (金壽增)	1624 ~1701	1662년 9월 9일~14일	희령산을 유람한 일을 기록.
124	유덕천기 (遊德川記)	손암집 (損庵集)	조근2 (趙根)	1631 ~1680	1663년 7월	덕천을 유람한 일을 기록.
125	유풍악기 (遊楓嶽記)	동암유고 (東庵遺稿)	홍대구2 (洪大龜)	1610 ~1694	1663년 8월 11일~9월	금강산을 유람한 일을 기록.
126	풍악기보유 (楓嶽記補遺)	동암유고 (東庵遺稿)	홍대구3 (洪大龜)	1610 ~1694	1663년	금강산을 유람한 일을 기록.
127	갑진기행 (甲辰記行)	기언 (記言)	허목06 (許穆)	1595 ~1682	1664년 1월 7일~3월	조문 등 일을 보고 고향으로 내려가는 과정을 기록.
128	파동기행 (巴東紀行)	노서유고 (魯西遺稿)	윤선거 (尹宣擧)	1610 ~1669	1664년 1월~5월	태백 지역 및 금강산을 유람한 일을 기록.
129	금강도로기 (金剛途路記)		이하진 (李夏鎭)	1628 ~1682	1664년 8월 9일~24일	금강산을 유람한 일을 기록. 필사본으로 『국립중앙도서관 선본해제13』에 설명 있음. 문집 『육우당유고(六寓堂遺稿)』에도 수록됨.
130	금강산록 (金剛山錄)	백곡집 (柏谷集)	김득신2 (金得臣)	1604 ~1684	1665년 8월 14일~16일	금강산을 유람한 일을 기록.
131	유금오산록 (遊金烏山錄)	양계집 (陽溪集)	이복3 (李馥)	1626 ~1688	1666년 8월 15일~20일	금오산을 유람한 일을 기록.
132	회덕행록 (懷德行錄)	동산유고 (東山遺稿)	조성한1 (趙晟漢)	1628 ~1686	1667년 2월 16일~28일	신창에서 열린 도산서원 건립 추진 모임에 참여하러 다녀온 일을 기록.
133	해제장로범주유기 (偕諸丈老泛舟遊記)	기언 (記言)	허목07 (許穆)	1595 ~1682	1667년 가을	배를 띄우고 웅연 근처를 유람한 일을 기록.
134	입도기행 (入島紀行)	계거유고 (溪居遺稿)	나준 (羅俊)	1608 ~1677	1668년 4월 15일~26일	나주목사 이민서(李敏敍)가 신안군 일대 섬의 기근을 구휼할 때 동행했던 일을 기록.
135	괘암제명기 (卦巖題名記)	기언 (記言)	허목08 (許穆)	1595 ~1682	1668년 여름	배를 타고 괘암을 유람한 일을 기록.

순번	일기명	출전	저자	생몰연도	일기 기간	요약
136	피서심원사기 (避暑深源寺記)	기언 (記言)	허목09 (許穆)	1595 ~1682	1669년 여름	더위를 피해 심원사에 간 일을 기록.
137	유삼청동소기 (遊三淸洞小記)	회은집 (晦隱集)	남학명1 (南鶴鳴)	1654 ~1722	1670년 3월 3일	삼청동에서 노닌 일을 기록.
138	옥수기유기 (玉峀奇遊記)	남포집 (南圃集)	김만영 (金萬英)	1624 ~1671	1670년 4월	금강 북쪽의 기이한 봉우리인 옥수를 유람한 일을 기록.
139	유송도기 (遊松都記)	곡운집 (谷雲集)	김수증02 (金壽增)	1624 ~1701	1670년 8월	개성을 유람한 일을 기록.
140	동행일기 (東行日記)	관복재유고 (觀復齋遺稿)	김구 (金構)	1649 ~1704	1670년 9월	관동의 화악산, 춘주 등을 유람한 일을 기록.
141	유대야산기 (遊大冶山記)	송자대전 (宋子大全)	송시열1 (宋時烈)	1607 ~1689	1670년 11월 4일~5일	대야산을 유람한 일을 기록.
142	유송경기 (游松京記)	농암집 (農巖集)	김창협1 (金昌協)	1651 ~1708	1671년 3월 4일~10일	개성을 유람한 일을 기록.
143	동유기 (東遊記)	농암집 (農巖集)	김창협2 (金昌協)	1651 ~1708	1671년 8월 11일~9월 11일	금강산을 유람한 일을 기록.
144	심백운동서원일기 (尋白雲洞書院日記)	손암집 (損庵集)	조근3 (趙根)	1631 ~1680	1671년 9월 12일~14일	백운동서원을 찾아간 일을 기록.
145	웅연범주도기 (熊淵泛舟圖記)	기언 (記言)	허목10 (許穆)	1595 ~1682	1672년 4월	배를 타고 웅연 근처에서 노닌 일을 기록.
146	유백사정기 (遊白沙汀記)	곡운집 (谷雲集)	김수증03 (金壽增)	1624 ~1701	1672년 4월	일로 인해 백사정 지역에 다녀오면서 보게 된 것들을 기록.
147	풍악록 (楓岳錄)	백호전서 (白湖全書)	윤휴 (尹鑴)	1617 ~1680	1672년 윤7월 24일~8월 24일	금강산을 유람한 일을 기록.
148	관동록 (關東錄)	신계집 (新溪集)	이천상 (李天相)	1637 ~1708	1672년 8월 16일~미상	금강산을 유람한 일을 기록.
149	망해봉기 (望海峯記)	조암집 (槽巖集)	조창기 (趙昌期)	1640 ~1676	1672년	수양산을 유람하다 봉우리를 발견한 일을 기록.
150	기유천마산 (記遊天摩山)	검재집 (儉齋集)	김유1 (金楺)	1653 ~1719	1673년 봄	천마산을 유람한 일을 기록.
151	산중일기 (山中日記)	곡운집 (谷雲集)	김수증04 (金壽增)	1624 ~1701	1673년 4월 11일~19일	백운봉, 명옥뢰 등을 두루 유람하고 도성으로 돌아온 일을 기록.

순번	일기명	출전	저자	생몰 연도	일기 기간	요약
152	유청량산기 (遊淸凉山記)	규정집 (葵亭集)	신후재 (申厚載)	1636 ~1699	1673년 8월 29일~9월 4일	청량산을 유람한 일을 기록.
153	백운봉등유기 (白雲峯登遊記)	창계집 (滄溪集)	임영 (林泳)	1649 ~1696	1673년 9월 16일~미상	용문산 백운봉을 유람한 일을 기록.
154	갑인기행 (甲寅記行)	기언 (記言)	허목11 (許穆)	1595 ~1682	1674년 5월	도성문을 나와 집으러 가는 과정을 기록.
155	서유기 (西遊記)	농암집 (農巖集)	김창협3 (金昌協)	1651 ~1708	1675년 윤5월	덕수의 율곡 사당에서 제사를 지낸 후 박연폭포, 개성 만월대, 선죽교 등을 유람한 일을 기록.
156	내포유력기 (內浦遊歷記)	정재집 (定齋集)	박태보 (朴泰輔)	1654 ~1689	1675년 8월 9일~15일	길성 내포를 유람한 일을 기록.
157	유학가산록 (遊鶴駕山錄)	팔송집 (八松集)	정필달 (鄭必達)	1611 ~1693	1675년 9월	학가산을 유람한 일을 기록.
158	유기룡산록 (遊騎龍山錄)	노촌세고 (魯村世稿)	손여규 (孫汝奎)	1658 ~1681	1676년 늦봄	기룡산을 유람한 일을 기록.
159	오대산기 (五臺山記)	범허정집 (泛虛亭集)	송광연1 (宋光淵)	1638 ~1695	1676년 9월 7일~8일	오대산을 유람한 일을 기록.
160	임영산수기 (臨瀛山水記)	범허정집 (泛虛亭集)	송광연2 (宋光淵)	1638 ~1695	1676년	한산사, 경포대 등을 유람한 일을 기록.
161	진잠행록 (鎭岑行錄)	동산유고 (東山遺稿)	조성한2 (趙晟漢)	1628 ~1686	1677년 5월 7일~14일	진잠에 있는 조세환을 방문한 일을 기록.
162	칠선동기 (七仙洞記)	곡운집 (谷雲集)	김수증05 (金壽增)	1624 ~1701	1677년 9월 25일	칠선동을 유람한 일을 기록.
163	봉산일기 (蓬山日記)	묵와집 (默窩集)	유응수 (柳應壽)	1648 ~1677	1677년 9월 27일~11월 3일	봉산에 귀양 중인 송시열을 찾아가 위로하고, 오는 길에 경주 첨성대 등을 유람한 일을 기록.
164	욕온천기 (浴溫泉記)	금곡집 (金谷集)	박상연 (朴尙淵)	1631 ~?	1677년 11월 21일	연안부 온천촌에서 목욕을 한 일을 기록.
165	유백마강록 (遊白馬江錄)	나은집 (懶隱集)	이동표1 (李東標)	1654 ~1700	1677년	백마강을 따라 인근을 유람한 일을 기록.
166	복천동유기 (福川同遊記)	오재집 (寤齋集)	조정만1 (趙正萬)	1656 ~1739	1677년	화순 물염정 등을 유람한 일을 기록.
167	중유칠선동기 (重遊七仙洞記)	곡운집 (谷雲集)	김수증06 (金壽增)	1624 ~1701	1678년 윤3월 12일	칠선동을 유람한 일을 기록.

순번	일기명	출전	저자	생몰연도	일기 기간	요약
168	무오기행 (戊午記行)	기언 (記言)	허목12 (許穆)	1595 ~1682	1678년 4월 17일~5월 22일	관악산 유람과 관직을 사양한 후 고향으로 내려가는 과정을 기록.
169	유금산기 (遊錦山記)	회은집 (晦隱集)	남학명2 (南鶴鳴)	1654 ~1722	1679년 8월	금산을 유람한 일을 기록.
170	두류록 (頭流錄)	범허정집 (泛虛亭集)	송광연3 (宋光淵)	1638 ~1695	1680년 윤8월 20일~27일	지리산을 유람한 일을 기록.
171	풍악일기 (楓嶽日記)	곡운집 (谷雲集)	김수증07 (金壽增)	1624 ~1701	1680년 9월 18일~10월 5일	금강산을 유람한 일을 기록.
172	유가야산록 (遊伽倻山錄)	죽헌문집 (竹軒文集)	신필청 (申必淸)	1647 ~1710	1681년 1월	가야산을 유람한 일을 기록.
173	회천일기 (懷川日記)	송백당집 (松柏堂集)	이실지 (李實之)	1624 ~1704	1682년 3월 2일~4월 2일	외선조인 김인후의 신도비명을 송시열에게 받기 위해 서울에 다녀온 일을 기록.
174	유수락산기 (遊水落山記)	지촌집 (芝村集)	이희조 (李喜朝)	1655 ~1724	1682년 5월 5일	수락산을 유람한 일을 기록.
175	유청량산기 (遊淸凉山記)	장암세고 (壯巖世稿)	유희지 (柳熙之)	1629 ~1712	1683년 5월 1일~2일	청량산을 유람한 일을 기록.
176	지고성폭포동유 (識高城瀑布同遊)	송자대전 (宋子大全)	송시열2 (宋時烈)	1607 ~1689	1683년 5월	고성폭포를 유람한 일을 기록.
177	유금당도기 (遊金堂島記)	매학집 (梅壑集)	서봉령 (徐鳳翎)	1622 ~1687	1683년	금당도를 유람한 일을 기록.
178	유속리산기 (遊俗離山記)	송월재집 (松月齋集)	이시선1 (李時善)	1625 ~1715	1685년 8월 25일~9월	속리산을 유람한 일을 기록.
179	운암관월기 (雲巖觀月記)	창설재집 (蒼雪齋集)	권두경1 (權斗經)	1654 ~1725	1685년 10월 13일	밤에 운암에서 노닌 일을 기록.
180	화산기 (花山記)	곡운집 (谷雲集)	김수증08 (金壽增)	1624 ~1701	1686년 1월 20일~28일	선조들의 산소에 성묘하러 다녀온 일을 기록.
181	산중일기 (山中日記)	우담집 (愚潭集)	정시한 (丁時翰)	1625 ~1707	1686년 3월 13일~1688년 9월 19일	강원도, 경상도, 전라도, 충청도 등의 명산 고찰을 유람한 일을 기록.
182	삼한동기 (三韓洞記)	범허정집 (泛虛亭集)	송광연4 (宋光淵)	1638 ~1695	1686년 여름	삼한동을 유람한 일을 기록.
183	관동록 (關東錄)	송월재집 (松月齋集)	이시선2 (李時善)	1625 ~1715	1686년 8월~9월 21일	금강산을 유람한 일을 기록.

순번	일기명	출전	저자	생몰 연도	일기 기간	요약
184	유사군기 (遊四郡記)	회은집 (晦隱集)	남학명3 (南鶴鳴)	1654 ~1722	1686년 10월 1일~14일	사군을 유람한 일을 기록.
185	냉절유력기 (冷節遊歷記)	회은집 (晦隱集)	남학명4 (南鶴鳴)	1654 ~1722	1687년 2월	용인 비파담에서 노닌 일을 기록.
186	유변산기 (遊邊山記)	과재집 (果齋集)	이세환 (李世瑍)	1664 ~1752	1687년 5월	변산을 유람한 일을 기록.
187	서행일기 (西行日記)	자유헌집 (自濡軒集)	이만백 (李萬白)	1657 ~1717	1687년 7월 30일~8월 26일	과거 시험을 보기 위해 서울에 간 일을 기록.
188	첨화령기 (瞻華嶺記)	서포집 (西浦集)	김만중 (金萬重)	1637 ~1692	1687년 가을	선천부 첨화령을 유람한 일을 기록.
189	단구일기 (丹丘日記)	삼연집 (三淵集)	김창흡01 (金昌翕)	1653 ~1722	1688년 3월 4일~4월 7일	남한강 뱃길을 이용해 단양을 여행한 일을 기록.
190	관동기행 (關東記行)	폐추유고 (敝帚遺稿)	임홍량 (任弘亮)	1634 ~1707	1688년 8월 12일~19일	관동 지역을 유람한 일을 기록.
191	관동일록 (關東日錄)		미상	17세기	1689년 10월 16일~1690년 1월 19일	강원도 양양의 찰방이 관할 지역을 유람하고, 서울, 순흥집 등에 다녀온 일을 기록. 필사본으로『조선시대 개인 일기』에 설명 있음.
192	유금강산록 (遊金剛山錄)	나은집 (懶隱集)	이동표2 (李東標)	1654 ~1700	1690년 8월	금강산을 유람한 일을 기록.
193	유금강산소기 (遊金剛山小記)	오재집 (寤齋集)	조정만2 (趙正萬)	1656 ~1739	1690년	금강산을 유람한 일을 기록.
194	한계산기 (寒溪山記)	곡운집 (谷雲集)	김수증09 (金壽增)	1624 ~1701	1691년 6월 6일~15일	한계산을 유람한 일을 기록.
195	늠암심폭기 (凜巖尋瀑記)	농암집 (農巖集)	김창협4 (金昌協)	1651 ~1708	1691년 8월 21일	늠암곡 폭포를 구경한 일을 기록.
196	유화악산기 (遊華嶽山記)	곡운집 (谷雲集)	김수증10 (金壽增)	1624 ~1701	1691년 8월 28일~29일	자신의 초당 맞은 편 화악산을 유람한 일을 기록.
197	동유록 (東遊錄)	양와집 (養窩集)	이세구1 (李世龜)	1646 ~1700	1691년 8월~10월	강원도 지역을 유람한 일을 기록.
198	유사군록 (遊四郡錄)	양와집 (養窩集)	이세구2 (李世龜)	1646 ~1700	1692년 3월 7일~26일	사군을 유람한 일을 기록.
199	동주람승기 (同舟覽勝記)	창설재집 (蒼雪齋集)	권두경2 (權斗經)	1654 ~1725	1693년 여름	북벽에서 배를 타고 노닌 일을 기록.

순번	일기명	출전	저자	생몰 연도	일기 기간	요약
200	유속리산록 (遊俗離山錄)	한천당유고 (寒泉堂遺稿)	오재정1 (吳再挺)	1641 ~1709	1693년 9월	속리산을 유람한 일을 기록.
201	유계룡산록 (遊鷄龍山錄)	한천당유고 (寒泉堂遺稿)	오재정2 (吳再挺)	1641 ~1709	1693년 10월 13일~20일	계룡산을 유람한 일을 기록.
202	창구객일록 (蒼狗客日錄)		이재 (李栽)	1657 ~1730	1694년 4월 9일~8월	유배 가는 아버지를 모시고 다녀온 일을 기록. 필사본으로 『조선시대 개인일기』에 설명 있음.
203	유청량산록 (遊淸凉山錄)	묵재집 (默齋集)	김시엽 (金始燁)	1662 ~1732	1695년 3월 27일~4월 3일	청량산을 유람한 일을 기록.
204	북벽기유 (北壁紀遊)	하당집 (荷塘集)	권두인1 (權斗寅)	1643 ~1719	1695년 3월	배를 타고 북벽을 유람한 일을 기록.
205	유삼각산록 (遊三角山錄)	한천당유고 (寒泉堂遺稿)	오재정3 (吳再挺)	1641 ~1709	1696년 3월 16일~17일	북한산을 유람한 일을 기록.
206	표주록 (漂舟錄)	해행총재 (海行摠載)	이지항 (李志恒)	1647 ~?	1696년 4월 13일~1697년 3월 5일	부산에서 강원도 영해로 가던 중 표류하여 일본의 북해도까지 다녀온 일을 기록.
207	동정기 (東征記)	농암집 (農巖集)	김창협5 (金昌協)	1651 ~1708	1696년 8월 16일~30일	한계산을 유람하고 돌아온 일을 기록.
208	유가야산기 (遊伽倻山記)	송월재집 (松月齋集)	이시선3 (李時善)	1625 ~1715	1696년	가야산을 유람한 일을 기록.
209	남귀록 (南歸錄)	함벽당집 (涵碧堂集)	유경시1 (柳敬時)	1666 ~1737	1697년 10월 20일~29일	벼슬을 그만두고 고향으로 가는 과정을 기록.
210	유곡연기 (遊曲淵記)	곡운집 (谷雲集)	김수증11 (金壽增)	1624 ~1701	1698년 2월 27일~미상	곡연을 유람한 일을 기록.
211	남정록 (南征錄)	모계집 (茅溪集)	이명배 (李命培)	1672 ~1736	1698년 2월~3월	두류산 일대를 유람한 일을 기록.
212	조계유상록 (曺溪遊賞錄)	자연당유고 (自然堂遺稿)	김시서1 (金時瑞)	1652 ~1707	1698년 8월 29일	조계를 유람한 일을 기록.
213	대은암유상록 (大隱巖遊賞錄)	자연당유고 (自然堂遺稿)	김시서2 (金時瑞)	1652 ~1707	1698년 9월 7일~8일	대은암을 유람한 일을 기록.
214	유월출산기 (遊月出山記)	노주집 (蘆洲集)	김태일 (金兌一)	1637 ~1702	1699년 윤7월 26일	월출산을 유람한 일을 기록.
215	유신계선유암기 (遊新溪仙遊巖記)	기원집 (杞園集)	어유봉1 (魚有鳳)	1672 ~1744	1700년 3월	신계 선유암을 유람한 일을 기록.
216	입암유산록 (立巖遊山錄)	병와집 (甁窩集)	이형상 (李衡祥)	1653 ~1733	1700년 4월 19일~23일	입암을 유람한 일을 기록.

순번	일기명	출전	저자	생몰 연도	일기 기간	요약
217	동유록 (東遊錄)	홍도유고 (弘道遺稿)	이서 (李溆)	1662 ~1723	1700년 8월 17일~10월 12일	금강산을 유람한 일을 기록.
218	원유록 (遠遊錄)	송와집 (松窩集)	안명하 (安命夏)	1682 ~1752	1700년, 1701년, 1704년, 1723년	진주로 이현일을 뵈러 간 일, 안동 금양의 이현일을 찾아가 배운 일, 이현일의 신원을 위해 소를 올리러 서울에 다녀온 일을 기록.
219	유노자암기 (遊鸕鷀巖記)	경암집 (敬菴集)	노경임4 (盧景任)	1569 ~1620	미상(4월 15일)	노자암을 유람한 일을 기록.
220	유검호기 (遊劍湖記)	현주집 (玄洲集)	조찬한2 (趙纘韓)	1572 ~1631	미상	배를 타고 검호를 유람한 일을 기록.
221	유수종사기 (遊水鍾寺記)	소암집 (疎菴集)	임숙영 (任叔英)	1576 ~1623	미상	수종사를 방문하여 감회를 기록.
222	유금강산소기 (遊金剛山小記)	낙전당집 (樂全堂集)	신익성 (申翊聖)	1588 ~1644	미상	금강산을 유람한 일을 기록.
223	유옥산서원기 (遊玉山書院記)	천파집 (天坡集)	오숙1 (吳翻)	1592 ~1634	미상(가을)	옥산서원에 다녀온 일을 기록.
224	유도산기 (遊陶山記)	천파집 (天坡集)	오숙2 (吳翻)	1592 ~1634	미상	도산을 유람 일을 기록.
225	단양산수기 (丹陽山水記)	기언 (記言)	허목13 (許穆)	1595 ~1682	미상	단양의 산수를 유람한 일을 기록.
226	웅연범주기 (熊淵泛舟記)	기언 (記言)	허목14 (許穆)	1595 ~1682	미상(8월 14일)	웅연에 배를 띄우고 노닌 일을 기록.
227	월악기 (月嶽記)	기언 (記言)	허목15 (許穆)	1595 ~1682	미상(9월)	월출산 도갑사를 유람한 일을 기록.
228	유운계기 (遊雲溪記)	기언 (記言)	허목16 (許穆)	1595 ~1682	미상(10월)	운계사에 다녀온 일을 기록.
229	한송정기 (寒松亭記)	기언 (記言)	허목17 (許穆)	1595 ~1682	미상(10월 2일)	한송정을 유람한 일을 기록.
230	재유기 (再遊記)	동토집 (童土集)	윤순거 (尹舜擧)	1596 ~1668	미상(가을)	배를 타고 구지담을 유람한 일을 기록.
231	유박연기 (遊朴淵記)	구당집 (久堂集)	박장원7 (朴長遠)	1612 ~1671	미상	박연폭포를 유람한 일을 기록.
232	유도담기 (遊島潭記)	초암집 (初菴集)	신혼3 (申混)	1624 ~1656	미상	도담을 유람한 일을 기록.

순번	일기명	출전	저자	생몰연도	일기 기간	요약
233	후유백마강기 (後游白馬江記)	초암집 (初菴集)	신혼4 (申混)	1624 ~1656	미상	백마강을 유람한 일을 기록.
234	청룡산청룡사기 (靑龍山靑龍寺記)	곡운집 (谷雲集)	김수증12 (金壽增)	1624 ~1701	미상	청룡산 청룡사를 돌아본 일을 기록.
235	한강범주록 (漢江泛舟錄)	경옥재집 (景玉齋集)	이보 (李簠)	1629 ~1710	미상	한강에서 배를 타고 논 일을 기록.
236	심도산서원일기 (尋陶山書院日記)	손암집 (損庵集)	조근4 (趙根)	1631 ~1680	미상	도산서원을 찾아간 일을 기록.
237	유오산기 (遊鰲山記)	운계집 (雲溪集)	황신구 (黃信龜)	1633 ~1685	미상	오산을 유람한 일을 기록.
238	유계양산기 (遊桂陽山記)	범허정집 (泛虛亭集)	송광연5 (宋光淵)	1638 ~1695	미상	계양산을 유람한 일을 기록.
239	유구담기 (遊龜潭記)	염헌집 (恬軒集)	임상원1 (任相元)	1638 ~1697	미상(4월 6일)	구담을 유람한 일을 기록.
240	유무암기 (遊霧巖記)	염헌집 (恬軒集)	임상원2 (任相元)	1638 ~1697	미상(3월)	무암사를 유람한 일을 기록.
241	강행기사 (江行記事)	하당집 (荷塘集)	권두인2 (權斗寅)	1643 ~1719	미상(1692년~1695년 사이 7월)	영춘현감 재직 중에 배를 타고 근처를 유람한 일을 기록.
242	유백운산기 (游白雲山記)	농암집 (農巖集)	김창협6 (金昌協)	1651 ~1708	미상(8월)	백운산을 유람한 일을 기록.
243	재유조계기 (再游槽溪記)	창설재집 (蒼雪齋集)	권두경3 (權斗經)	1654 ~1725	미상(4월)	조계를 유람한 일을 기록.
244	유평강삼청대기 (遊平康三淸臺記)	삼수헌고 (三秀軒稿)	이하조1 (李賀朝)	1664 ~1700	미상(8월 15일)	삼청대를 유람한 일을 기록.
245	유청룡폭포기 (遊靑龍瀑布記)	삼수헌고 (三秀軒稿)	이하조2 (李賀朝)	1664 ~1700	미상	청룡폭포를 유람한 일을 기록.
246	유청룡산기 (遊靑龍山記)	삼수헌고 (三秀軒稿)	이하조3 (李賀朝)	1664 ~1700	미상	청룡산을 유람한 일을 기록.
247	유설악기 (遊雪嶽記)	내재집 (耐齋集)	홍태유 (洪泰猷)	1672 ~1715	미상	설악산을 유람한 일을 기록.
248	속리남유록 (俗離南遊錄)	방곡집 (芳谷集)	정행석 (鄭行錫)	17세기	미상(5월 6일)	속리산을 유람한 일을 기록.

4. 18세기 한문 기행일기

순번	일기명	출전	저자	생몰연도	일기 기간	요약
1	유비봉산기 (遊飛鳳山記)	송설헌유고 (松雪軒遺稿)	정태래 (鄭泰來)	1683 ~1721	1701년 9월	비봉산을 유람한 일을 기록.
2	호행일기 (湖行日記)	삼연집 (三淵集)	김창흡02 (金昌翕)	1653 ~1722	1702년 2월 12일~25일	고모 문상을 위해 회덕을 방문했던 일을 기록.
3	유서악기 (遊西嶽記)	서암집 (恕菴集)	신정하1 (申靖夏)	1681 ~1716	1702년 3월	서악을 유람한 일을 기록.
4	유만취대기 (游晩翠臺記)	농암집 (農巖集)	김창협7 (金昌協)	1651 ~1708	1702년 8월	만취대에서 노닌 일을 기록.
5	서유기 (西遊記)	정암집 (正菴集)	이현익1 (李顯益)	1678 ~1717	1703년 8월 7일~9월 5일	천마산을 유람한 일을 기록.
6	유삼선암기 (遊三仙巖記)	돈와유고 (遯窩遺稿)	임수간 (任守幹)	1665 ~1721	1704년 8월	삼선암을 유람한 일을 기록.
7	유보문암기 (遊普門庵記)	두타초 (頭陀草)	이하곤1 (李夏坤)	1667 ~1724	1705년 3월 23일~24일	보문암을 유람한 일을 기록.
8	설악일기 (雪岳日記)	삼연집 (三淵集)	김창흡03 (金昌翕)	1653 ~1722	1705년 8월 24일~12월 5일	설악산을 유람한 일을 기록.
9	여유기 (驪遊記)	둔암집 (屯菴集)	신방1 (申昉)	1685 ~1736	1705년 9월 20일~25일	조부를 따라 여주를 유람한 일을 기록.
10	유가야산록 (遊伽倻山錄)	가계집 (稼溪集)	여문화 (呂文和)	1652 ~1722	1705년 가을	가야산을 유람한 일을 기록.
11	유청량산록 (遊淸凉山錄)	구소집 (鳩巢集)	권성구 (權聖矩)	1642 ~1708	1706년 3월 25일~4월 8일	예안 및 청량산을 유람한 일을 기록.
12	관서일기 (關西日記)	삼연집 (三淵集)	김창흡04 (金昌翕)	1653 ~1722	1706년 4월 11일~5월 18일	묘향산을 비롯한 평안도 지역을 유람한 일을 기록.
13	주유동호소기 (舟遊東湖小記)	기원집 (杞園集)	어유봉2 (魚有鳳)	1672 ~1744	1706년 4월 19일	배를 타고 동호를 유람한 일을 기록.
14	유용흥폭포기 (遊龍興瀑布記)	순암집 (順菴集)	이병성 (李秉成)	1675 ~1735	1706년 6월 8일	가평 용흥폭포를 유람한 일을 기록.
15	금강일기 (金剛日記)		김창석 (金昌錫)	1652 ~1720	1706년 8월 7일~27일	금강산을 유람한 일을 기록. 필사본으로 '국학진흥원 일기류DB'에 DB 구축됨.

순번	일기명	출전	저자	생몰연도	일기 기간	요약
16	기우협야유 (記牛峽夜遊)	둔암집 (屯菴集)	신방2 (申昉)	1685 ~1736	1706년 8월 16일	밤에 우협(석호)에서 배를 타고 노닌 일을 기록.
17	유연풍령저폭포기 (遊延豊嶺底瀑布記)	후계집 (后溪集)	조유수 (趙裕壽)	1663 ~1741	1706년 9월 9일	연풍의 폭포를 유람한 일을 기록.
18	유속리산기 (遊俗離山記)	정암집 (正菴集)	이현익2 (李顯益)	1678 ~1717	1706년 9월 16일~23일	속리산을 유람한 일을 기록.
19	유삼각산기 (遊三角山記)	성호전집 (星湖全集)	이익1 (李瀷)	1681 ~1763	1707년 2월	북한산을 유람한 일을 기록.
20	춘유귀래정기 (春遊歸來亭記)	동포집 (東圃集)	김시민1 (金時敏)	1681 ~1747	1707년 3월	귀래정을 유람한 일을 기록.
21	영남일기 (嶺南日記)	삼연집 (三淵集)	김창흡05 (金昌翕)	1653 ~1722	1708년 2월 3일~윤3월 21일	서울을 출발하여 지리산을 유람하고 성주, 울진 등을 거쳐 서울로 돌아간 일을 기록.
22	관동록 (關東錄)	옥천집 (玉川集)	조덕린1 (趙德鄰)	1658 ~1737	1708년 4월 16일~5월 1일	관동 지역을 유람한 일을 기록.
23	동유기 (東遊記)	정암집 (正菴集)	이현익3 (李顯益)	1678 ~1717	1708년 8월~9월	철원 일대를 유람한 일을 기록.
24	관동속록 (關東續錄)	옥천집 (玉川集)	조덕린2 (趙德鄰)	1658 ~1737	1708년 9월 10일~10월 13일	금강산 및 관동 지역을 유람한 일을 기록.
25	서대산기 (西臺山記)	옥오재집 (玉吾齋集)	송상기1 (宋相琦)	1657 ~1723	1708년 9월 16일~17일	서대산을 유람한 일을 기록.
26	유풍악기 (游楓嶽記)	검재집 (儉齋集)	김유2 (金楺)	1653 ~1719	1709년 4월 21일~5월 29일	금강산을 유람한 일을 기록.
27	태백기유 (太白紀遊)	서암집 (恕菴集)	신정하2 (申靖夏)	1681 ~1716	1709년 8월 15일~9월 13일	태백산 사고로 포쇄하러 가면서 유람한 일을 기록.
28	유금강산기 (遊金剛山記)	도곡집 (陶谷集)	이의현1 (李宜顯)	1669 ~1745	1709년 9월 1일~12일	금강산을 유람한 일을 기록.
29	동유일기 (東遊日記)	노은집 (老隱集)	임적1 (任適)	1685 ~1728	1709년 9월 1일~16일	강원도 지역을 유람한 일을 기록.
30	방백운동기 (訪白雲洞記)	성호전집 (星湖全集)	이익2 (李瀷)	1681 ~1763	1709년 10월 그믐	백운동에 다녀온 일을 기록.

순번	일기명	출전	저자	생몰 연도	일기 기간	요약
31	유청량산기 (遊淸凉山記)	성호전집 (星湖全集)	이익3 (李瀷)	1681 ~1763	1709년 11월 1일~3일	청량산을 유람한 일을 기록.
32	알도산서원기 (謁陶山書院記)	성호전집 (星湖全集)	이익4 (李瀷)	1681 ~1763	1709년	도산서원에 다녀온 일을 기록.
33	이천제승유람기 (伊川諸勝遊覽記)	도곡집 (陶谷集)	이의현2 (李宜顯)	1669 ~1745	1710년 2월 21일~3월 1일	이천의 여러 경치를 유람한 일을 기록.
34	만관록 (灣舘錄)	저촌유고 (樗村遺稿)	심육1 (沈錥)	1685 ~1753	1710년 7월 20일~1711년 11월 4일	의주 부윤으로 부임하는 아버지를 따라 의주에 가 생활하고 서울로 돌아오는 과정을 기록.
35	태백산기 (太白山記)	입재유고 (立齋遺稿)	강재항1 (姜再恒)	1689 ~1756	1710년 9월	태백산 사고에 다녀왔던 일을 기록.
36	유금강록 (遊金剛錄)	허정집 (虛靜集)	석법종1 (釋法宗)	1670 ~1733	1711년 4월	금강산을 유람한 일을 기록.
37	유봉정기 (遊鳳頂記)	삼연집 (三淵集)	김창흡06 (金昌翕)	1653 ~1722	1711년 9월 8일	설악산 봉정을 유람한 일을 기록.
38	수락산이폭기 (水落山二瀑記)	검재집 (儉齋集)	김유3 (金楺)	1653 ~1719	1712년 5월 13일~14일	수락산 폭포를 구경한 일을 기록.
39	동유기 (東游記)	포음집 (圃陰集)	김창집 (金昌緝)	1662 ~1713	1712년 8월 20일~9월 27일	금강산과 영동 일대를 유람한 일을 기록.
40	유가야기 (遊伽倻記)	지수재문집 (知守齋文集)	유척기 (俞拓基)	1691 ~1767	1712년 8월 26일~9월 1일	가야산을 유람한 일을 기록.
41	청량산기 (淸凉山記)	입재유고 (立齋遺稿)	강재항2 (姜再恒)	1689 ~1756	1712년 9월 15일~17일	청량산을 유람한 일을 기록.
42	풍악록 (楓嶽錄)	저촌유고 (樗村遺稿)	심육2 (沈錥)	1685 ~1753	1713년	금강산을 유람한 일을 기록.
43	유천마산기 (遊天磨山記)	성호전집 (星湖全集)	이익5 (李瀷)	1681 ~1763	1714년 2월	천마산을 유람한 일을 기록.
44	동유록 (東遊錄)	두타초 (頭陀草)	이하곤2 (李夏坤)	1667 ~1724	1714년 3월 19일~4월 22일	금강산을 유람한 일을 기록.
45	풍악유기 (楓岳遊記)	서당사재 (西堂私載)	이덕수1 (李德壽)	1673 ~1744	1714년 8월	금강산을 유람한 일을 기록.
46	유쌍계기 (遊雙溪記)	서암집 (恕菴集)	신정하3 (申靖夏)	1681 ~1716	1714년 10월	쌍계를 유람한 일을 기록.

순번	일기명	출전	저자	생몰 연도	일기 기간	요약
47	유주왕산기 (遊周王山記)	잠와산고 (潛窩散稿)	이반 (李槃)	1686 ~1718	1715년 1월 그믐	주왕산을 유람한 일을 기록.
48	평강산수기 (平康山水記)	삼연집 (三淵集)	김창흡07 (金昌翕)	1653 ~1722	1715년 3월 16일~25일	강원 이천 등지를 유람한 일을 기록.
49	회화원심암기 (會話遠心庵記)	증소집 (橧巢集)	김신겸1 (金信謙)	1693 ~1738	1715년 6월 15일	원심암에 모여 노닌 일을 기록.
50	유옥류동기 (遊玉流洞記)	뇌연집 (雷淵集)	남유용1 (南有容)	1698 ~1773	1715년 가을	옥류동 폭포를 구경하고 온 일을 기록.
51	북관일기 (北關日記)	삼연집 (三淵集)	김창흡08 (金昌翕)	1653 ~1722	1716년 2월 27일~4월 24일	북관 지역을 유람한 일을 기록.
52	동유록 (東遊錄)	학고집 (鶴臯集)	김이만1 (金履萬)	1683 ~1758	1716년 윤3월	강릉, 삼척 일대를 유람한 일을 기록.
53	옥류정연유기 (玉流亭讌遊記)	수와유고 (睡窩遺稿)	정요성 (鄭堯性)	1650 ~1724	1716년 4월	옥류정에서 잔치를 했던 일을 기록.
54	남유일기 (南遊日記)	삼연집 (三淵集)	김창흡09 (金昌翕)	1653 ~1722	1717년 2월 27일~3월 24일	옥천, 무진, 순창, 담양, 화순 등을 유람한 일을 기록.
55	유월란암기 (游月瀾菴記)	창설재집 (蒼雪齋集)	권두경4 (權斗經)	1654 ~1725	1717년 12월	도산의 월란암을 유람한 일을 기록.
56	오대산기 (五臺山記)	삼연집 (三淵集)	김창흡10 (金昌翕)	1653 ~1722	1718년 윤8월 5일~10일	오대산을 유람한 일을 기록.
57	유두류일록 (遊頭流日錄)	남계집 (南溪集)	신명구1 (申命耉)	1666 ~1742	1719년 5월 16일~21일	지리산을 유람한 일을 기록.
58	유청량산기 (遊淸凉山記)	유회당집 (有懷堂集)	권이진 (權以鎭)	1668 ~1734	1719년 8월 19일~20일	청량산을 유람한 일을 기록.
59	남정일기 (南征日記)	삼연집 (三淵集)	김창흡11 (金昌翕)	1653 ~1722	1719년 9월 1일~29일	안심사, 옥계 등을 여행한 일을 기록.
60	유용연기 (遊龍淵記)	태화자고 (太華子稿)	남유상1 (南有常)	1696 ~1728	1720년 2월	용연사를 유람한 일을 기록.
61	유가야기 (遊伽倻記)	태화자고 (太華子稿)	남유상2 (南有常)	1696 ~1728	1720년 3월	가야산을 유람한 일을 기록.
62	유동화기 (遊桐華記)	태화자고 (太華子稿)	남유상3 (南有常)	1696 ~1728	1720년 봄	동화동을 유람한 일을 기록.
63	유두류속록 (遊頭流續錄)	남계집 (南溪集)	신명구2 (申命耉)	1666 ~1742	1720년 4월 6일~14일	지리산을 유람한 일을 기록.

순번	일기명	출전	저자	생몰연도	일기 기간	요약
64	유응진암기 (遊應眞庵記)	회와집 (悔窩集)	안중관 (安重觀)	1683~1752	1720년 5월	응진암을 유람한 일을 기록.
65	곡운행기 (谷雲行記)	월곡집 (月谷集)	오원1 (吳瑗)	1700~1740	1720년 9월 16일~20일	곡운 지역을 유람한 일을 기록.
66	유북성기 (遊北城記)	증소집 (橧巢集)	김신겸2 (金信謙)	1693~1738	1720년	북성을 유람한 일을 기록.
67	동유기 (東遊記)	기원집 (杞園集)	어유봉3 (魚有鳳)	1672~1744	1721년 3월 26일~4월	곡운구곡, 화음동 등을 유람한 일을 기록.
68	유동음화악기 (遊洞陰華嶽記)	뇌연집 (雷淵集)	남유용2 (南有容)	1698~1773	1722년 3월 13일~22일	화악산을 유람한 일을 기록.
69	청협일기 (淸峽日記)	월곡집 (月谷集)	오원2 (吳瑗)	1700~1740	1722년 3월 25일~4월 3일	단구 지역을 유람한 일을 기록.
70	북행록 (北行錄)	곡천집 (谷川集)	김상정 (金尙鼎)	1668~1728	1722년 4월 4일~28일	이현일의 변무소를 올리기 위해 명유들을 찾아 돌아다닌 일을 기록.
71	남유록 (南遊錄)	두타초 (頭陀草)	이하곤3 (李夏坤)	1677~1724	1722년 10월 13일~12월 18일	강진에 유배 중인 옥오 송상기를 만나고 온 일을 기록.
72	호좌일기 (湖左日記)	월곡집 (月谷集)	오원3 (吳瑗)	1700~1740	1723년 3월 18일~4월 7일	충청 좌도 지역을 유람한 일을 기록.
73	영협일기 (永峽日記)	월곡집 (月谷集)	오원4 (吳瑗)	1700~1740	1723년 6월 28일~7월 3일	영평 백운산 일대를 유람한 일을 기록.
74	풍악별기 (楓岳別記)	춘주유고 (春洲遺稿)	김도수1 (金道洙)	1699~1733	1723년	금강산을 유람한 일을 기록.
75	유서계기 (遊西溪記)	동계집 (東谿集)	조구명1 (趙龜命)	1693~1737	1724년 3월	서계를 유람한 일을 기록.
76	호남성묘록 (湖南省墓錄)	함벽당집 (涵碧堂集)	유경시2 (柳敬時)	1666~1737	1724년 윤4월 4일~11일	산전부, 남원 일대 조상의 묘에 성묘하고 온 일을 기록.
77	유용유담기 (遊龍游潭記)	동계집 (東谿集)	조구명2 (趙龜命)	1693~1737	1724년 8월 1일	지리산 용유담을 유람한 일을 기록.
78	유지리산기 (遊智異山記)	동계집 (東谿集)	조구명3 (趙龜命)	1693~1737	1724년 8월 2일~3일	지리산을 유람한 일을 기록.
79	두류록 (頭流錄)	명암집 (明菴集)	정식1 (鄭栻)	1683~1746	1724년 8월 2일~27일	지리산을 유람한 일을 기록.
80	유심진동기 (遊尋眞洞記)	동계집 (東谿集)	조구명4 (趙龜命)	1693~1737	1724년 가을	지리산 인근 심진동, 장수사를 유람한 일을 기록.

순번	일기명	출전	저자	생몰연도	일기 기간	요약
81	기청량산행 (記淸凉山行)	용포집 (龍浦集)	이유 (李濰)	1669~1742	1725년 2월 17일~19일	청량산을 유람한 일을 기록.
82	가야산록 (伽倻山錄)	명암집 (明庵集)	정식2 (鄭栻)	1683~1746	1725년 3월 29일~미상	가야산을 유람한 일을 기록.
83	금산록 (錦山錄)	명암집 (明庵集)	정식3 (鄭栻)	1683~1746	1725년 8월	금산을 유람한 일을 기록.
84	월출산록 (月出山錄)	명암집 (明庵集)	정식4 (鄭栻)	1683~1746	1725년 10월 22일~11월 12일	월출산을 유람한 일을 기록.
85	추기동협유상 (追記東峽遊賞)	동계집 (東谿集)	조구명5 (趙龜命)	1693~1737	1726년 12월~1727년 윤2월	수옥정, 한벽루, 구담, 월악 등을 유람한 일을 기록.
86	유빙성기 (遊氷城記)	병곡집 (屛谷集)	권구 (權榘)	1672~1749	1726년	은산현 서쪽 빙성을 유람한 일을 기록.
87	관동록 (關東錄)	명암집 (明庵集)	정식5 (鄭栻)	1683~1746	1727년 1월 20일~미상	관동 지역을 유람한 일을 기록.
88	유풍악일기 (遊楓嶽日記)	월곡집 (月谷集)	오원5 (吳瑗)	1700~1740	1727년 윤3월 17일~4월 5일	금강산을 유람한 일을 기록.
89	유금강산일기 (遊金剛山日記)	위와집 (韋窩集)	송상윤1 (宋相允)	1674~1753	1727년 윤3월 24일~4월 4일	금강산을 유람한 일을 기록.
90	남유기 (南遊記)	춘주유고 (春洲遺稿)	김도수2 (金道洙)	1699~1733	1727년 9월 12일~10월 5일	지리산을 비롯한 영남 지역을 유람한 후 서울에 돌아간 일을 기록.
91	오대산기 (五臺山記)	입재유고 (立齋遺稿)	강재항3 (姜再恒)	1689~1756	1727년 9월	오대산을 유람한 일을 기록.
92	입동협기 (入東峽記)	창하집 (蒼霞集)	원경하 (元景夏)	1698~1761	1728년 4월 20일~5월 3일	사군을 유람한 일을 기록.
93	금양유기 (衿陽遊記)	월곡집 (月谷集)	오원6 (吳瑗)	1700~1740	1728년 5월 1일~2일	금천 삼막사에 다녀온 일을 기록.
94	운장대기 (雲藏臺記)	한정당집 (閒靜堂集)	송문흠 (宋文欽)	1710~1752	1728년 9월	속리산 운장대를 유람한 일을 기록.
95	서유일기 (西遊日記)	월곡집 (月谷集)	오원7 (吳瑗)	1700~1740	1729년 4월 2일~7일	개성 지역을 유람한 일을 기록.
96	청풍정연유기 (淸風亭宴遊記)	서당사재 (西堂私載)	이덕수2 (李德壽)	1673~1744	1729년 가을	청풍정에서 노닌 일을 기록.

순번	일기명	출전	저자	생몰 연도	일기 기간	요약
97	유경포죽서기 (遊鏡浦竹西記)	위와집 (韋窩集)	송상윤2 (宋相允)	1674 ~1753	1730년 5월 22일~29일	경포대, 죽서루를 유람한 일을 기록.
98	유금강산기 (遊金剛山記)	기원집 (杞園集)	어유봉4 (魚有鳳)	1672 ~1744	1731년 4월	금강산을 유람한 일을 기록.
99	유단양산수록 (遊丹陽山水錄)	학고집 (鶴皐集)	김이만2 (金履萬)	1683 ~1758	1731년 여름	단양 지역을 유람한 일을 기록.
100	계룡기행 (鷄龍記行)	동소집 (桐巢集)	남하정 (南夏正)	1678 ~1751	1731년 9월	계룡산을 유람한 일을 기록.
101	기한북유행 (記漢北遊行)	직암집 (直菴集)	신경 (申暻)	1696 ~1766	1731년	한북산천을 유람한 일을 기록.
102	탐라기 (耽羅記)	탐라문견록 (耽羅聞見錄)	정운경1 (鄭運經)	1699 ~1753	1732년 2월 23일~28일	제주도를 일주한 일을 기록.
103	순해록 (循海錄)	탐라문견록 (耽羅聞見錄)	정운경2 (鄭運經)	1699 ~1753	1732년 4월 12일~16일	제주도 산방산, 송악산, 모슬진 등을 유람한 일을 기록.
104	유한라산기 (遊漢拏山記)	회헌집 (悔軒集)	조관빈 (趙觀彬)	1691 ~1757	1732년 4월	한라산을 유람한 일을 기록.
105	유박연기 (遊朴淵記)	증소집 (橧巢集)	김신겸3 (金信謙)	1693 ~1738	1732년 4월~5월 1일	박연폭포를 유람한 일을 기록.
106	도유기 (島遊記)	증소집 (橧巢集)	김신겸4 (金信謙)	1693 ~1738	1733년 8월	배를 타고 안면도 등 섬을 노닌 일을 기록.
107	재유금강내외산기 (再遊金剛內外山記)	기원집 (杞園集)	어유봉5 (魚有鳳)	1672 ~1744	1733년 9월 4일~29일	금강산을 유람한 일을 기록.
108	유송풍정기 (遊松風亭記)	진명집 (震溟集)	권헌1 (權攇)	1713 ~1770	1734년 3월 16일	송풍정을 유람한 일을 기록.
109	득문소동기 (得聞韶洞記)	증소집 (橧巢集)	김신겸5 (金信謙)	1693 ~1738	1734년	문소동에서 노닌 일을 기록.
110	유문소동우득청하곡기 (遊聞韶洞又得青霞谷記)	증소집 (橧巢集)	김신겸6 (金信謙)	1693 ~1738	1734년	문소동 유람 후에 청하곡을 유람한 일을 기록.
111	문일기 (文日記)	동유기실 (東遊記實)	홍백창 (洪百昌)	1702 ~1742	1737년 4월 1일~28일	금강산을 유람한 일을 기록.
112	괴황일기 (槐黃日記)	목산고 (木山藁)	이기경 (李基敬)	1713 ~1787	1737년 9월 12일~1738년 4월 20일	서울에 가서 진사시험을 보고 합격한 일을 기록.

순번	일기명	출전	저자	생몰연도	일기 기간	요약
113	금강록 (金剛錄)	겸재집 (謙齋集)	박성원 (朴聖源)	1697 ~1768	1738년 8월 28일~9월 16일	금강산을 유람한 일을 기록.
114	동유록 (東遊錄)	명촌유고 (明村遺稿)	박순우 (朴淳愚)	1686 ~1759	1739년 3월 3일~4월 30일	금강산을 유람한 일을 기록.
115	유청평산기 (遊淸平山記)	삽교집 (雪橋集)	안석경1 (安錫儆)	1718 ~1774	1739년 5월	청평산을 유람한 일을 기록.
116	유웅연기 (遊熊淵記)	청천집 (青泉集)	신유한 (申維翰)	1681 ~1752	1739년 6월 9일	웅연을 유람한 일을 기록.
117	기미행정력 (己未行程歷)	목산고 (木山藁)	이기경2 (李基敬)	1713 ~1787	1739년 8월 26일~12월 15일	과거를 치르기 위해 다녀온 일을 기록.
118	도연유록 (陶淵遊錄)	명암집 (明庵集)	정식6 (鄭栻)	1683 ~1746	1739년 가을	도연을 유람한 일을 기록.
119	동유록 (東遊錄)	지암유고 (止庵遺稿)	이철보 (李喆輔)	1691 ~1770	1740년 3월~4월	금강산을 유람한 일을 기록.
120	속리산기 (俗離山記)	간의공유고 (諫議公遺稿)	송교명 (宋敎明)	1691 ~1742	1740년 4월 13일~15일	속리산을 유람한 일을 기록.
121	소백유록 (小白遊錄)	평암집 (平菴集)	권정침1 (權正沈)	1710 ~1767	1740년 4월 19일~5월 13일	소백산을 유람한 일을 기록.
122	동정기 (東征記)	봉암집 (鳳巖集)	채지홍 (蔡之洪)	1683 ~1741	1740년	스승 권상하의 연시례(延諡禮) 참가 후 금강산을 유람한 일을 기록.
123	서행일기 (西行日記)		김제행 (金霽行)	1716 ~1792	1741년 4월 27일~8월 21일	유배 중인 아버지를 청원하기 위해 서울에 다녀온 일을 기록. 필사본으로 '국학진흥원 일기류DB'에 DB 구축됨.
124	유천방사지기 (遊千房寺址記)	진명집 (震溟集)	권헌2 (權攇)	1713 ~1770	1742년 봄	천방사 터를 유람한 일을 기록.
125	구대야유기 (龜臺夜遊記)	눌은집 (訥隱集)	이광정 (李光庭)	1674 ~1756	1742년 7월 16일	낙동강에서 배를 타고 노닌 일을 기록.
126	중적벽선유기 (中赤壁船遊記)	경모재집 (敬慕齋集)	권길 (權佶)	1712 ~1774	1742년 9월 16일	적벽에서 노닌 하루간의 일을 기록.
127	유풍악록 (遊楓岳錄)	만모유고 (晩慕遺稿)	정기안 (鄭基安)	1695 ~1775	1742년 9월~10월	오대산, 금강산 등을 유람한 일을 기록.

순번	일기명	출전	저자	생몰 연도	일기 기간	요약
128	양록지행 (楊麓之行)	해악집 (海嶽集)	이명환1 (李明煥)	1718 ~1764	1742년	양산을 유람한 일을 기록.
129	유도산역동이서원기 (遊陶山易東二 書院記)	삽교집 (霅橋集)	안석경2 (安錫儆)	1718 ~1774	1743년 3월 7일	도산서원, 역동서원에 다녀온 일을 기록.
130	청학동록 (青鶴洞錄)	명암집 (明菴集)	정식7 (鄭栻)	1683 ~1746	1743년 4월 21일~29일	지리산 청학동을 유람한 일을 기록.
131	유용담부지도기 (遊龍潭不知島記)	운평집 (雲坪集)	송능상 (宋能相)	1710 ~1758	1743년 9월 1일	용담의 섬을 유람한 일을 기록.
132	유금오산기 (遊金烏山記)	만와집 (晩窩集)	김유수 (金裕壽)	1695 ~1761	1743년	금오산을 유람한 일을 기록.
133	유은해기 (遊銀海記)	치재유고 (恥齋遺稿)	김상직1 (金相直)	1716 ~1773	1743년	영천 은해사를 유람한 일을 기록.
134	유상족기 (遊床足記)	이봉집 (夷峯集)	황후간 (黃後幹)	1700 ~1773	1744년 3월 8일~20일	상족암을 유람한 일을 기록.
135	서행록 (西行錄)		송정악1 (宋廷岳)	1697 ~1775	1744년 4월 20일~1769년 7월 3일	25년 동안 여러 차례 여정을 떠났던 일들을 기록. 특별한 목적이 있어 여정을 떠난 경우에는 별도의 제목으로 분리됨. 필사본으로 '호남기록문화유산'에 DB 구축됨.
136	속리산기 (俗離山記)	입재유고 (立齋遺稿)	강재항4 (姜再恒)	1689 ~1756	1744년 4월	속리산을 유람한 일을 기록.
137	두류산유행록 (頭流山遊行錄)	이계집 (夷溪集)	황도익 (黃道翼)	1678 ~1753	1744년 8월 27일~9월 9일	지리산을 유람한 일을 기록.
138	남유기 (南遊記)	치재유고 (恥齋遺稿)	김상직2 (金相直)	1716 ~1773	1744년	한양에서 경상도 화산으로 가면서 유람한 일을 기록.
139	해악지행 (海嶽之行)	해악집 (海嶽集)	이명환2 (李明煥)	1718 ~1764	1746년 3월	금강산을 유람한 일을 기록.
140	문암유기 (門巖游記)	삼산재집 (三山齋集)	김이안1 (金履安)	1722 ~1791	1746년 4월 7일~8일	수락산 문암을 유람한 일을 기록.
141	청량유록 (清凉遊錄)	평암집 (平庵集)	권정침2 (權正忱)	1710 ~1767	1746년 9월 11일~13일	청량산을 유람한 일을 기록.
142	동음지행 (洞陰之行)	해악집 (海嶽集)	이명환3 (李明煥)	1718 ~1764	1747년 9월	동음 지역을 유람한 일을 기록.

순번	일기명	출전	저자	생몰연도	일기 기간	요약
143	속리행기 (俗離行記)	하서집 (荷棲集)	조경1 (趙璥)	1727 ~1787	1747년	속리산을 유람한 일을 기록.
144	유청풍정기 (遊淸風亭記)	하서집 (荷棲集)	조경2 (趙璥)	1727 ~1787	1747년	청풍정에서 노닌 일을 기록.
145	유두류산록 (遊頭流山錄)	명암집 (冥菴集)	이주대 (李柱大)	1689 ~1755	1748년 4월 1일~24일	지리산을 유람한 일을 기록.
146	변산동유일록 (邊山東遊日錄)	목산고 (木山藁)	이기경3 (李基敬)	1713 ~1787	1748년 윤7월 17일~25일	변산을 유람한 일을 기록.
147	해산일기 (海山日記)	순암집 (醇庵集)	오재순1 (吳載純)	1727 ~1792	1748년 윤7월 20일~8월 9일	금강산 일대를 유람한 일을 기록.
148	금산기 (錦山記)	능호집 (凌壺集)	이인상1 (李麟祥)	1710 ~1760	1748년 8월	금산을 유람한 일을 기록.
149	유삼강기 (遊三江記)	한송재집 (寒松齋集)	심사주 (沈師周)	1691 ~1757	1748년	삼강을 유람한 일을 기록.
150	남유록 (南遊錄)	대산집 (大山集)	이상정 (李象靖)	1711 ~1781	1748년	팔공산 등을 유람한 일을 기록.
151	경행북정록 (京行北征錄)	서행록 (西行錄)	송정악2 (宋廷岳)	1697 ~1775	1749년 2월 그믐~7월 19일	서울, 함흥 등에 다녀온 일을 기록.
152	동유일기 (東遊日記)		송주상 (宋周相)	1695 ~1751	1749년 4월 13일~5월 22일	금강산과 설악산 일원을 유람한 일을 기록. 필사본으로『조선시대 개인일기』에 설명 있음.
153	유삼막기 (遊三藐記)	해악집 (海嶽集)	이명환4 (李明煥)	1718 ~1764	1749년 가을	삼막사에 다녀온 기록.
154	서유록 (西游錄)	약재집 (約齋集)	권병 (權炳)	1723 ~1772	1749년 10월 11일~14일	병곡, 근암 등에 다녀온 일을 기록.
155	백두산기 (白頭山記)		이의철 (李宜哲)	1703 ~1778	1751년 5월 24일~6월 3일	백두산을 유람한 일을 기록.『조선시대 선비들의 백두산 답사기』와 '문화콘텐츠닷컴'에 설명 있음.
156	동유산수기 (東遊山水記)	보만재집 (保晩齋集)	서명응1 (徐命膺)	1716 ~1787	1751년 5월	영평의 금수정, 창옥병, 백로주 등을 유람한 일을 기록.
157	서정록 (西征錄)	운재유고 (雲齋遺稿)	이중경 (李重慶)	1724 ~1754	1751년 8월 28일~11월 11일	관서 지역을 유람한 일을 기록.

순번	일기명	출전	저자	생몰연도	일기 기간	요약
158	동유록 (東遊錄)	치재유고 (恥齋遺稿)	김상직3 (金相直)	1716~1773	1751년	금강산 일대를 유람한 일을 기록.
159	유치악대승암기 (遊雉岳大乘菴記)	삽교집 (霅橋集)	안석경3 (安錫儆)	1718~1774	1752년 4월 7일	치악산 대승암에 올라 책을 읽은 일을 기록.
160	이운유기 (二雲遊記)	수산집 (修山集)	이종휘1 (李種徽)	1731~1797	1752년 4월	해운대, 몰운대를 유람한 일을 기록.
161	유두류록 (遊頭流錄)	이계집 (尼溪集)	박래오1 (朴來吾)	1713~1785	1752년 8월 10일~19일	지리산을 유람한 일을 기록.
162	고성유기 (古城遊記)	수산집 (修山集)	이종휘2 (李種徽)	1731~1797	1753년 3월	화왕산 고성을 유람한 일을 기록.
163	북협일기 (北峽日記)	제헌집 (霽軒集)	심정진1 (沈定鎭)	1725~1786	1753년 4월	함경도 일대를 유람한 일을 기록.
164	유방장록 (遊方丈錄)	만촌집 (晩村集)	이언근1 (李彦根)	1697~1764	1753년 9월	지리산을 유람한 일을 기록.
165	상산삼매 (象山三昧)		이철환 (李喆煥)	1722~1779	1753년 10월 9일~1754년 1월 29일	가야산 일대를 유람한 일을 기록. 필사본으로 규장각한국학연구원에 소장됨. '한국향토문화전자대전'에 설명 있음.
166	설악왕환일기 (雪嶽往還日記)	쌍계유고 (雙溪遺稿)	이복원 (李福源)	1719~1792	1753년	설악산을 유람한 일을 기록.
167	유산록 (遊山錄)	남계집 (南溪集)	이갑룡 (李甲龍)	1734~1799	1754년 윤5월 10일~16일	지리산을 유람한 일을 기록.
168	도봉행일기 (道峯行日記)	정좌와집 (靜坐窩集)	심조 (沈潮)	1694~1756	1754년 9월 12일~17일	도봉서원을 유람한 일을 기록.
169	유금강산록 (遊金剛山錄)	삼산집 (三山集)	유정원 (柳正源)	1702~1761	1755년 4월 27일~5월 7일	금강산을 유람한 일을 기록.
170	과노량기 (過露梁記)	수산집 (修山集)	이종휘3 (李種徽)	1731~1797	1755년 겨울	노량을 지나다 옛 무덤을 본 일을 기록.
171	북정일기 (北征日記)	무민집 (无悶集)	이여규 (李汝圭)	1713~1772	1756년 9월 16일~10월 21일	함경남병사에 종사관으로 부임한 아버지를 뵈러 간 일을 기록.
172	유종남동봉기 (遊終南東峯記)	이재집 (頤齋集)	이의숙1 (李義肅)	1733~1805	1756년 가을	남산을 유람한 일을 기록. 종남산은 남산의 이칭임.
173	유가야산록 (遊伽倻山錄)	백불암집 (百弗庵集)	최흥원 (崔興遠)	1705~1786	1757년 2월 17일~18일	가야산을 유람한 일을 기록.

순번	일기명	출전	저자	생몰 연도	일기 기간	요약
174	유강도록 (遊江都錄)	두암집 (斗庵集)	김약련 (金若鍊)	1730 ~1802	1757년 9월	강화도를 유람한 일을 기록. 강도는 강화도의 이칭임.
175	문소산수가유기 (聞韶山水可遊記)	소산집 (小山集)	이광정 (李光靖)	1714 ~1789	1757년	의성 구산에 살면서 수정사, 세 심정 등을 유람한 일을 기록.
176	유강도기 (遊江都記)	계촌집 (溪村集)	이도현1 (李道顯)	1726 ~1776	1757년	강화도를 유람한 일을 기록.
177	유천생산기 (遊天生山記)	묵헌집 (默軒集)	이만운1 (李萬運)	1736 ~1820	1758년 1월	천생산을 유람한 일을 기록.
178	화악일기 (華嶽日記)	이재집 (頤齋集)	이의숙2 (李義肅)	1733 ~1805	1758년 8월 28일~9월 2일	북한산을 유람한 일을 기록.
179	중심마연기 (重尋馬淵記)	순암집 (醇庵集)	오재순2 (吳載純)	1727 ~1792	1758년 9월 9일	마연을 유람한 일을 기록.
180	유가야산록 (遊伽倻山錄)	용산문집 (龍山文集)	이기 (李夔)	1699 ~1779	1759년 2월 24일~3월 9일	가야산을 유람한 일을 기록.
181	통행일기 (統行日記)	서행록 (西行錄)	송정악3 (宋廷岳)	1697 ~1775	1759년 4월 25일~5월 14일	배를 타고 남해 일대를 유람 한 일을 기록.
182	유청량산기 (遊清凉山記)	지애유고 (芝厓遺稿)	김협 (金埉)	1728 ~1801	1759년 8월 9일~15일	청량산을 유람한 일을 기록.
183	동경방고기 (東京訪古記)	석당유고 (石堂遺稿)	김상정1 (金相定)	1727 ~1788	1760년 2월	경주를 방문한 일을 기록.
184	유북한기 (遊北漢記)	가암유고 (可庵遺稿)	김구주1 (金龜柱)	1740 ~1786	1760년 봄	북한산 일대를 유람한 일을 기록.
185	금산관해기 (錦山觀海記)	석당유고 (石堂遺稿)	김상정2 (金相定)	1727 ~1788	1760년 4월 11일	금산에서 바다를 본 일을 기록.
186	유남산기 (遊南山記)	제헌집 (霽軒集)	심정진2 (沈定鎭)	1725 ~1786	1760년 4월 13일	남산을 유람한 일을 기록.
187	청량산유람록 (清凉山遊覽錄)	성담집 (性潭集)	송환기1 (宋煥箕)	1728 ~1807	1761년 3월 26일~28일	청량산을 유람한 일을 기록.
188	동행기 (東行記)	삽교집 (霅橋集)	안석경4 (安錫儆)	1718 ~1774	1761년 4월 1일~5월 13일	금강산을 유람한 일을 기록.
189	소백유산기 (小白遊山記)	팔우헌집 (八友軒集)	조보양 (趙普陽)	1709 ~1788	1761년 4월	소백산을 유람한 일을 기록.
190	유고산록 (遊孤山錄)	성담집 (性潭集)	송환기2 (宋煥箕)	1728 ~1807	1761년 5월 16일~17일	청량산 고산정을 유람한 일 을 기록.

순번	일기명	출전	저자	생몰 연도	일기 기간	요약
191	유청량산기 (遊淸凉山記)	월하문집 (月下文集)	조운도 (趙運道)	1718 ~1796	1761년 5월	청량산을 유람한 일을 기록.
192	상원답교기 (上元踏橋記)	삼산재집 (三山齋集)	김이안2 (金履安)	1722 ~1791	1762년 1월 15일	정월 대보름날에 서울의 다리들을 다닌 일을 기록.
193	유다보사기 (遊多寶寺記)	여와집 (餘窩集)	목만중 (睦萬中)	1727 ~1810	1762년 9월	다보사를 유람한 일을 기록.
194	유문산석굴기 (遊文山石窟記)	가림이고 (嘉林二稿)	이강 (李矼)	1728 ~1794	1762년	문산의 석굴을 여러 차례 다녀온 일을 기록.
195	연영노정기 (連營路程記)	서행록 (西行錄)	송정악4 (宋廷岳)	1697 ~1775	1763년 1월 19일~25일	배를 타고 수영(水營)에 가고 충민사에 참배한 일을 기록.
196	서유경조록 (西遊慶弔錄)	서행록 (西行錄)	송정악5 (宋廷岳)	1697 ~1775	1763년 8월 15일~9월 9일	배를 타고 보성, 해남 등에 다녀온 일을 기록.
197	몽행록 (夢行錄)	설담집 (雪潭集)	자우 (自優)	1709 ~1770	1763년 8월 27일~9월 27일	호남 일대 사찰을 유람한 일을 기록.
198	유청량산록 (遊淸凉山錄)	강와집 (剛窩集)	임필대1 (任必大)	1709 ~1773	1763년 9월 8일~18일	청량산을 유람한 일을 기록.
199	유속리기 (遊俗離記)	추파집 (秋波集)	석홍유 (釋泓宥)	1718 ~1774	1763년 9월 9일	속리산을 유람한 일을 기록.
200	유청량산록 (遊淸凉山錄)	도오일고 (陶塢逸稿)	박충원 (朴忠源)	1735 ~1787	1763년 9월	청량산을 유람한 일을 기록.
201	상고유록 (上古遊錄)	당주집 (鐺洲集)	박종1 (朴琮)	1735 ~1793	1764년 2월 3일~미상	칠보산 남쪽의 상고촌을 유람한 일을 기록.
202	백두산유록 (白頭山遊錄)	당주집 (鐺洲集)	박종2 (朴琮)	1735 ~1793	1764년 5월 14일~6월 2일	백두산을 유람한 일을 기록.
203	은유일기 (恩遊日記)		신상악 (申象岳)	1713 ~?	1765년 1월 29일~5월 10일	사마시를 보기 위해 서울에 다녀온 일을 기록. 필사본으로 『조선시대 개인일기』에 설명 있음.
204	동유일기 (東遊日記)	목산고 (木山藁)	이기경4 (李基敬)	1713 ~1787	1765년 3월 11일~26일	화양동을 유람한 일을 기록.
205	유화양동기 (遊華陽洞記)	전암집 (典庵集)	강정환1 (姜鼎煥)	1741 ~1816	1765년 3월	화양동을 유람한 일을 기록.
206	동유기 (東遊記)	삽교집 (霅橋集)	안석경5 (安錫儆)	1718 ~1774	1765년 8월 18일~9월 29일	금강산을 유람한 일을 기록.

순번	일기명	출전	저자	생몰 연도	일기 기간	요약
207	유삼동록 (遊三洞錄)	이계집 (尼溪集)	박래오2 (朴來吾)	1713 ~1785	1765년 8월	안음의 삼동을 유람한 일을 기록.
208	유속리산기 (遊俗離山記)	전암집 (典庵集)	강정환2 (姜鼎煥)	1741 ~1816	1766년 3월	속리산을 유람한 일을 기록.
209	유백두산기 (遊白頭山記)	보만재집 (保晚齋集)	서명응2 (徐命膺)	1716 ~1787	1766년 6월 10일~16일	백두산을 유람한 일을 기록.
210	칠보산유록 (七寶山遊錄)	당주집 (鐺洲集)	박종3 (朴琮)	1735 ~1793	1766년 8월	칠보산을 유람한 일을 기록.
211	유국사봉기 (遊國師峰記)	하지유집 (下枝遺集)	이상진1 (李象辰)	1710 ~1772	1767년 4월	학가산 국사봉을 유람한 일 을 기록.
212	중유국사봉기 (重遊國師峯記)	하지유집 (下枝遺集)	이상진2 (李象辰)	1710 ~1772	1767년 4월	학가산 국사봉을 다시 유람 한 일을 기록.
213	동유기 (東遊記)	가암유고 (可庵遺稿)	김구주2 (金龜柱)	1740 ~1786	1767년 8월 9일~9월	금강산 등 강원도 일대를 유 람한 일을 기록.
214	유금강산기 (遊金剛山記)	계촌집 (溪村集)	이도현2 (李道顯)	1726 ~1776	1767년 8월 29일~9월 10일	금강산을 유람한 일을 기록.
215	동경유록 (東京遊錄)	당주집 (鐺洲集)	박종4 (朴琮)	1735 ~1793	1767년 9월 25일~12월 7일	경주를 유람한 일을 기록.
216	유동도록 (遊東都錄)	강와집 (剛窩集)	임필대2 (任必大)	1709 ~1773	1767년 10월 1일~11월 4일	경주를 유람한 일을 기록. 동도는 경주를 가리킴.
217	하동산수가유 자기 (河東山水可遊者記)	학림집 (鶴林集)	권방1 (權訪)	1740 ~1808	1767년 겨울	유배 중에 지리산 일대를 돌 아본 일을 기록.
218	서행록 (西行錄)		송지행1 (宋志行)	1741 ~1802	1768년 1월 15일~1800년 4월 19일	살면서 여러 차례 여정을 떠 났던 일을 기록. 필사본으로 '호남기록문화유산'에 DB 구 축됨.
219	호행록 (湖行錄)	서행록 (西行錄)	송정악6 (宋廷岳)	1697 ~1775	1768년 4월 1일~17일	비문을 받기 위한 여정을 기록.
220	유경일기 (留京日記)	서행록 (西行錄)	송정악7 (宋廷岳)	1697 ~1775	1768년 4월 17일~6월 14일	비문 관련 일 등으로 서울에 다녀온 일을 기록.

순번	일기명	출전	저자	생몰 연도	일기 기간	요약
221	동유록 (東遊錄)	만곡집 (晩谷集)	조술도1 (趙述道)	1729 ~1803	1768년 9월	관동팔경을 유람한 일을 기록.
222	서해여언 (西海旅言)	청장관전서 (靑莊館全書)	이덕무1 (李德懋)	1741 ~1793	1768년 10월 4일~24일	종누이가 시아버지 상을 당하자, 남편을 따라 황해도 장연에 가 있는 종누이를 데리러 다녀온 일을 기록.
223	옥계유산록 (玉溪遊山錄)	면암집 (俛庵集)	이우 (李㙖)	1739 ~1810	1769년 9월 15일~26일	주왕산을 비롯한 옥계 인근을 유람한 일을 기록.
224	옥계유산록 (玉溪遊山錄)	천사집 (川沙集)	김종덕 (金宗德)	1724 ~1797	1769년 9월 16일~26일	청송과 영덕의 옥계를 유람한 일을 기록.
225	옥계유록 (玉溪遊錄)	후암집 (厚庵集)	권렴 (權濂)	1701 ~1781	1769년 9월 17일~25일	옥계를 유람한 일을 기록.
226	유대흑기 (遊大黑記)	선화유고 (仙華遺稿)	김약행1 (金若行)	1718 ~1788	1770년 2월 10일~18일	흑산도를 유람한 일을 기록.
227	춘성유기 (春城遊記)	영재집 (泠齋集)	유득공1 (柳得恭)	1748 ~1807	1770년 3월	한양성을 유람했던 일을 기록.
228	유격포기 (遊格浦記)	표암유고 (豹菴遺稿)	강세황1 (姜世晃)	1713 ~1791	1770년 5월	격포를 유람한 일을 기록.
229	표해록 (漂海錄)		장한철 (張漢喆)	1744 ~?	1770년 12월 25일~1771년 5월 8일	과거 시험을 보기 위해 제주도에서 출항했다 유구의 섬에 표착, 다시 표류 후 청산도에 표착했던 일을 기록. 필사본으로 국립제주박물관에 소장됨. 『장한철 표해록』에 원전 영임됨.
230	낙강범주록 (洛江泛舟錄)	지촌집 (芝村集)	박이곤1 (朴履坤)	1730 ~1783	1771년 4월 10일~20일	배를 띄워 낙동강을 유람한 일을 기록.
231	유돈항기 (遊豚項記)	선화유고 (仙華遺稿)	김약행2 (金若行)	1718 ~1788	1771년 8월, 10월	돈항을 유람한 일을 기록.
232	유소우이기 (遊小牛耳記)	선화유고 (仙華遺稿)	김약행3 (金若行)	1718 ~1788	1771년 9월 25일	소우이도를 유람한 일을 기록.
233	유영춘기 (遊永春記)	보만재집 (保晚齋集)	서명응3 (徐命膺)	1716 ~1787	1772년	단양 영춘을 유람한 일을 기록.

순번	일기명	출전	저자	생몰연도	일기 기간	요약
234	운악유렵기 (雲嶽遊獵記)	청성집 (靑城集)	성대중1 (成大中)	1732 ~1809	1772년	운악산에서 수렵하고 산을 구경하고 온 하루의 일을 기록.
235	유주왕산록 (遊周王山錄)	반계집 (磻溪集)	이양오1 (李養吾)	1737 ~1811	1773년 2월	과거 시험 후 주왕산을 유람한 일을 기록.
236	회행일기 (會行日記)	서행록 (西行錄)	송지행2 (宋志行)	1741 ~1802	1773년 3월 1일~윤3월 23일	과거를 치르고 낙방한 후 금강산을 유람한 일을 기록.
237	계사춘유기 (癸巳春遊記)	아정유고 (鴉亭遺稿)	이덕무2 (李德懋)	1741 ~1793	1773년 윤3월 25일~28일	평양으로 유람을 떠난 일을 기록.
238	영해기행 (榮解紀行)	반계집 (磻溪集)	이양오2 (李養吾)	1737 ~1811	1773년 8월 8일~30일	도산서원 등을 유람한 일을 기록.
239	사군기행 (四郡紀行)	진택집 (震澤集)	신광하1 (申光河)	1729 ~1796	1773년 8월 12일~22일	제천, 청풍, 단양, 영춘을 유람한 일을 기록.
240	유동경록 (遊東京錄)	지촌집 (芝村集)	박이곤2 (朴履坤)	1730 ~1783	1773년 10월 4일~20일	경주를 유람한 일을 기록.
241	선유동기 (仙遊洞記)	이재집 (頤齋集)	이의숙3 (李義肅)	1733 ~1805	1774년 3월	선유동에 다녀온 일을 기록.
242	유소백산록 (遊小白山錄)	소암집 (素巖集)	김진동 (金鎭東)	1727 ~1800	1774년 3월~4월	소백산을 유람한 일을 기록.
243	금강산유록 (金剛山遊錄)	덕봉집 (德峯集)	이진택 (李鎭宅)	1738 ~1805	1774년 7월 21일~8월 7일	금강산을 유람한 일을 기록.
244	유금강록 (遊金剛錄)	냉와집 (冷窩集)	안경점 (安景漸)	1722 ~1789	1774년 7월 21일~8월 28일	금강산을 유람한 일을 기록.
245	청량산기 (淸凉山記)	해좌집 (海左集)	정범조1 (丁範祖)	1723 ~1801	1775년 4월 9일~10일	청량산을 유람한 일을 기록.
246	은선동기 (隱仙洞記)	영재집 (冷齋集)	유득공2 (柳得恭)	1748 ~1807	1775년 10월	은선동을 유람한 일을 기록.
247	파산성묘기행 (巴山省墓記行)	만회집 (晩悔集)	안경시1 (安景時)	1712 ~1794	1775년	파산 일대의 선조 묘소를 성묘한 일을 기록.
248	협주기 (峽舟記)	아정유고 (鴉亭遺稿)	이덕무3 (李德懋)	1741 ~1793	1776년 3월 25일~27일	배를 타고 삼전도, 둔천서원 등을 지나며 노닌 일을 기록.
249	동행록 (東行錄)	약남집 (藥南集)	이헌락1 (李憲洛)	1718 ~1791	1776년 8월 9일~17일	금강산을 유람한 일을 기록.

순번	일기명	출전	저자	생몰 연도	일기 기간	요약
250	남유록 (南遊錄)	만곡집 (晚谷集)	조술도2 (趙述道)	1729 ~1803	1776년	가야산, 두류산 등을 유람한 일을 기록.
251	여유일록 (旅遊日錄)	죽록유고 (竹麓遺稿)	윤효관 (尹孝寬)의 후손	1745 ~1823	1777년 2월~1778년 1월 2일	윤효관이 담양의 향시에 합격한 후 서울에 올라가 공부하고 문과에 합격한 뒤 고향으로 올 때까지의 과정을 후손이 기록한 것.
252	유원적사용추기 (遊圓寂寺龍湫記)	청성집 (靑城集)	성대중2 (成大中)	1732 ~1812	1777년 6월	원적사 인근 용추를 유람한 일을 기록.
253	유이계기 (遊耳溪記)	이계집 (耳溪集)	홍양호 (洪良浩)	1724 ~1802	1777년 9월 16일	이계의 집이 완성되자 그곳에 가 노닌 일을 기록.
254	설악기 (雪嶽記)	해좌집 (海左集)	정범조2 (丁範祖)	1723 ~1801	1778년 3월 17일~22일	설악산을 유람한 일을 기록.
255	동유기행 (東遊紀行)	진택집 (震澤集)	신광하2 (申光河)	1729 ~1796	1778년 8월 20일~10월 17일	금강산을 유람한 일을 기록.
256	농호범주동유기 (農湖泛舟同遊記)	두와집 (蠹窩集)	최흥벽1 (崔興璧)	1739 ~1812	1778년 9월	농호에서 배를 타고 노닌 일을 기록.
257	유물염정기 (遊勿染亭記)	여유당전서 (與猶堂全書)	정약용01 (丁若鏞)	1762 ~1836	1778년	화순 물염정을 유람한 일을 기록.
258	북한도봉산유기 (北漢道峯山遊記)	농은집 (農隱集)	이엽1 (李爗)	1729 ~1788	1779년 4월 15일~17일	북한산, 도봉산을 유람한 일을 기록.
259	유도봉산기 (遊道峯山記)	화산집 (華山集)	정규한 (鄭奎漢)	1751 ~1824	1780년 2월	도봉산을 유람한 일을 기록.
260	청량산유람록 (淸凉山遊覽錄)	당주집 (鐺洲集)	박종5 (朴琮)	1735 ~1793	1780년 8월 1일~24일	청량산, 도산서원 등을 유람한 일을 기록.
261	유성동기 (遊聖洞記)	지오재유고 (知吾齋遺稿)	선시계 (宣始啓)	1742 ~1826	1780년 8월	선조들의 무덤이 있는 성동에 다녀온 일을 기록.
262	유속리산록 (遊俗離山錄)	노우집 (魯宇集)	정충필 (鄭忠弼)	1725 ~1789	1780년 10월 16일~11월 11일	속리산을 유람한 일을 기록.
263	유석양산기 (遊夕陽山記)	명은집 (明隱集)	김수민1 (金壽民)	1734 ~1811	1781년 1월 11일	석양산에 주천자동(朱天子洞)이 있다는 것을 듣고 석양산을 유람한 일을 기록.
264	유가야산기 (遊伽倻山記)	지애문집 (芝厓文集)	정위1 (鄭煒)	1740 ~1811	1781년 4월 21일~25일	가야산을 유람한 일을 기록.

순번	일기명	출전	저자	생몰 연도	일기 기간	요약
265	동유일기 (東遊日記)	성담집 (性潭集)	송환기3 (宋煥箕)	1728 ~1807	1781년 7월 29일~9월 29일	금강산을 유람한 일을 기록.
266	동릉상추기 (東陵賞秋記)	이재집 (頤齋集)	이의숙4 (李義肅)	1733 ~1805	1781년 8월	정릉 참봉 때 주변의 가을 경치를 구경한 일을 기록.
267	호가유금원기 (扈駕遊禁苑記)	표암유고 (豹菴遺稿)	강세황2 (姜世晃)	1713 ~1791	1781년 9월 3일	어가를 따라 금원을 유람한 일을 기록.
268	자청절사지 석림사기 (自淸節祠至 石林寺記)	서어유고 (西漁遺稿)	권상신1 (權常愼)	1759 ~1825	1781년	석림사를 유람한 일을 기록.
269	재도원장유수락 산기 (在道院將遊水落 山記)	서어유고 (西漁遺稿)	권상신2 (權常愼)	1759 ~1825	1781년	수락산을 유람한 일을 기록.
270	섭노원천기 (涉蘆原川記)	서어유고 (西漁遺稿)	권상신3 (權常愼)	1759 ~1825	1781년	노원천을 건넌 일을 기록.
271	자노천지청절 사기 (自蘆川至淸節祠記)	서어유고 (西漁遺稿)	권상신4 (權常愼)	1759 ~1825	1781년	청절사를 유람한 일을 기록.
272	가야산기 (伽倻山記)	아정유고 (鴉亭遺稿)	이덕무1 (李德懋)	1741 ~1793	1782년 2월 18일	가야산을 유람한 일을 기록.
273	동유기 (東遊記)	운호집 (雲湖集)	임정주 (任靖周)	1727 ~1796	1782년 5월~9월	금강산을 유람한 일을 기록.
274	동화사완유기 (桐華寺玩遊記)	농산문집 (農山文集)	이광덕1 (李匡德)	1762 ~1824	1782년 가을	팔공산 동화사를 유람한 일 을 기록.
275	동정기 (東征記)	석재고 (碩齋稿)	윤행임1 (尹行恁)	1762 ~1801	1782년	배를 타고 남한강을 거슬러 여주까지 유람한 일을 기록.
276	조원기 (曹園記)	번암집 (樊巖集)	채제공1 (蔡濟恭)	1720 ~1799	1783년 3월 10일	조원을 구경한 일을 기록.
277	유수종사기 (遊水鍾寺記)	여유당전서 (與猶堂全書)	정약용02 (丁若鏞)	1762 ~1836	1783년 봄	수종사에 다녀온 일을 기록.
278	촉석동유기 (矗石同遊記)	묵헌집 (默軒集)	이만운2 (李萬運)	1736 ~1820	1783년 11월 26일~27일	지리산 촉석루를 유람한 일 을 기록.
279	덕산동유기 (德山同遊記)	묵헌집 (默軒集)	이만운3 (李萬運)	1736 ~1820	1783년 11월 28일	지리산 덕산을 유람한 일을 기록.

순번	일기명	출전	저자	생몰 연도	일기 기간	요약
280	문산재동유기 (文山齋同遊記)	묵헌집 (默軒集)	이만운4 (李萬運)	1736 ~1820	1783년 11월 29일	지리산 문산재를 유람한 일 을 기록.
281	유내연산기 (遊內延山記)	청성집 (靑城集)	성대중3 (成大中)	1732 ~1809	1783년	내연산을 유람한 일을 기록.
282	중유조원기 (重遊曹園記)	번암집 (樊巖集)	채제공2 (蔡濟恭)	1720 ~1799	1784년 윤3월 13일	조원을 다시 방문한 일을 기록.
283	유오원기 (遊吳園記)	번암집 (樊巖集)	채제공3 (蔡濟恭)	1720 ~1799	1784년 윤3월	오원을 방문한 일을 기록.
284	청량산기 (淸凉山記)	청성집 (靑城集)	성대중4 (成大中)	1732 ~1809	1784년 8월 15일~16일	청량산을 유람한 일을 기록.
285	유칠장사기 (遊七長寺記)	번암집 (樊巖集)	채제공4 (蔡濟恭)	1720 ~1799	1784년 9월	칠장사를 유람한 일을 기록.
286	회룡사관폭기 (回龍寺觀瀑記)	번암집 (樊巖集)	채제공5 (蔡濟恭)	1720 ~1799	1785년 가을	도봉산 회룡사 폭포를 구경 한 일을 기록.
287	사유록 (四遊錄)	해은유고 (海隱遺稿)	강필효 (姜必孝)	1764 ~1848	1785년 11월~1818년	청량산을 비롯한 각지를 유 람한 일을 기록.
288	유관악산기 (遊冠岳山記)	번암집 (樊巖集)	채제공6 (蔡濟恭)	1720 ~1799	1786년 4월 13일~14일	관악산을 유람한 일을 기록.
289	청량산유록 (淸凉山遊錄)	송음집 (松陰集)	남용섭 (南龍燮)	1734 ~1817	1786년 여름	청량산을 유람한 일을 기록.
290	가야동유록 (伽倻同遊錄)	묵헌집 (默軒集)	이만운5 (李萬運)	1736 ~1820	1786년 8월	가야산을 유람한 일을 기록.
291	관서기행 (關西紀行)	소미산방장 (少眉山房藏)	이삼환 (李森煥)	1729 ~1813	1786년 9월 4일~10월 11일	정주목사 이가환을 방문하고 오는 길에 평양 등지를 유람 한 일을 기록.
292	유서경기 (遊西京記)	학림집 (鶴林集)	권방2 (權訪)	1740 ~1808	1787년 2월	서경을 유람한 일을 기록.
293	월파정야유기 (月波亭夜遊記)	여유당전서 (與猶堂全書)	정약용03 (丁若鏞)	1762 ~1836	1787년 여름	밤에 한강 노량진 월파정까 지 뱃놀이를 했던 일을 기록.
294	유설악록 (遊雪嶽錄)	칠암문집 (七巖文集)	김몽화1 (金夢華)	1723 ~1792	1787년 9월 4일~8일	설악산을 유람한 일을 기록.
295	유속리산기 (遊俗離山記)	지암집 (遲庵集)	이동항1 (李東沆)	1736 ~1804	1787년 9월	속리산을 유람한 일을 기록.
296	고성기행록 (高城記行錄)	칠암문집 (七巖文集)	김몽화2 (金夢華)	1723 ~1792	1787년 10월 1일~4일	고성 인근을 유람한 일을 기록.

순번	일기명	출전	저자	생몰연도	일기 기간	요약
297	중구일등의관령소기 (重九日登義館嶺小記)	표암유고 (豹菴遺稿)	강세황3 (姜世晃)	1713 ~1791	1788년 9월 9일	의관령에 올라 노닌 일을 기록.
298	유금강산기 (遊金剛山記)	표암유고 (豹菴遺稿)	강세황4 (姜世晃)	1713 ~1791	1788년 9월 13일~17일	금강산을 유람한 일을 기록.
299	사군일기 (四郡日記)	덕림실기 (德林實記)	조규운 (趙奎運)	1725 ~1800	1789년 2월~6월 23일	서울 인근 네 곳의 명승에 다녀온 일을 기록.
300	유세심정기 (遊洗心亭記)	이안유고 (易安遺稿)	남석관1 (南碩寬)	1761 ~1837	1789년 4월 1일	세심정을 유람한 일을 기록.
301	남호범주기 (南湖汎舟記)	여유당전서 (與猶堂全書)	정약용04 (丁若鏞)	1762 ~1836	1789년 8월 15일	울산의 남호에서 노닌 일을 기록.
302	남행록 (南行錄)	파강집 (巴江集)	이경록 (李經祿)	1736 ~1804	1789년	신안까지 남해안 일대를 유람한 일을 기록.
303	방장유록 (方丈遊錄)	지암집 (遲庵集)	이동항2 (李東沆)	1736 ~1804	1790년 3월 28일~5월 4일	지리산을 유람한 일을 기록.
304	유사군기 (遊四郡記)	치암집 (癡庵集)	남경희1 (南景羲)	1748 ~1812	1790년 3월	사군을 유람한 일을 기록.
305	유가야록 (遊伽倻錄)	행정문집 (杏亭文集)	하진태 (河鎭兌)	1737 ~1813	1790년 4월 15일~27일	가야산을 유람한 일을 기록.
306	유수락소기 (遊水落小記)	노주집 (老洲集)	오희상1 (吳熙常)	1763 ~1833	1790년 7월 16일~18일	수락산을 유람한 일을 기록.
307	순오기행 (旬五記行)	태을암집 (太乙菴集)	신국빈1 (申國賓)	1724 ~1799	1790년 9월 24일~10월 9일	경주에 다녀온 일을 기록.
308	단양산수기 (丹陽山水記)	여유당전서 (與猶堂全書)	정약용05 (丁若鏞)	1762 ~1836	1790년 가을	단양 사인암을 구경한 일을 기록.
309	해산록 (海山錄)	지암집 (遲庵集)	이동항3 (李東沆)	1736 ~1804	1791년 3월 27일~5월 21일	금강산을 유람한 일을 기록.
310	사자산동유기 (獅子山同遊記)	존재전서 (存齋全書)	위백규1 (魏伯珪)	1727 ~1798	1791년 3월	장흥의 사자산을 유람한 일을 기록.
311	유세검정기 (遊洗劍亭記)	여유당전서 (與猶堂全書)	정약용06 (丁若鏞)	1762 ~1836	1791년 여름	세검정에서 노닌 일을 기록.

순번	일기명	출전	저자	생몰연도	일기 기간	요약
312	서정기 (西征記)	관암전서 (冠巖全書)	홍경모01 (洪敬謨)	1774 ~1851	1791년 8월	평양으로 가는 과정을 기록.
313	유금성기 (遊錦城記)	존재전서 (存齋全書)	위백규2 (魏伯珪)	1727 ~1798	1791년	금성의 김상사(金上舍)를 만나고, 그 지역을 유람한 일을 기록.
314	유내연산기 (遊內延山記)	심와문집 (深窩文集)	이정제 (李鼎濟)	1755 ~1817	1792년 3월	보경사와 내연산을 유람한 일을 기록.
315	선루배유기 (仙樓陪遊記)	관암전서 (冠巖全書)	홍경모02 (洪敬謨)	1774 ~1851	1792년 3월	선루를 유람한 일을 기록.
316	재유촉석루기 (再遊矗石樓記)	여유당전서 (與猶堂全書)	정약용07 (丁若鏞)	1762 ~1836	1792년 봄	진주 촉석루에서 노닌 일을 기록.
317	망덕산기 (望德山記)	명은집 (明隱集)	김수민2 (金壽民)	1734 ~1811	1792년 9월 16일	망덕산을 유람한 일을 기록.
318	유단석산기 (遊斷石山記)	치암집 (癡庵集)	남경희2 (南景羲)	1748 ~1812	1792년 9월	단석산을 유람한 일을 기록.
319	유주사산기 (遊朱砂山記)	치암집 (癡庵集)	남경희3 (南景羲)	1748 ~1812	1792년 9월	주사산을 유람한 일을 기록.
320	유대현동기 (遊大賢洞記)	치암집 (癡庵集)	남경희4 (南景羲)	1748 ~1812	1792년 9월	대현동을 유람한 일을 기록.
321	향산일기 (香山日記)	서행록 (西行錄)	송지행3 (宋志行)	1741 ~1802	1792년 10월 15일~12월 18일	묘향산을 유람한 일을 기록.
322	유관어대기 (遊觀魚臺記)	묵헌집 (默軒集)	이만운6 (李萬運)	1736 ~1820	1792년	관어대를 유람한 일을 기록.
323	유화양록 (遊華陽錄)	외암집 (畏庵集)	정윤교 (鄭允喬)	1733 ~1821	1793년 9월	화양동을 유람한 일을 기록.
324	유태화산기 (遊太華山記)	중암고 (重菴稿)	강이천 (姜彛天)	1769 ~1801	1793년 9월	태화산을 유람한 일을 기록.
325	유변산록 (遊邊山錄)	명은집 (明隱集)	김수민3 (金壽民)	1734 ~1811	1794년 4월	변산을 유람한 일을 기록.
326	기행 (紀行)	회만재시고 (悔晩齋詩稿)	박동눌 (朴東訥)	1734 ~1799	1794년 10월 3일~1795년 10월 22일	영남 지역을 거쳐 철령 이북까지 유람한 2년간의 기록.
327	서행일기 (西行日記)	태을암집 (太乙菴集)	신국빈2 (申國賓)	1724 ~1799	1795년 1월 23일~3월	과거를 보고 고향으로 온 일을 기록.

순번	일기명	출전	저자	생몰 연도	일기 기간	요약
328	중구일유사안대 기승 (重九日遊謝安臺 記勝)	죽북집 (竹北集)	안인일1 (安仁一)	1736 ~1806	1795년 9월 9일	중양절에 사안대에서 노닌 일을 기록.
329	삼동유산록 (三洞遊山錄)	명은집 (明隱集)	김수민4 (金壽民)	1734 ~1811	1795년 9월 9일~29일	삼동산을 유람한 일을 기록.
330	영보정연유기 (永保亭宴遊記)	여유당전서 (與猶堂全書)	정약용08 (丁若鏞)	1762 ~1836	1795년 가을	영보정에서 노닌 일을 기록.
331	고성종유록 (高城從遊錄)	가세잡기 (家世雜記)	미상 (유범휴 의 아우)	18세기	1795년 10월 11일~12월 31일	금강산을 유람한 일을 기록. 저자는 유범휴(柳範休, 1744~ 1823)의 아우임. 필사본으로 '국학진흥원 일기류DB'에 DB 구축됨.
332	유가야수도산록 (遊伽倻修道山錄)	명암집 (明庵集)	도우경1 (都禹璟)	1755 ~1813	1795년	가야산을 유람한 일을 기록.
333	유읍청루기 (遊挹淸樓記)	밀암유고 (密庵遺稿)	정우용 (鄭友容)	1782 ~?	1795년	읍청루에서 노닌 일을 기록.
334	동정일록 (東征日錄)	면재집 (俛齋集)	이병운 (李秉運)	1766 ~1841	1796년 2월 8일~3월 21일	금강산과 동해안 일대를 유 람한 일을 기록.
335	유태백산 (遊太白山)	수와집 (守窩集)	백경해 (白慶楷)	1765 ~1842	1796년 5월 10일~20일	태백산을 유람한 일을 기록.
336	대덕산성묘일기 (大德山省墓日記)	내옹유고 (乃翁遺稿)	안치권1 (安致權)	1745 ~1813	1796년 9월 26일~10월	대덕산의 선조 묘소에 성묘 하고, 선죽교 등을 유람한 일을 기록.
337	유도봉기 (遊道峯記)	성암집 (性庵集)	김노겸 (金魯謙)	1781 ~1853	1796년 10월, 1797년 2월~3월	두 차례의 도봉사 유람을 기록.
338	팔경소기 (八景小記)	손재집 (損齋集)	남한조1 (南漢朝)	1744 ~1809	1796년	관동팔경을 유람한 일을 기록.
339	금강산소기 (金剛山小記)	손재집 (損齋集)	남한조2 (南漢朝)	1744 ~1809	1796년	금강산을 유람한 일을 기록.
340	유금강록 (遊金剛錄)	수정재집 (壽靜齋集)	유정문1 (柳鼎文)	1782 ~1839	1796년	금강산을 유람한 일을 기록.
341	동유록 (東遊錄)	만취정유고 (晚翠亭遺稿)	박영석 (朴永錫)	1736 ~1802	1797년 3월 20일~4월 21일	금강산을 유람한 일을 기록.

순번	일기명	출전	저자	생몰연도	일기 기간	요약
342	화방재유선기 (畫舫齋遊船記)	이안유고 (易安遺稿)	남석관2 (南碩寬)	1761 ~1837	1797년 3월	배를 타고 화방재를 유람한 일을 기록.
343	유주왕산기 (遊周王山記)	담녕집 (澹寧集)	홍의호 (洪義浩)	1758 ~1826	1797년 4월 4일~미상	주왕산을 유람한 일을 기록.
344	유천진암기 (遊天眞菴記)	여유당전서 (與猶堂全書)	정약용09 (丁若鏞)	1762 ~1836	1797년 여름	천진암에 가 노닌 일을 기록.
345	남산기 (南山記)	명은집 (明隱集)	김수민5 (金壽民)	1734 ~1811	1797년	남산을 유람한 일을 기록.
346	곡산북방산수기 (谷山北坊山水記)	여유당전서 (與猶堂全書)	정약용10 (丁若鏞)	1762 ~1836	1798년 3월 27일~29일	곡산의 북쪽 지역을 유람한 일을 기록.
347	자하담범주기 (紫霞潭汎舟記)	여유당전서 (與猶堂全書)	정약용11 (丁若鏞)	1762 ~1836	1798년 8월 15일	자하담에서 배를 띄우고 노닌 일을 기록.
348	유관록 (遊觀錄)	묵암집 (默庵集)	허강 (許傰)	1766 ~1822	1799년 3월 12일~4월 7일	경주를 유람한 일을 기록.
349	창옥동기 (蒼玉洞記)	여유당전서 (與猶堂全書)	정약용12 (丁若鏞)	1762 ~1836	1799년 봄	창옥동을 유람한 일을 기록.
350	마니산기행 (摩尼山紀行)	도애집 (陶厓集)	홍석모 (洪錫謨)	1781 ~1857	1799년 4월 21일	마니산을 유람한 일을 기록.
351	도산기행 (陶山記行)	노주집 (老洲集)	오희상2 (吳熙常)	1763 ~1833	1799년 7월	도산서원에 배알하러 갔던 일을 기록.
352	철성산수기 (鐵城山水記)	연경재전집 (硏經齋全集)	성해응1 (成海應)	1760 ~1839	1799년 8월 10일~14일	철원의 산수를 유람한 일을 기록.
353	유천왕봉기 (遊天王峯記)	괴천집 (槐泉集)	유문룡1 (柳汶龍)	1753 ~1821	1799년 8월 16일~19일	지리산을 유람한 일을 기록.
354	주방록 (周房錄)	나암집 (蘿菴集)	권성구 (權星耉)	1771 ~1814	1799년 8월 26일~미상	주왕산을 유람한 일을 기록.
355	관적사기 (觀寂寺記)	여유당전서 (與猶堂全書)	정약용13 (丁若鏞)	1762 ~1836	1799년	관적사를 유람한 일을 기록.
356	담락행일기 (潭洛行日記)	사농와집 (士農窩集)	하익범1 (河益範)	1767 ~1813	1800년 3월 2일~4월 6일	과거응시 차 한양에 갔다 오는 길에 화양동을 유람하고, 회덕의 성담에게 나아가 『대학』을 강하고 돌아온 일을 기록.

순번	일기명	출전	저자	생몰연도	일기 기간	요약
357	남귀일기 (南歸日記)	가세잡기 (家世雜記)	미상 (유범휴의 아들)	18세기	1800년 3월 4일~12일	사직상소를 올리러 한양에 가는 아버지 유범휴(柳範休, 1744~1823)를 모시고 다녀온 일을 기록. 필사본으로 '국학진흥원 일기류DB'에 DB 구축됨.
358	유도봉기 (遊道峯記)	평호유고 (萍湖遺稿)	신명현1 (申命顯)	1776 ~1820	1800년 4월	도봉산을 유람한 일을 기록.
359	재유원적산기 (再遊圓寂山記)	치암집 (癡庵集)	남경희5 (南景羲)	1748 ~1812	1800년 윤4월	원적산을 유람한 일을 기록.
360	유석림기 (遊石林記)	여유당전서 (與猶堂全書)	정약용14 (丁若鏞)	1762 ~1836	1800년 여름	석림에서 노닌 일을 기록.
361	북성록 (北省錄)	가세잡기 (家世雜記)	미상 (유범휴의 아들)	18세기	1800년 8월 4일~25일	안동에 있는 아들이 아버지 유범휴(柳範休, 1744~1823)를 뵈러 안변에 간 일을 기록. 필사본으로 '국학진흥원 일기류DB'에 DB 구축됨.
362	묘향산소기 (妙香山小記)	정유각집 (貞蕤閣集)	박제가 (朴齊家)	1750 ~1805	1800년 9월	묘향산을 유람한 일을 기록.
363	속리산유록 (俗離山遊錄)	명암집 (明庵集)	도우경2 (都禹璟)	1755 ~1813	1800년	속리산을 유람한 일을 기록.
364	유청량산기 (遊淸凉山記)	간곡유고 (艮谷遺稿)	이교년 (李喬年)	? ~1770	미상(6월 29일~7월 18일)	청량산을 유람한 일을 기록.
365	울진산수기 (蔚珍山水記)	삼연집 (三淵集)	김창흡12 (金昌翕)	1653 ~1722	미상	울진의 불영사, 성유굴을 유람한 일을 기록.
366	유마곡사기 (遊麻谷寺記)	옥오재집 (玉吾齋集)	송상기2 (宋相琦)	1657 ~1723	미상(9월 2일~3일)	마곡사를 방문한 일을 기록.
367	유계룡산기 (遊鷄龍山記)	옥오재집 (玉吾齋集)	송상기3 (宋相琦)	1657 ~1723	미상(8월 ~9월)	계룡산을 유람한 일을 기록.
368	유북한기 (遊北漢記)	옥오재집 (玉吾齋集)	송상기4 (宋相琦)	1657 ~1723	미상(9월 1일~2일)	북한산을 유람한 일을 기록.
369	중구봉등유기 (重九峯登遊記)	농와집 (農窩集)	박숙 (朴潚)	1665 ~1748	미상	대구 뒷산 천마등을 유람한 일을 기록.
370	유금강산록 (遊金剛山錄)	함벽당집 (涵碧堂集)	유경시3 (柳敬時)	1666 ~1737	미상(1728년 이후)	금상산을 유람한 일을 기록.

순번	일기명	출전	저자	생몰연도	일기 기간	요약
371	유수인산록 (遊修仁山錄)	장육재유고 (藏六齋遺稿)	문덕구1 (文德龜)	1667 ~1718	미상	수인산을 유람한 일을 기록.
372	유북한록 (遊北漢錄)	장육재유고 (藏六齋遺稿)	문덕구2 (文德龜)	1667 ~1718	미상	북한산을 유람한 일을 기록.
373	속향산록 (續香山錄)	허정집 (虛靜集)	석법종2 (釋法宗)	1670 ~1733	미상(4월 8일)	묘향산을 유람한 일을 기록.
374	강유기 (江遊記)	추암집 (楸菴集)	김하구 (金夏九)	1676 ~1762	미상	강에서 배를 타고 노닌 일을 기록.
375	청담기 (淸潭記)	동포집 (東圃集)	김시민2 (金時敏)	1681 ~1747	미상(8월)	청담을 유람한 일을 기록.
376	유관악산기 (遊冠岳山記)	성호전집 (星湖全集)	이익6 (李瀷)	1681 ~1763	미상(2월, 1707년 추정)	관악산을 유람한 일을 기록.
377	유삼연정사기 (遊三淵精舍記)	노은집 (老隱集)	임적2 (任適)	1685 ~1728	미상	삼연정사를 유람한 일을 기록.
378	유봉림기 (遊鳳林記)	동계집 (東谿集)	조구명6 (趙龜命)	1693 ~1737	미상	봉림을 유람한 일을 기록.
379	유천관산【병서】 (遊天冠山【幷序】)	만촌집 (晩村集)	이언근2 (李彦根)	1697 ~1764	미상	천관산을 유람한 일을 쓴 시의 서문으로, 서문 자체는 유기의 형태임.
380	유서호기 (遊西湖記)	뇌연집 (雷淵集)	남유용3 (南有容)	1698 ~1773	미상(3월 3일)	삼짇날에 배를 타고 서호를 유람한 일을 기록.
381	유금강산기 (遊金剛山記)	취죽재집 (吹篪齋集)	조위경 (趙緯經)	1698 ~1780	미상(가을)	금강산을 유람한 일을 기록.
382	유태백산기 (遊太白山記)	능호집 (凌壺集)	이인상2 (李麟祥)	1710 ~1760	미상(겨울)	태백산을 유람한 일을 기록.
383	우두산기 (牛頭山記)	능호집 (凌壺集)	이인상3 (李麟祥)	1710 ~1760	미상	우두산을 유람한 일을 기록.
384	유재약산록 (遊載藥山錄)	만회집 (晩悔集)	안경시2 (安景時)	1712 ~1794	미상(9월 13일)	재약산을 유람한 일을 기록.
385	자석고유즐자암기 (自石皐遊櫛子岩記)	진명집 (震溟集)	권헌3 (權攇)	1713 ~1770	미상(9월 9일)	즐자암에서 노닌 일을 기록.
386	유우금암기 (遊禹金巖記)	표암유고 (豹菴遺稿)	강세황5 (姜世晃)	1713 ~1791	미상(1770년 경)	부안의 우금암을 유람한 일을 기록.
387	유천등산기 (遊天登山記)	삽교집 (霅橋集)	안석경6 (安錫儆)	1718 ~1774	미상(가을)	천등산을 유람한 일을 기록.

순번	일기명	출전	저자	생몰연도	일기 기간	요약
388	구월산록 (九月山錄)	약남집 (藥南集)	이헌락2 (李憲洛)	1718 ~1791	미상	구월산을 유람한 일을 기록.
389	유이원기 (遊李園記)	번암집 (樊巖集)	채제공7 (蔡濟恭)	1720 ~1799	미상	이원을 방문한 일을 기록.
390	유북저동기 (遊北渚洞記)	번암집 (樊巖集)	채제공8 (蔡濟恭)	1720 ~1799	미상	북저동에 꽃을 보러 다녀온 일을 기록.
391	천불산기 (千佛山記)	제헌집 (霽軒集)	심정진3 (沈定鎭)	1725 ~1786	미상	천불산을 유람한 일을 기록.
392	유가야산기 (遊伽倻山記)	석당유고 (石堂遺稿)	김상정3 (金相定)	1727 ~1788	미상	가야산을 유람한 일을 기록.
393	심백탑동기 (尋百塔洞記)	순암집 (醇庵集)	오재순3 (吳載純)	1727 ~1792	미상	금강산 백탑동을 유람한 일을 기록.
394	금당도선유기 (金塘島船遊記)	존재전서 (存齋全書)	위백규3 (魏伯珪)	1727 ~1798	미상	금당도를 유람한 일을 기록.
395	유목멱산기 (遊木覓山記)	농은집 (農隱集)	이엽2 (李爗)	1729 ~1788	미상	남산을 유람한 일을 기록. 목멱산은 남산의 이칭임.
396	유주왕산록 (遊周王山錄)	병촌집 (屛村集)	유태춘 (柳泰春)	1729 ~1814	미상(9월 24일 ~10월 4일)	주왕산을 유람한 일을 기록.
397	유삼각산기 (遊三角山記)	귀락와집 (歸樂窩集)	유광천1 (柳匡天)	1732 ~1799	미상	북한산을 유람한 일을 기록.
398	연정야유기 (蓮亭夜遊記)	귀락와집 (歸樂窩集)	유광천2 (柳匡天)	1732 ~1799	미상(7월)	영주로 가던 중인 7월 밤에 정자에 올라 사람들과 이야기한 일을 기록.
399	유선몽대기 (遊仙夢臺記)	이재집 (頤齋集)	이의숙5 (李義肅)	1733 ~1805	미상	선몽대를 유람한 일을 기록.
400	가야산기 (伽倻山記)	이재집 (頤齋集)	이의숙6 (李義肅)	1733 ~1805	미상	가야산을 유람한 일을 기록.
401	범상유기 (泛上遊記)	이재집 (頤齋集)	이의숙7 (李義肅)	1733 ~1805	미상	여주의 이호에서 배를 타고 노닌 일을 기록.
402	작괘기 (勺掛記)	이재집 (頤齋集)	이의숙8 (李義肅)	1733 ~1805	미상	작괘동의 폭포를 유람한 일을 기록.
403	삼동산수기 (三洞山水記)	지암집 (遲庵集)	이동항4 (李東沆)	1736 ~1804	미상	안음의 삼동을 유람한 일을 기록.
404	유금산기 (遊錦山記)	묵헌집 (默軒集)	이만운7 (李萬運)	1736 ~1820	미상	금산을 유람한 일을 기록.

순번	일기명	출전	저자	생몰 연도	일기 기간	요약
405	유북적동기 (遊北笛洞記)	명고전집 (明皐全集)	서형수 (徐瀅修)	1749 ~1824	미상	북적동을 유람한 일을 기록.
406	두류기행 (頭流紀行)	청천가고집 (菁川家稿集)	유정탁 (柳正鐸)	1752 ~1829	미상(3월 10일~14일)	지리산을 유람한 일을 기록.
407	유단산기 (遊丹山記)	옥호집 (玉壺集)	어용익 (魚用翼)	1753 ~1799	미상	단산을 유람한 일을 기록.
408	정릉유록 (貞陵遊錄)	서어유고 (西漁遺稿)	권상신5 (權常愼)	1759 ~1825	미상(3월 1일)	정릉을 유람한 일을 기록.
409	면앙정유기 (俛仰亭遊記)	이안유고 (易安遺稿)	남석관3 (南碩寬)	1761 ~1837	미상	면앙정을 유람한 일을 기록.
410	선유동기 (仙遊洞記)	석재고 (碩齋稿)	윤행임2 (尹行恁)	1762 ~1801	미상	선유동을 유람한 일을 기록.
411	유도연록 (遊陶淵錄)	질암문집 (質菴文集)	최벽 (崔璧)	1762 ~1813	미상	도연 일대를 유람한 일을 기록.
412	등오도산기 (登吾道山記)	삼주집 (三洲集)	신호인 (申顥仁)	1762 ~1832	미상(4월 3일)	오도산을 유람한 일을 기록.
413	유서석산기 (遊瑞石山記)	여유당전서 (與猶堂全書)	정약용15 (丁若鏞)	1762 ~1836	미상(1778년 으로 추정)	무등산을 유람한 일을 기록.
414	유오서산기 (遊烏棲山記)	여유당전서 (與猶堂全書)	정약용16 (丁若鏞)	1762 ~1836	미상(18세기 후반으로 추정)	오서산을 유람한 일을 기록.
415	유천관산기 (遊天冠山記)	청조유고 (聽潮遺稿)	허각 (許桷)	18세기	미상(무술년 8월 23일~9월 2일)	천관산을 유람한 일을 기록.

5. 19세기 한문 기행일기

순번	일기명	출전	저자	생몰 연도	일기 기간	요약
1	유고사산록 (遊姑射山錄)	죽북집 (竹北集)	안인일2 (安仁一)	1736 ~1806	1801년 가을	고사산을 유람한 일을 기록.
2	표해시말 (漂海始末)	유암총서 (柳菴叢書)	문순득 (文淳得)	1777 ~1847	1801년 12월~1805년 1월 8일	문순득이 우이도에서 홍어를 사러갔다 표류되어 유구, 여송, 중국을 거쳐 돌아온 일을 일기 형식으로 기록한 것. 원래 정약전이 문순득의 말을 듣고 대필하였고, 이것을 다시 이강회가 정리한 것.
3	화곡산유기 (禾谷山遊記)	천유집 (天游集)	권복인 (權復仁)	19세기	1802년 3월	화곡산을 유람한 일을 기록.
4	동행일기 (東行日記)	첨의헌유고 (瞻猗軒遺稿)	조필감 (趙弼鑑)	1767 ~1828	1802년 4월~6월	금강산을 유람한 일을 기록.
5	황강적벽범주기 (黃江赤壁泛舟記)	두와집 (蠹窩集)	최흥벽2 (崔興璧)	1739 ~1812	1802년 7월	황강에서 배를 타고 노닌 일을 기록.
6	도유기 (島遊記)	창명유고 (滄溟遺稿)	유일영 (柳日榮)	1767 ~1837	1802년 8월 16일	영주(瀛州)의 호산(虎山) 앞에 있는 비파도(琵琶島)를 유람한 일을 기록.
7	유주왕산록 (遊周王山錄)	설파집 (雪坡集)	손성악 (孫星岳)	1741 ~1813	1802년 9월 8일~미상	주왕산을 유람한 일을 기록.
8	속리유기 (俗離遊記)	연천집 (淵泉集)	홍석주1 (洪奭周)	1774 ~1842	1803년 3월 1일	속리산을 유람한 일을 기록.
9	영남일기 (嶺南日記)	애경당유고 (愛景堂遺稿)	남극엽 (南極曄)	1736 ~1804	1803년 3월 4일~21일	영남에 다녀온 일을 기록.
10	유가야산록 (遊伽倻山錄)	묵산문집 (默山文集)	문해구 (文海龜)	1776 ~1849	1803년 3월	가야산을 유람한 일을 기록.
11	유동호기 (遊東湖記)	호고와집 (好古窩集)	유휘문1 (柳徽文)	1773 ~1832	1803년 5월 5일	동호를 유람한 일을 기록.
12	북유기행 (北遊紀行)	남려유고 (南廬遺稿)	이정엄1 (李鼎儼)	1755 ~1831	1803년 8월 25일~9월 13일	청량산을 유람한 일을 기록.
13	두류산회화기 (頭流山會話記)	경암집 (鏡巖集)	응윤 (應允)	1743 ~1804	1803년 8월	지리산을 유람한 일을 기록.

순번	일기명	출전	저자	생몰 연도	일기 기간	요약
14	동유록 (東遊錄)	의암집 (宜菴集)	안덕문 (安德文)	1747 ~1811	1803년 8월	청량산 등을 유람한 일을 기록.
15	금악연승록 (錦嶽聯勝錄)	사농와문집 (士農窩文集)	하익범2 (河益範)	1767 ~1813	1803년 9월 9일~19일	남해 금산을 유람한 일을 기록.
16	유금산기 (遊錦山記)	지애문집 (芝厓文集)	정위2 (鄭煒)	1740 ~1811	1803년 9월	남해 금산을 유람한 일을 기록.
17	유태백산록 (遊太白山錄)	옥천연방고 (玉泉聯芳稿)	강주호1 (姜周祜)	1754 ~1821	1804년 4월	태백산을 유람한 일을 기록.
18	단양산수기 (丹陽山水記)	연경재전집 (研經齋全集)	성해응2 (成海應)	1760 ~1839	1804년 9월 15일~21일	단양의 산수를 유람한 일을 기록.
19	옥계기행 (玉溪紀行)	죽오유집 (竹塢遺集)	이근오 (李覲吾)	1760 ~1834	1804년 9월 21일~26일	옥계를 유람한 일을 기록.
20	기소호행 (記蘇湖行)	매야집 (邁埜集)	서활1 (徐活)	1761 ~1838	1806년 1월 14일~15일	면암 이우의 유배 소식을 듣고 그를 만나고 온 일을 기록.
21	청담기 (清潭記)	관암전서 (冠巖全書)	홍경모03 (洪敬謨)	1774 ~1851	1806년 3월	청담을 유람한 글을 기록.
22	진관사기 (津寬寺記)	관암전서 (冠巖全書)	홍경모04 (洪敬謨)	1774 ~1851	1806년 3월	진관사를 유람한 일을 기록.
23	한북산성기 (漢北山城記)	관암전서 (冠巖全書)	홍경모05 (洪敬謨)	1774 ~1851	1806년 3월	북한산성의 역사와 유람을 기록.
24	유수락산기 (遊水洛山記)	백파집 (白波集)	김재탁1 (金再鐸)	1776 ~1846	1806년 윤4월 16일~23일	수락산을 유람한 일을 기록.
25	자평강지금성도 로력람기 (自平康之金城道 路歷覽記)	죽석관유집 (竹石館遺集)	서영보1 (徐榮輔)	1759 ~1816	1806년	평강에서 금성까지 가는 동안 본 것을 기록.
26	풍악기 (楓嶽記)	죽석관유집 (竹石館遺集)	서영보2 (徐榮輔)	1759 ~1816	1806년	금강산을 유람한 일을 기록.
27	동유기 (東遊記)	근곡유고 (芹谷遺稿)	이종욱 (李宗郁)	18 ~19세기	1806년	금강산을 유람한 일을 기록.
28	두류록 (頭流錄)	내옹유고 (乃翁遺稿)	안치권 (安致權)	1745 ~1813	1807년 2월	지리산을 유람한 일을 기록.
29	지리산행기 (智異山行記)	의재집 (宜齋集)	남주헌 (南周獻)	1769 ~1821	1807년 3월 24일~4월 1일	지리산을 유람한 일을 기록.

순번	일기명	출전	저자	생몰연도	일기 기간	요약
30	유두류록 (遊頭流錄)	사농와집 (士農窩集)	하익범3 (河益範)	1767 ~1813	1807년 3월 25일~4월 8일	지리산을 유람한 일을 기록.
31	의상대유록 (義湘臺遊錄)	사농와집 (士農窩集)	하익범4 (河益範)	1767 ~1813	1807년 4월 22일~25일	함안 여항산 의상대를 유람한 일을 기록.
32	관동일기 (關東日記)		유상조 (柳相祚)	1763 ~1838	1808년 2월 24일~5월 2일	금강산을 유람한 일을 기록. 필사본으로 '국학진흥원 일기류DB'에 DB 구축됨.
33	금강일기 (金剛日記)	용강집 (龍岡集)	이병렬 (李秉烈)	1749 ~1808	1808년 3월 25일~4월 13일	금강산을 유람한 일을 기록.
34	서북기행 (西北紀行)	하계집 (霞溪集)	이가순1 (李家淳)	1768 ~1844	1808년 4월	소수서원에 다녀온 일을 기록.
35	북정록 (北征錄)	초암집 (草庵集)	이태순 (李泰淳)	1759 ~1840	1808년 7월 1일~1809년 3월 3일	함경도병마평사의 직임을 수행할 때의 직무와 유람을 기록.
36	유쌍계기 (遊雙磎記)	괴천집 (槐泉集)	유문룡2 (柳汶龍)	1753 ~1821	1808년 8월 16일~17일	지리산 쌍계동을 유람한 일을 기록.
37	유속리산록 (遊俗離山錄)	옥천연방고 (玉泉聯芳稿)	강주호2 (姜周祜)	1754 ~1821	1808년 8월	속리산을 유람한 일을 기록.
38	부해기 (浮海記)	운포유고 (耘圃遺稿)	정학유 (丁學游)	1786 ~1855	1809년 2월 3일~3월 24일	유배 중인 중부(仲父)를 뵙기 위해 흑산도에 다녀온 일을 기록.
39	유백두산기 (遊白頭山記)	소재집 (篠齋集)	서기수 (徐淇修)	1771 ~1834	1809년 5월 11일~6월	백두산을 유람한 일을 기록.
40	남유록 (南遊錄)	옥천연방고 (玉泉聯芳稿)	강주호3 (姜周祜)	1754 ~1821	1810년 2월~3월	가야산을 비롯한 경상도 남쪽 지역을 유람한 일을 기록.
41	유수성동기 (遊水聲洞記)	존재집 (存齋集)	박윤묵1 (朴允默)	1771 ~1849	1810년 여름	수성동을 유람한 일을 기록.
42	유곡운기 (游谷雲記)	현수갑고 (峴首甲藁)	홍길주1 (洪吉周)	1786 ~1841	1810년 8월 5일	곡운 골짜기를 유람한 일을 기록.
43	삼선암기 (三仙巖記)	관암전서 (冠巖全書)	홍경모06 (洪敬謨)	1774 ~1851	1810년	사군을 유람한 연속된 여정 중 삼선암 유람을 기록.
44	사인암기 (舍人巖記)	관암전서 (冠巖全書)	홍경모07 (洪敬謨)	1774 ~1851	1810년	사군을 유람한 연속된 여정 중 사인암 유람을 기록.
45	주하구담기 (舟下龜潭記)	관암전서 (冠巖全書)	홍경모08 (洪敬謨)	1774 ~1851	1810년	사군을 유람한 연속된 여정 중 구담 유람을 기록.

순번	일기명	출전	저자	생몰 연도	일기 기간	요약
46	한벽루기 (寒碧樓記)	관암전서 (冠巖全書)	홍경모09 (洪敬謨)	1774 ~1851	1810년	사군을 유람한 연속된 여정 중 한벽루 유람을 기록.
47	동유기 (東遊記)	백록집 (白麓集)	강시환 (姜始煥)	? ~1813	1811년 3월 29일~4월	금강산을 유람한 일을 기록.
48	유금강산록 (遊金剛山錄)	옥천연방고 (玉泉聯芳稿)	강주호4 (姜周祜)	1754 ~1821	1811년 3월 29일~4월	금강산을 유람한 일을 기록.
49	유현등산기 (遊懸燈山記)	연경재전집 (硏經齋全集)	성해응3 (成海應)	1760 ~1839	1811년 9월 13일~15일	현등산을 유람한 일을 기록.
50	유청량산기 (遊淸凉山記)	우헌문집 (迂軒文集)	홍구 (洪球)	1784 ~1836	1812년 가을	청량산을 유람한 일을 기록.
51	삼성사기 (三聖祠記)	관암전서 (冠巖全書)	홍경모10 (洪敬謨)	1774 ~1851	1813년 8월	삼성사에 제사를 올리러 다녀온 일을 기록.
52	유남포기 (遊南浦記)	낙하생집 (洛下生集)	이학규 (李學逵)	1770 ~1835	1813년 9월	남포를 유람한 일을 기록.
53	구월산기 (九月山記)	관암전서 (冠巖全書)	홍경모11 (洪敬謨)	1774 ~1851	1813년 9월	구월산을 유람한 일을 기록.
54	유개내산기 (遊介乃山記)	구은집 (龜隱集)	변진탁1 (邊振鐸)	1769 ~1836	1814년 3월 21일~22일	개내산을 유람한 일을 기록.
55	남행일기 (南行日記)	농산문집 (農山文集)	이광덕2 (李匡德)	1762 ~1824	1814년 7월~8월	기장에 가서 유배가는 홍시제를 위로하고 온 일을 기록.
56	유옥계기 (遊玉溪記)	매야집 (邁埜集)	서활2 (徐活)	1761 ~1838	1815년 3월 26일~29일	옥계를 유람한 일을 기록.
57	영평산수가유자기 (永平山水可遊者記)	소암집 (所菴集)	이병원1 (李秉遠)	1774 ~1840	1816년 봄	영평을 유람한 일을 기록.
58	기행 (記行)	관암전서 (冠巖全書)	홍경모12 (洪敬謨)	1774 ~1851	1816년 4월 8일~5월 9일	금강산을 유람한 일을 기록.
59	승람일책 (勝覽日筞)	표롱을첨 (縹礱乙幟)	홍길주2 (洪吉周)	1786 ~1841	1816년 8월 1일~14일	단양, 청풍, 화양동 등을 유람한 일을 기록.
60	유주왕산기 (遊周王山記)	하계집 (霞溪集)	이가순2 (李家淳)	1768 ~1844	1816년 늦가을	주왕산을 유람한 일을 기록.
61	유수락기 (遊水落記)	소암집 (所菴集)	이병원2 (李秉遠)	1774 ~1840	1816년	수락산을 유람한 일을 기록.
62	서유록 (西遊錄)	호고와집 (好古窩集)	유휘문2 (柳徽文)	1773 ~1832	1817년 8월~9월	서울에서 일을 본 후 강화도를 유람한 일을 기록.

순번	일기명	출전	저자	생몰 연도	일기 기간	요약
63	중유문수산기 (重遊文殊山記)	화산집 (花山集)	최정진 (崔鼎鎭)	1800 ~1868	1817년 9월, 1829년 5월	두 차례에 걸친 문수산 유람을 기록.
64	일본표해록 (日本漂海錄)		풍계 현정 (楓溪 賢正)	19세기	1817년 11월 16일~1818년 7월 14일	승려 현정이 경주에서 천불(千佛)을 조성하여 해남으로 가다가 표류, 일본을 거쳐 해남으로 간 일을 기록. 필사본으로 '한국불교전서' 제10권에 수록됨.
65	표해록 (漂海錄)		양지회 (梁知會)	19세기	1818년 1월~11월	나주 선비 양지회가 제주도 기근을 진휼하고 돌아오다 표류하여 중국을 거쳐 귀국한 일을 기록. 필사본으로 『조선시대 개인일기』에 설명 있음.
66	유백운동기 (遊白雲洞記)	매야집 (邁埜集)	서활3 (徐活)	1761 ~1838	1818년 2월	소수서원(백운동서원)에 다녀온 일을 기록.
67	봉해첩 (蓬海帖)	남애유고 (南厓遺稿)	서간발 (徐幹發)	1774 ~1833	1818년 3월 30일~5월 29일	청량산, 관동팔경, 금강산, 오대산 등을 유람한 일을 기록.
68	승사록 (乘槎錄)		최두찬 (崔斗燦)	1779 ~1821	1818년 4월 8일~10월 2일	대정현감인 장인어른을 만나기 위해 제주도에 머물렀던 최두찬이 표류, 중국 절강성을 거쳐 귀국한 일을 기록. 필사본으로 『조선시대 개인일기』에 설명 있음.
69	관호야범기 (冠湖夜泛記)	구은집 (龜隱集)	변진탁2 (邊振鐸)	1769 ~1836	1819년 4월 15일	관호에서 배를 타고 노닌 일을 기록.
70	금강유산록 (金剛遊山錄)	갈천집 (葛川集)	김희주 (金熙周)	1760 ~1830	1819년 6월~8월 30일	금강산을 유람한 일을 기록.
71	서호범주기 (西湖泛舟記)	소재집 (歖齋集)	변종운 (卞鍾運)	1790 ~1866	1819년 7월 16일	용산의 읍청루 아래에 배를 띄우고 논 일을 기록.
72	유녹문록 (遊鹿門錄)	경암집 (敬菴集)	이한응 (李漢膺)	1778 ~1864	1819년 8월	녹문 일대를 유람한 일을 기록.
73	유도봉기 (遊道峯記)	매산집 (梅山集)	홍직필1 (洪直弼)	1776 ~1852	1819년 9월 10일	도봉산을 유람한 일을 기록.

순번	일기명	출전	저자	생몰 연도	일기 기간	요약
74	북유록 (北遊錄)	호고와집 (好古窩集)	유휘문3 (柳徽文)	1773 ~1832	1819년 9월 11일~11월 16일	관동팔경, 금강산 일대를 유람한 일을 기록.
75	기봉원사유 (記奉元寺遊)	풍고집 (楓皐集)	김조순 (金祖淳)	1765 ~1832	1819년 11월	봉원사를 유람한 일을 기록.
76	유태백산기 (遊太白山記)	양몽재집 (養蒙齋集)	김재락 (金在洛)	1798 ~1860	1819년	태백산을 유람한 일을 기록.
77	청량유산기 (清凉遊山記)	암당집 (巖塘集)	김도혁 (金道赫)	1794 ~1839	1820년 4월	청량산을 유람한 일을 기록.
78	유단산기 (遊丹山記)	송서집 (松西集)	강운1 (姜橒)	1772 ~1834	1820년 10월	단양을 유람한 일을 기록.
79	서행록 (西行錄)		송석년1 (宋錫年)	1805 ~1850	1821년 2월 20일~1839년 3월 25일	살면서 여러 차례 여정을 떠났던 일을 기록. 필사본으로 '호남기록문화유산'에 DB 구축됨.
80	청량기 (清凉記)	찬하유고 (餐霞遺稿)	이해덕 (李海德)	1779 ~1858	1821년 4월 21일~28일	청량산을 유람한 일을 기록.
81	가야유기 (伽倻遊記)	동천문집 (東泉文集)	문정유 (文正儒)	1761 ~1839	1821년 4월	가야산을 유람한 일을 기록.
82	남유록 (南遊錄)	호고와집 (好古窩集)	유휘문4 (柳徽文)	1773 ~1832	1822년 4월 5일~5월 8일	경주 지역 등을 유람한 일을 기록.
83	옥계유록 (玉溪遊錄)	삼근당문집 (三近堂文集)	신대중 (申大重)	1777 ~1830	1822년 4월	옥계를 유람한 일을 기록.
84	동유록 (東遊錄)	사가헌집 (四可軒集)	김주수 (金疇壽)	1787 ~1863	1823년 2월 24일~3월 15일	경주, 마산, 동래, 부산 등을 유람한 일을 기록.
85	입협기 (入峽記)		한진호 (韓鎭㺩)	1792 ~1844	1823년 4월 12일~5월 13일	단양, 제천, 충주 등을 유람한 일을 기록. 『한국역대산수유기취편』에 원전 영인됨.
86	산행일기 (汕行日記)	여유당전서 (與猶堂全書)	정약용17 (丁若鏞)	1762 ~1836	1823년 4월 15일~5월 4일	춘천에 가서 소양정, 곡운의 구곡 등을 돌아본 일을 기록.
87	계미기행 (癸未記行)	노주집 (老洲集)	오희상3 (吳熙常)	1763 ~1833	1823년 5월 4일~12일	양성, 직산 등의 선영에 다녀온 일을 기록.
88	유금산록 (遊錦山錄)	솔성재유고 (率性齋遺稿)	박정일1 (朴楨一)	1775 ~1834	1824년 9월	금산을 유람한 일을 기록.

순번	일기명	출전	저자	생몰 연도	일기 기간	요약
89	경행일기 (京行日記)	동곡유고 (東谷遺稿)	이복연 (李復淵)	1768 ~1835	1825년 1월 18일~4월 9일	약 80일간 서울에 다녀온 일을 기록.
90	승유록 (乘遊錄)		정치종 (丁穉種)	19세기	1825년 2월 26일~4월 3일	금강산을 유람한 일을 기록. 필사본으로 『국립중앙도서관 선본해제13』에 설명 있음.
91	유화양동기 (遊華陽洞記)	솔성재유고 (率性齋遺稿)	박정일2 (朴禎一)	1775 ~1834	1825년 3월 11일~미상	화양동을 유람한 일을 기록.
92	유청량산록 (遊淸凉山錄)	외암집 (畏庵集)	김도명 (金道明)	1803 ~1873	1825년 3월 24일~26일	청량산을 유람한 일을 기록.
93	유팔공산기 (遊八公山記)	직재집 (直齋集)	김익동1 (金翊東)	1793 ~1860	1825년 봄	팔공산을 유람한 일을 기록.
94	동유기 (東遊記)	동유첩 (東遊帖)	이풍익 (李豊瀷)	1804 ~1887	1825년 8월 4일~9월 2일	금강산을 유람한 일을 기록.
95	동유일록 (東遊日錄)		김건수 (金建銖)	1790 ~1854	1826년 2월 8일~4월 15일	금강산을 유람한 일을 기록. 필사본으로 '국학진흥원 일기류DB'에 DB 구축됨.
96	금강기 (金剛記)		미상 (권씨)	19세기	1826년 4월~6월	금강산을 유람한 일을 기록. 유회당 권이진의 후손들과 회덕과 공주에 세거한 이들 총 16명이 유람을 떠남. 필사본으로 『조선시대 개인일기』에 설명 있음.
97	유주방산기 (遊周房山記)	해옹시문집 (海翁詩文集)	홍한주1 (洪翰周)	1798 ~1868	1826년 9월	주왕산을 유람한 일을 기록.
98	유도연록 (遊陶淵錄)	후계집 (後溪集)	이이순 (李頤淳)	1754 ~1832	1827년 3월	도연을 유람한 일을 기록.
99	유용암사기 (遊聳巖寺記)	백파집 (白波集)	김재탁2 (金再鐸)	1776 ~1846	1827년 4월 10일	용암사를 유람한 일을 기록.
100	재유주방산기 (再遊周房山記)	해옹시문집 (海翁詩文集)	홍한주2 (洪翰周)	1798 ~1868	1827년 5월	주왕산을 유람한 일을 기록.
101	정금호범주기 (淨衿湖泛舟記)	병와집 (病窩集)	송심명1 (宋心明)	1788 ~1850	1827년 여름	금정호에서 배를 타고 노닌 일을 기록.
102	유영남루기 (遊嶺南樓記)	호고와집 (好古窩集)	유휘문5 (柳徽文)	1773 ~1832	1827년 9월 9일	영남루를 유람한 일을 기록.
103	어운루유관기 (御雲樓遊觀記)	괴헌집 (槐軒集)	김영 (金瑩)	1765 ~1840	1828년 늦봄	어운루에 올랐던 일을 기록.

순번	일기명	출전	저자	생몰 연도	일기 기간	요약
104	소백산지로기 (小白山指路記)	수정재집 (壽靜齋集)	유정문2 (柳鼎文)	1782 ~1839	1828년 4월 22일~5월	소백산을 유람한 일을 기록.
105	소백유산록 (小白遊山錄)	강소잡록 (講所雜錄)	서성렬 (徐成烈) 외	19세기	1828년 4월 23일~27일	소백산을 유람한 일을 기록.
106	유소백기 (遊小白記)	송서집 (松西集)	강운2 (姜橒)	1772 ~1834	1828년 4월	소백산을 유람한 일을 기록.
107	태백산지로기 (太白山指路記)	수정재집 (壽靜齋集)	유정문3 (柳鼎文)	1782 ~1839	1828년	태백산을 유람한 일을 기록.
108	유무등산기 (遊無等山記)	화교유고 (華郊遺稿)	조봉묵 (曺鳳默)	1805 ~1883	1828년	초여름에 무등산을 유람한 일을 기록.
109	경행일록 (京行日錄)	용이와집 (龍耳窩集)	권뢰1 (權㻇)	1800 ~1873	1829년 9월 3일~1830년 1월 6일	월암 선조의 정려를 청하기 위해 서울에 다녀온 일을 기록.
110	동유록 (東遊錄)	호고와집 (好古窩集)	유휘문6 (柳徽文)	1773 ~1832	1829년 가을	단산서원, 구봉정사 등을 유람한 일을 기록.
111	유청량산기 (遊淸凉山記)	직재집 (直齋集)	김익동2 (金翊東)	1793 ~1860	1829년 가을	청량산을 유람한 일을 기록.
112	팔봉산기 (八峯山記)	송서집 (松西集)	강운3 (姜橒)	1772 ~1834	1830년 가을	팔봉산을 유람한 일을 기록.
113	도압록강기 (渡鴨綠江記)	연천집 (淵泉集)	홍석주2 (洪奭周)	1774 ~1842	1831년	사신 가는 길에 압록강을 건넌 일을 기록.
114	과봉황산기 (過鳳凰山記)	연천집 (淵泉集)	홍석주3 (洪奭周)	1774 ~1842	1831년	사신 가는 길에 봉황산을 지난 일을 기록.
115	유반산소림사기 (遊盤山少林寺記)	연천집 (淵泉集)	홍석주4 (洪奭周)	1774 ~1842	1831년 9월	사신 갔다가 반산 소림사를 유람한 일을 기록.
116	등계구기 (登薊邱記)	연천집 (淵泉集)	홍석주5 (洪奭周)	1774 ~1842	1831년	사신 갔다가 계구에 올랐던 일을 기록.
117	남유일록 (南遊日錄)		미상	19세기	1831년 11월 29일~1832년 2월 2일	경상도를 경유하여 전라도를 유람한 일을 기록. 필사본으로 『국립중앙도서관 선본해제13』에 설명 있음.
118	청장갈문일기 (請狀碣文日記)	용이와집 (龍耳窩集)	권뢰2 (權㻇)	1800 ~1873	1832년 2월 29일~4월 3일	월암 선조의 묘갈명, 행장 등을 받기 위한 여정을 기록.

순번	일기명	출전	저자	생몰연도	일기 기간	요약
119	금강록 (金剛錄)		지상은 (池尙殷)	19세기	1832년 4월 6일~5월 4일	금강산을 유람한 일을 기록. 필사본으로 『금강록―수원사람들의 금강산 유람기』에 설명 있음.
120	청량유록 (淸凉遊錄)	수간집 (守磵集)	배선원1 (裵善源)	1806~1880	1833년 3월 24일~26일	청량산을 유람한 일을 기록.
121	도산심진기 (陶山尋眞記)	외와집 (畏窩集)	최림 (崔琳)	1779~1841	1833년 3월	도산서원을 찾아간 일을 기록.
122	남정록 (南征錄)	동연문집 (東淵文集)	정백휴 (鄭伯休)	1781~1843	1833년 10월 4일~11월 16일	밀양, 김해, 부산, 울산, 경주 등을 유람한 일을 기록.
123	유만월대기 (遊滿月臺記)	해장집 (海藏集)	신석우1 (申錫愚)	1805~1865	1833년	만월대를 유람한 일을 기록.
124	유삼막기 (遊三邈記)	매산집 (梅山集)	홍직필2 (洪直弼)	1776~1852	1836년 8월 1일~2일	관악산 삼막사를 유람한 일을 기록.
125	정유오월경행일록 (丁酉五月京行日錄)	용이와집 (龍耳窩集)	권뢰3 (權㻋)	1800~1873	1837년 5월 16일~1848년 2월	월암 선조의 정려를 청하기 위한 여정 등을 기록.
126	유매계기 (遊梅溪記)	동림집 (東林集)	유치호1 (柳致皜)	1800~1862	1837년 10월	매계를 유람한 일을 기록.
127	동유기 (東遊記)	병와집 (病窩集)	송심명2 (宋心明)	1788~1850	1838년 3월 19일~4월 16일	최치원의 월영당, 남명 조식을 배향한 김해 신산서원 등을 유람하고 온 일을 기록.
128	금벽록 (金碧錄)		전홍관 (全弘琯)	18~19세기	1838년 윤4월	금강산을 유람한 일을 기록. 필사본으로 'CNC 학술정보'에 설명 있음.
129	영행일기 (嶺行日記)	서행록 (西行錄)	송석년2 (宋錫年)	1805~1850	1839년 3월 12일~25일	노량의 충렬사 등을 보고 돌아온 일을 기록.
130	용문수석기 (龍門水石記)	병와집 (病窩集)	송심명3 (宋心明)	1788~1850	1839년 봄	용문의 수석을 구경한 일을 기록.
131	매계유록 (梅溪遊錄)	수간집 (守磵集)	배선원2 (裵善源)	1806~1880	1839년 4월 8일~14일	진성현 동쪽 매계동을 유람한 일을 기록.
132	정해회행일기 (丁亥會行日記)	백파집 (白波集)	김재탁3 (金再鐸)	1776~1846	1839년 9월 2일~11월 1일	회시를 보기 위해 서울에 다녀온 일을 기록.
133	유화장사기 (遊華藏寺記)	대산집 (臺山集)	김매순 (金邁淳)	1776~1840	1840년 4월 3일	화장사를 유람한 일을 기록.

순번	일기명	출전	저자	생몰 연도	일기 기간	요약
134	유방장기 (遊方丈記)	구암유고 (懼菴遺稿)	노광무 (盧光懋)	1808 ~1894	1840년 4월 29일~5월 9일	지리산을 유람한 일을 기록.
135	탐라일기 상 (耽羅日記 上)	포상세고 (浦上世稿)	이원호1 (李源祜)	1790 ~1859	1841년 3월 15일~4월 18일	제주목사인 동생을 따라 제주에 간 일을 기록.
136	금강일기 (金剛日記)	금강일기부 서유록 (金剛日記附 西遊錄)	미상1 (호: 月窩)	19세기	1841년 윤3월 23일~4월 22일	금강산을 유람한 일을 기록.『19세기 선비의 의주·금강산기행』에 설명 있음.
137	탐라일기 하 (耽羅日記 下)	포상세고 (浦上世稿)	이원호2 (李源祜)	1790 ~1859	1841년 4월 17일~9월 7일	제주에서의 유람을 기록.
138	유운흥사기 (遊雲興寺記)	유계집 (柳溪集)	강명규 (姜命奎)	1801 ~1867	1841년 10월	운흥사를 유람한 일을 기록.
139	남정록 (南征錄)		심대윤 (沈大允)	1806 ~1872	1841년 10월~1842년 4월 1일	남해에서의 생활과 반장의 과정을 기록. 필사본으로 '호남기록문화유산'에 DB 구축됨.
140	귀정일기 (歸程日記)	포상세고 (浦上世稿)	이원호3 (李源祜)	1790 ~1859	1842년 3월 3일~11일	제주에서 집으로 돌아오는 여정을 기록.
141	춘유광복동기 (春遊廣腹洞記)	해장집 (海藏集)	신석우2 (申錫愚)	1805 ~1865	1842년 3월	광복동을 유람한 일을 기록.
142	유금산록 (遊錦山錄)	용이와집 (龍耳窩集)	권뢰4 (權珠)	1800 ~1873	1842년 3월~4월	금산을 유람한 일을 기록.
143	암대야유기 (巖臺夜遊記)	동림집 (東林集)	유치호2 (柳致皜)	1800 ~1862	1843년 1월 16일	밤에 암대에서 노닌 일을 기록.
144	유일섭원기 (遊日涉園記)	존재집 (存齋集)	박윤묵2 (朴允默)	1771 ~1849	1843년 초여름	인왕산 일섭원의 주인이 시회를 열자, 일섭원에 가서 노닌 일을 기록.
145	유장씨원기 (遊蔣氏園記)	봉서집 (鳳棲集)	유신환 (兪莘煥)	1801 ~1859	1844년 6월	집 인근 장씨원을 방문한 일을 기록.
146	유대둔산기 (遊大遯山記)	석주집 (石洲集)	신홍원 (申弘遠)	1787 ~1865	1845년 12월 15일	대둔산을 유람한 일을 기록. 대둔산은 주왕산의 이칭임.
147	남귀록 (南歸錄)	정와집 (訂窩集)	김대진1 (金岱鎭)	1800 ~1871	1846년 2월~9월	한양에서 돌아오는 길에 남행 길에 올라 죽산에 성묘하고 속리산을 유람한 일 등을 기록.

순번	일기명	출전	저자	생몰 연도	일기 기간	요약
148	서행일록 (西行日錄)	낭해집 (朗海集)	이휴 (李烋)	1819 ~1894	1846년 3월 16일~6월 21일	여러 교우들과 해남에서 강진, 함평, 나주, 정읍 등에 다녀온 일을 기록.
149	남유해상기 (南遊海上記)	병와집 (病窩集)	송심명4 (宋心明)	1788 ~1850	1846년 4월~5월 22일	통영 충렬사, 용화사 등을 유람하고 온 일을 기록.
150	유소백산삼동기 (遊小白山三洞記)	희재문집 (希齋文集)	김휘준1 (金輝濬)	1820 ~1898	1846년 5월	소백산을 유람한 일을 기록.
151	동정일기 (東征日記)	용이와집 (龍耳窩集)	권뢰5 (權玶)	1800 ~1873	1846년 7월 9일~8월 7일	월암 선조를 배향한 서원의 기문을 청하기 위해 의녕, 달성 등에 다녀온 일을 기록.
152	서유록 (西遊錄)	금강일기부 서유록 (金岡日記附 西遊錄)	미상2 (호: 月窩)	19세기	1846년 9월 29일~11월 9일	의주를 유람한 일을 기록. 『19세기 선비의 의주·금강산기행』에 설명 있음.
153	패서일기 (浿西日記)	포상세고 (浦上世稿)	이원호4 (李源祜)	1790 ~1859	1847년 1월 24일~3월 22일	평양, 묘향산 등을 유람한 일을 기록.
154	포연수석기 (鋪淵水石記)	병와집 (病窩集)	송심명5 (宋心明)	1788 ~1850	1847년 3월	포연에서 수석을 구경한 일을 기록.
155	왕자대록 (王子坮錄)	덕암만록 (德巖漫錄)	나도규1 (羅燾圭)	1826 ~1885	1847년 3월	광주와 나주 사이에 있는 왕자대를 유람한 일을 기록.
156	유산기 (遊山記)	병와집 (病窩集)	송심명6 (宋心明)	1788 ~1850	1847년 4월 9일~5월 1일	황포, 한벽정, 함벽루, 원천정 등 경남 일대 산수를 유람한 일을 기록.
157	유금강산록 (遊金剛山錄)	농려집 (農廬集)	강헌규 (姜獻奎)	1797 ~1860	1847년 8월	금강산을 유람한 일을 기록.
158	유청량산기 (遊清凉山記)	역암집 (櫟庵集)	유치유1 (柳致游)	1811 ~1871	1847년 9월 15일~16일	청량산을 유람한 일을 기록.
159	유석담기 (遊石潭記)	어당집 (峿堂集)	이상수01 (李象秀)	1820 ~1882	1848년	석담을 유람한 일을 기록.
160	유두류록 (遊頭流錄)	회정집 (晦亭集)	민재남1 (閔在南)	1802 ~1873	1849년 윤4월 17일~21일	지리산을 유람한 일을 기록.
161	경옥유록 (鏡玉遊錄)	정와집 (訂窩集)	김대진2 (金岱鎭)	1800 ~1871	1849년 8월 23일~9월 2일	내대산 보경사 폭포와 옥계를 유람한 일을 기록.

순번	일기명	출전	저자	생몰 연도	일기 기간	요약
162	기유구월원유 일록 (己酉九月遠遊日錄)	남전유고 (藍田遺稿)	최경휴1 (崔敬休)	19세기	1849년 9월 9일~12월 29일	서울에 다녀온 일을 기록. 중간에 선생과 학문적 토론을 하는 부분도 있음.
163	유합장암기 (遊合掌巖記)	자이집 (自怡集)	이시헌 (李時憲)	1803 ~1860	1849년	만덕사의 세심암, 다산초당 등을 거쳐 합장암을 유람한 일을 기록.
164	북행일기 (北行日記)	남전유고 (藍田遺稿)	최경휴2 (崔敬休)	19세기	1850년 2월 19일~4월 15일	평양에 다녀온 일을 기록.
165	유두류일기 (遊頭流日記)	수월사고 (水月私稿)	박제망1 (朴齊望)	19세기	1850년 5월 21일~6월	지리산을 유람한 일을 기록.
166	유속리산기 (遊俗離山記)	어당집 (峿堂集)	이상수02 (李象秀)	1820 ~1882	1850년 9월 8일~9일	속리산을 유람한 일을 기록.
167	좌춘일록 (坐春日錄)	연천유고 (蓮泉遺稿)	최일휴1 (崔日休)	1818 ~1879	1850년 11월 20일~1851년 1월 19일	약 2개월간 좌춘을 떠났던 일을 기록.
168	두류기 (頭流記)	월촌집 (月村集)	하달홍 (河達弘)	1809 ~1877	1851년 윤8월 2일~7일	지리산을 유람한 일을 기록.
169	유금산기 (遊金山記)	역암집 (櫟菴集)	강진규 (姜晉奎)	1817 ~1891	1851년	금산사를 유람한 일을 기록.
170	유덕유산록 (遊德裕山錄)	용이와집 (龍耳窩集)	권뢰6 (權㻋)	1800 ~1873	1852년 3월 14일~4월 3일	덕유산을 유람한 일을 기록.
171	동해유관록 (東海遊觀錄)	기계문집 (奇溪文集)	김노선 (金魯善)	1811 ~1886	1852년 4월 10일~17일	영해 관어대에 가서 바다를 보고 온 일을 기록.
172	금오산유록 (金烏山遊錄)	사미헌문집 (四未軒文集)	장복추 (張福樞)	1815 ~1900	1852년 8월	금오산을 유람한 일을 기록.
173	수락도봉산유기 (水落道峯山遊記)	경산집 (經山集)	정원용 (鄭元容)	1783 ~1873	1852년 9월	수락산, 도봉산을 유람한 일을 기록.
174	서행일록 (西行日錄)	연천유고 (蓮泉遺稿)	최일휴2 (崔日休)	1818 ~1879	1853년 4월 17일~26일	10일간 과천 등에 다녀온 일을 기록.
175	유문천와폭기 (遊文川臥瀑記)	희재문집 (希齋文集)	김휘준2 (金輝濬)	1820 ~1898	1853년 5월	문천의 와폭을 유람한 일을 기록.
176	유대명동기 (遊大明洞記)	현암문집 (玄品文集)	민치긍 (閔致兢)	1810 ~1885	1853년	단서굴을 유람한 일을 기록. 단서굴이 있는 곳을 민치긍이 '대명동'이라 이름함.

순번	일기명	출전	저자	생몰연도	일기 기간	요약
177	이진기행록 (伊珍紀行錄)		이유원 (李裕元)	1814 ~1888	1854년 3월~6월	휴가를 받아 강원도 이천의 온천에 다녀온 일을 기록. 필사본으로 『조선시대 개인일기』에 설명 있음.
178	유산록 (遊山錄)	오계사고 (梧溪私稿)	오윤후 (吳允厚)	19세기	1854년 4월	장수의 장안산 등을 유람한 일을 기록.
179	해유록 (海遊錄)	우헌문집 (愚軒文集)	김양진1 (金養鎭)	1829 ~1901	1854년 5월	영덕 대진에 가 바다를 본 일을 기록.
180	유부암산기 (遊傅巖山記)	단계집 (端磎集)	김인섭1 (金麟燮)	1827 ~1903	1854년	부암산을 유람한 일을 기록.
181	호남기행 (湖南紀行)	직재집 (直齋集)	김익동3 (金翊東)	1793 ~1860	1855년 7월 21일~8월 15일	지도에 유배 중인 유치명을 뵙고 온 일을 기록.
182	서지하화기 (西池荷花記)	학음산고 (鶴陰散稿)	심원열1 (沈遠悅)	1792 ~1866	1855년	울산부사 재직 중 태화강을 유람하며 서지를 본 일을 기록.
183	태화루기 (太和樓記)	학음산고 (鶴陰散稿)	심원열2 (沈遠悅)	1792 ~1866	1855년	울산군수 재직 중 태화루에 올랐던 일을 기록.
184	묵산기 (默山記)	학음산고 (鶴陰散稿)	심원열3 (沈遠悅)	1792 ~1866	1855년	묵산을 유람한 일을 기록.
185	촉석루연유기 (矗石樓燕遊記)	해장집 (海藏集)	신석우3 (申錫愚)	1805 ~1865	1856년 3월 26일	진주에 가 촉석루에서 잔치에 참여한 일을 기록.
186	입통제영기 (入統制營記)	해장집 (海藏集)	신석우4 (申錫愚)	1805 ~1865	1856년 3월 29일	통제영에 들어갔던 일을 기록.
187	유한산도기 (遊閑山島記)	해장집 (海藏集)	신석우5 (申錫愚)	1805 ~1865	1856년 4월 1일	한산도를 유람한 일을 기록.
188	강좌기행 (江左記行)	단계집 (端磎集)	김인섭2 (金麟燮)	1827 ~1903	1856년 4월 15일~5월 13일	안동으로 유치명을 찾아가 뵙고 인근 도연 등을 유람한 일을 기록.
189	유청량시서 (遊淸凉詩序)	노원만록 (魯園謾錄)	김철수 (金喆銖)	1822 ~1887	1856년 늦가을	청량산을 유람한 일을 기록.
190	입가야산기 (入伽倻山記)	해장집 (海藏集)	신석우6 (申錫愚)	1805 ~1865	1856년	가야산에 갔던 일을 기록.
191	명암기 (鳴巖記)	신암집 (愼庵集)	이만각 (李晚慤)	1815 ~1874	1856년	수정산 서쪽 명암을 유람한 일을 기록.
192	시등금수정기 (始登金水亭記)	어당집 (峿堂集)	이상수03 (李象秀)	1820 ~1882	1856년	금강산 일대를 유람한 일을 기록한 24편의 일기 중 1번째 작품.

순번	일기명	출전	저자	생몰 연도	일기 기간	요약
193	화적연기 (禾積淵記)	어당집 (峿堂集)	이상수04 (李象秀)	1820 ~1882	1856년	금강산 일대를 유람한 일을 기록한 24편의 일기 중 2번째 작품.
194	동행산수기 (東行山水記)	어당집 (峿堂集)	이상수05 (李象秀)	1820 ~1882	1856년	금강산 일대를 유람한 일을 기록한 24편의 일기 중 3번째 작품.
195	유철이령기 (踰鐵彛嶺記)	어당집 (峿堂集)	이상수06 (李象秀)	1820 ~1882	1856년	금강산 일대를 유람한 일을 기록한 24편의 일기 중 4번째 작품.
196	지장안사기 (至長安寺記)	어당집 (峿堂集)	이상수07 (李象秀)	1820 ~1882	1856년	금강산 일대를 유람한 일을 기록한 24편의 일기 중 5번째 작품.
197	장안동명경대기 (長安東明鏡臺記)	어당집 (峿堂集)	이상수08 (李象秀)	1820 ~1882	1856년	금강산 일대를 유람한 일을 기록한 24편의 일기 중 6번째 작품.
198	장안동령원동기 (長安東靈源洞記)	어당집 (峿堂集)	이상수09 (李象秀)	1820 ~1882	1856년	금강산 일대를 유람한 일을 기록한 24편의 일기 중 7번째 작품.
199	오심백탑기 (誤尋百塔記)	어당집 (峿堂集)	이상수10 (李象秀)	1820 ~1882	1856년	금강산 일대를 유람한 일을 기록한 24편의 일기 중 8번째 작품.
200	숙영원암기 (宿靈源菴記)	어당집 (峿堂集)	이상수11 (李象秀)	1820 ~1882	1856년	금강산 일대를 유람한 일을 기록한 24편의 일기 중 9번째 작품.
201	장안북서저 표훈사기 (長安北西抵 表訓寺記)	어당집 (峿堂集)	이상수12 (李象秀)	1820 ~1882	1856년	금강산 일대를 유람한 일을 기록한 24편의 일기 중 10번째 작품.
202	표훈사헐성루 등조기 (表訓寺歇惺樓 登眺記)	어당집 (峿堂集)	이상수13 (李象秀)	1820 ~1882	1856년	금강산 일대를 유람한 일을 기록한 24편의 일기 중 11번째 작품.
203	표훈북서수미 탑기 (表訓北西須彌塔記)	어당집 (峿堂集)	이상수14 (李象秀)	1820 ~1882	1856년	금강산 일대를 유람한 일을 기록한 24편의 일기 중 12번째 작품.

순번	일기명	출전	저자	생몰연도	일기 기간	요약
204	표훈북만폭팔담기 (表訓北萬瀑八潭記)	어당집 (峿堂集)	이상수15 (李象秀)	1820 ~1882	1856년	금강산 일대를 유람한 일을 기록한 24편의 일기 중 13번째 작품.
205	중향성기 (衆香城記)	어당집 (峿堂集)	이상수16 (李象秀)	1820 ~1882	1856년	금강산 일대를 유람한 일을 기록한 24편의 일기 중 14번째 작품.
206	유점사서은선대기 (楡店寺西隱仙臺記)	어당집 (峿堂集)	이상수17 (李象秀)	1820 ~1882	1856년	금강산 일대를 유람한 일을 기록한 24편의 일기 중 15번째 작품.
207	유점사구문기 (楡店寺舊聞記)	어당집 (峿堂集)	이상수18 (李象秀)	1820 ~1882	1856년	금강산 일대를 유람한 일을 기록한 24편의 일기 중 16번째 작품.
208	신계사서구룡연기 (神溪寺西九龍淵記)	어당집 (峿堂集)	이상수19 (李象秀)	1820 ~1882	1856년	금강산 일대를 유람한 일을 기록한 24편의 일기 중 17번째 작품.
209	신계서북만물초기 (神溪西北萬物草記)	어당집 (峿堂集)	이상수20 (李象秀)	1820 ~1882	1856년	금강산 일대를 유람한 일을 기록한 24편의 일기 중 18번째 작품.
210	고성서망금강외산기 (高城西望金剛外山記)	어당집 (峿堂集)	이상수21 (李象秀)	1820 ~1882	1856년	금강산 일대를 유람한 일을 기록한 24편의 일기 중 19번째 작품.
211	고성동해금강기 (高城東海金剛記)	어당집 (峿堂集)	이상수22 (李象秀)	1820 ~1882	1856년	금강산 일대를 유람한 일을 기록한 24편의 일기 중 20번째 작품.
212	고성북삼일호기 (高城北三日湖記)	어당집 (峿堂集)	이상수23 (李象秀)	1820 ~1882	1856년	금강산 일대를 유람한 일을 기록한 24편의 일기 중 21번째 작품.
213	병해북행기 (竝海北行記)	어당집 (峿堂集)	이상수24 (李象秀)	1820 ~1882	1856년	금강산 일대를 유람한 일을 기록한 24편의 일기 중 22번째 작품.
214	통천북총석기 (通川北叢石記)	어당집 (峿堂集)	이상수25 (李象秀)	1820 ~1882	1856년	금강산 일대를 유람한 일을 기록한 24편의 일기 중 23번째 작품.
215	주지천도기 (舟至穿島記)	어당집 (峿堂集)	이상수26 (李象秀)	1820 ~1882	1856년	금강산 일대를 유람한 일을 기록한 24편의 일기 중 24번째 작품.

순번	일기명	출전	저자	생몰 연도	일기 기간	요약
216	화양동유기 (華陽洞遊記)	어당집 (峿堂集)	이상수27 (李象秀)	1820 ~1882	1856년	화양동을 유람한 일을 기록.
217	기행 (記行)	임재집 (臨齋集)	서찬규1 (徐贊奎)	1825 ~1905	1857년 3월 25일~1861년 4월 20일	서울, 화양동 등에 대한 4차례의 여행을 기록.
218	남유일기 (南遊日記)	수종재집 (守宗齋集)	송달수 (宋達洙)	1808 ~1858	1857년 3월 27일~5월 29일	경주부윤으로 있던 아우 송근수에게 다녀온 일을 기록.
219	유주왕산기 (遊周王山記)	주왕산지 (周王山志)	미상	19세기	1857년 11월	주왕산을 유람한 일을 기록. 신경인(申景仁)과 유람하였으며, 저자는 미상임. 『국역 주왕산유람록』에 설명 있음.
220	일생산기 (日生山記)	학음산고 (鶴陰散稿)	심원열4 (沈遠悅)	1792 ~1866	1857년	진주목사를 지낼 당시 일생산 단석암을 유람한 일을 기록.
221	동유록 (東遊錄)		김녹휴 (金祿休)	1827 ~1899	1858년 2월 19일~4월 6일	관동 지역을 유람한 일을 기록. 필사본으로 '호남기록문화유산'에 DB 구축됨.
222	유주왕산기 (遊王山記)	묵암집 (默庵集)	배극소 (裵克紹)	1819 ~1871	1858년 봄	주왕산을 유람한 일을 기록.
223	유김씨산정기 (遊金氏山亭記)	해장집 (海藏集)	신석우7 (申錫愚)	1805 ~1865	1858년 5월 2일	김씨의 산정을 유람한 일을 기록.
224	유북한기 (遊北漢記)	죽파집 (竹坡集)	양의영 (梁宜永)	1816 ~1870	1858년 8월 16일~21일	북한산을 유람한 일을 기록.
225	석동기 (石洞記)	송오집 (松塢集)	박종영 (朴宗永)	1804 ~1881	1859년 9월	안릉군 석동을 유람한 일을 기록.
226	서행일기 (西行日記)	덕암만록 (德巖漫錄)	나도규2 (羅燾圭)	1826 ~1885	1860년 2월 28일~미상	과거를 보기 위해 서울에 다녀온 일을 기록.
227	내포일기 (內浦日記)	노포유고 (老圃遺稿)	정면규1 (鄭冕奎)	1804 ~1868	1861년 4월 1일~22일	서울을 출발하여 내려오면서 산천을 유람한 일을 기록.
228	관해록 (觀海錄)	돈와유고 (遯窩遺稿)	김동권1 (金東權)	1816 ~1877	1862년 3월	동해를 유람한 일을 기록.
229	금릉유기 (金陵遊記)	해장집 (海藏集)	신석우8 (申錫愚)	1805 ~1865	1862년 가을	금릉을 유람한 일을 기록.
230	속리회우기 (俗離會遇記)	어당집 (峿堂集)	이상수28 (李象秀)	1820 ~1882	1862년	속리산을 유람한 일을 기록.

순번	일기명	출전	저자	생몰연도	일기 기간	요약
231	낙행기 (洛行記)	운암집 (雲菴集)	박문일1 (朴文一)	1822 ~1894	1863년 3월	금강산을 거쳐 서울로 간 일을 기록.
232	유변산일기 (遊邊山日記)	수월사고 (水月私稿)	박제망2 (朴齊望)	19세기	1864년 4월 6일~17일	변산을 유람한 일을 기록.
233	갑자서행록 (甲子西行錄)		미상	19세기	1864년 5월 2일~9월 15일	서울에 다녀온 일을 기록. 필사본으로 '국학진흥원 일기류DB'에 DB 구축됨.
234	청량기행 (淸涼記行)	내헌집 (耐軒集)	이재영 (李在永)	1804 ~1892	1864년 10월 9일~19일	청량산을 유람한 일을 기록.
235	낙행일기 (洛行日記)	광산유고 (匡山遺稿)	백민수 (白旻洙)	1832 ~1885	1865년 1월 22일~미상	서울에 가는 과정을 기록.
236	금강산기 (金剛山記)		조성하 (趙成夏)	1845 ~1881	1865년 7월 26일~9월 8일	금강산을 유람한 일을 기록. 단독으로 간행되었으며 국립중앙도서관 누리집에 DB 구축됨.
237	황산일기 (黃山日記)	노포유고 (老圃遺稿)	정면규2 (鄭冕奎)	1804 ~1868	1865년 9월 10일~11월 1일	황산의 죽림원(竹林院)에 가서 사당에 알현한 후 근처를 유람한 일을 기록.
238	원유록 (遠遊錄)	남파집 (南坡集)	이희석1 (李羲錫)	1804 ~1889	1866년 3월 2일~6월 13일	서울로 가서 과거를 본 후 금강산을 유람한 일을 기록.
239	유황산급제명승기 (遊黃山及諸名勝記)	연재집 (淵齋集)	송병선01 (宋秉璿)	1836 ~1905	1866년 4월 6일~20일	황산을 비롯한 여러 곳을 유람한 일을 기록.
240	유청량산록 (遊淸涼山錄)	동아집 (東阿集)	이제영 (李濟永)	1799 ~1871	1866년 여름	청량산을 유람한 일을 기록.
241	유금오산기 (遊金烏山記)	연재집 (淵齋集)	송병선02 (宋秉璿)	1836 ~1905	1866년 8월 18일~미상	금오산을 비롯한 명승을 유람한 일을 기록.
242	유금오록 (遊金烏錄)	심석재집 (心石齋集)	송병순1 (宋秉珣)	1839 ~1912	1866년 8월 25일~9월 15일	금오산을 유람한 일을 기록.
243	유두류록 (遊頭流錄)	죽담집 (竹潭集)	김영조1 (金永祚)	1842 ~1917	1867년 8월 26일~29일	지리산을 유람한 일을 기록.
244	유금오산기 (遊金烏山記)	방산전집 (舫山全集)	허훈1 (許薰)	1836 ~1907	1867년 9월 9일	금오산을 유람한 일을 기록.
245	서유기 (西遊記)	연재집 (淵齋集)	송병선03 (宋秉璿)	1836 ~1905	1867년 9월 10일~11월	평안도, 황해도 등을 유람한 일을 기록.

순번	일기명	출전	저자	생몰 연도	일기 기간	요약
246	유평양기 (遊平壤記)	죽포집 (竹圃集)	박기종1 (朴淇鍾)	1824 ~1898	1867년 12월 25일~1868년 4월 25일	평양을 유람한 일을 기록.
247	덕천유록 (德川遊錄)	백후집 (柏後集)	김기수1 (金基洙)	1818 ~1873	1868년 1월	덕천서원 일대를 유람한 일을 기록.
248	동유기 (東遊記)	연재집 (淵齋集)	송병선04 (宋秉璿)	1836 ~1905	1868년 3월 21일~5월 6일	숙부와 금강산을 유람한 일을 기록.
249	범주유총석정기 (泛舟遊叢石亭記)	단계집 (端磎集)	김인섭3 (金麟燮)	1827 ~1903	1868년 3월 26일	총석정을 유람하고 배를 타고 노닌 일을 기록.
250	관음사전춘기 (觀音寺餞春記)	단계집 (端磎集)	김인섭4 (金麟燮)	1827 ~1903	1868년 3월 30일	관음사를 유람한 일을 기록.
251	유속리산기 (遊俗離山記)	호산집 (壺山集)	박문호1 (朴文鎬)	1846 ~1918	1868년 4월 9일~미상	속리산을 유람한 일을 기록.
252	유수락산기 (遊水落山記)	미산집 (眉山集)	한장석1 (韓章錫)	1832 ~1894	1868년 4월 미상~4월 16일	수락산을 유람한 일을 기록.
253	동유록 (東遊錄)	수월사고 (水月私稿)	박제망3 (朴齊望)	19세기	1868년 4월 24일~윤4월 27일	속리산, 화양구곡 등을 유람한 일을 기록.
254	유비봉산록 (遊飛鳳山錄)	학산집 (鶴山集)	유응목1 (柳膺睦)	1841 ~1921	1868년 여름	비봉산을 유람한 일을 기록.
255	남정기 (南征記)	수월사고 (水月私稿)	박제망4 (朴齊望)	19세기	1868년 7월 16일~8월 11일	나주 봉현(峰峴)의 선산에 다녀온 일을 기록.
256	서석록 (瑞石錄)	덕암만록 (德巖漫錄)	나도규3 (羅燾圭)	1826 ~1885	1868년 8월 3일~5일	43세 무렵에 무등산을 유람한 일을 기록.
257	지리산북록기 (智異山北麓記)	연재집 (淵齋集)	송병선05 (宋秉璿)	1836 ~1905	1869년 2월	지리산을 유람한 일을 기록.
258	서석산기 (瑞石山記)	연재집 (淵齋集)	송병선06 (宋秉璿)	1836 ~1905	1869년 2월	무등산을 유람한 일을 기록.
259	적벽기 (赤壁記)	연재집 (淵齋集)	송병선07 (宋秉璿)	1836 ~1905	1869년 2월	화순 적벽을 유람한 일을 기록.
260	백암산기 (白巖山記)	연재집 (淵齋集)	송병선08 (宋秉璿)	1836 ~1905	1869년 2월	백암산을 유람한 일을 기록.
261	도솔산기 (兜率山記)	연재집 (淵齋集)	송병선09 (宋秉璿)	1836 ~1905	1869년 2월	선운산을 유람한 일을 기록. 도솔산은 선운산의 이칭임.

순번	일기명	출전	저자	생몰 연도	일기 기간	요약
262	변산기 (邊山記)	연재집 (淵齋集)	송병선10 (宋秉璿)	1836 ~1905	1869년 2월	변산을 유람한 일을 기록.
263	유계룡산전관강 경호기 (遊鷄龍山轉觀江 鏡湖記)	호산집 (壺山集)	박문호2 (朴文鎬)	1846 ~1918	1869년 3월 19일~27일	계룡산을 유람하고 강경에 다녀온 일을 기록.
264	덕유산기 (德裕山記)	연재집 (淵齋集)	송병선11 (宋秉璿)	1836 ~1905	1869년 5월	덕유산을 유람한 일을 유기.
265	유적벽기 (遊赤壁記)	직암집 (直菴集)	권재규 (權在奎)	1835 ~1893	1869년 8월 16일	하루간 적벽에서 노닌 일을 기록.
266	유청담기 (遊淸潭記)	경당집 (絅堂集)	서응순 (徐應淳)	1824 ~1880	1870년 3월	청담 계곡을 유람한 일을 기록.
267	유청담기 (游淸潭記)	미산집 (眉山集)	한장석2 (韓章錫)	1832 ~1894	1870년 3월	청담을 유람한 일을 기록.
268	서석속록 (瑞石續錄)	덕암만록 (德巖漫錄)	나도규4 (羅燾圭)	1826 ~1885	1870년 4월 3일~4일	45세 무렵에 다시 무등산을 유람한 일을 기록.
269	유만덕산기 (遊萬德山記)	해학유서 (海鶴遺書)	이기1 (李沂)	1848 ~1909	1870년 10월 4일	만덕산을 유람한 일을 기록.
270	금강록 (金剛錄)		김헌락 (金獻洛)	19세기	1870년 11월 3일~1871년 4월 12일	금강산을 유람한 일을 기록. 필사본으로 '국학진흥원 일 기류DB'에 DB 구축됨.
271	중유만덕산기 (重遊萬德山記)	해학유서 (海鶴遺書)	이기2 (李沂)	1848 ~1909	1870년 11월	만덕산을 다시 유람한 일을 기록.
272	유칠봉기 (遊七峯記)	우헌문집 (愚軒文集)	김양진2 (金養鎭)	1829 ~1901	1870년 겨울	칠봉산을 유람한 일을 기록.
273	송행일기 (松行日記)	만성집 (晩醒集)	박치복1 (朴致馥)	1824 ~1894	1871년 3월	개성에 다녀온 일을 기록.
274	유오서산기 (遊烏棲山記)	어당집 (峿堂集)	이상수29 (李象秀)	1820 ~1882	1871년 9월 9일~10일	오서산을 유람한 일을 기록.
275	남유록 (南遊錄)	백후집 (柏後集)	김기수2 (金基洙)	1818 ~1873	1871년 9월 16일~10월 14일	노량, 남해 일대를 유람한 일을 기록.
276	유속리산기 (遊俗離山記)	계서고 (溪墅稿)	이계서1 (李溪墅)	19세기	1871년 가을	속리산을 유람한 일을 기록.
277	두류유기 (頭流遊記)	심재집 (心齋集)	조성렴1 (趙性濂)	1836 ~1886	1872년 8월 16일~26일	지리산을 유람한 일을 기록.

순번	일기명	출전	저자	생몰 연도	일기 기간	요약
278	황악산기 (黃岳山記)	연재집 (淵齋集)	송병선12 (宋秉璿)	1836 ~1905	1872년 9월	종외제와 함께 황악산을 유람한 일을 기록.
279	수도산기 (修道山記)	연재집 (淵齋集)	송병선13 (宋秉璿)	1836 ~1905	1872년 9월	수도산을 유람한 일을 기록한 것으로, 황악산을 출발하여 수도산을 유람하고 가야산으로 향함.
280	가야산기 (伽倻山記)	연재집 (淵齋集)	송병선14 (宋秉璿)	1836 ~1905	1872년 9월	가야산을 유람한 일을 기록.
281	단진제명승기 (丹晉諸名勝記)	연재집 (淵齋集)	송병선15 (宋秉璿)	1836 ~1905	1872년 9월	단계(丹溪)와 진주(晉州)의 여러 명승을 유람한 일을 기록.
282	금산기 (錦山記)	연재집 (淵齋集)	송병선16 (宋秉璿)	1836 ~1905	1872년 9월	남해의 금산을 유람하고 집으로 돌아온 일을 기록.
283	서정일기 (西征日記)	난석집 (蘭石集)	박재현 (朴宰鉉)	1830 ~1883	1873년 1월 15일~2월 3일	집을 나서 서울에 도착하기까지의 일을 기록.
284	강남간사록 (江南幹事錄)	미산집 (眉山集)	한장석3 (韓章錫)	1832 ~1894	1874년 2월	경시관으로서 호남에 간 일과 화순 적벽, 무등산 등을 유람한 일을 기록.
285	유북한록 (遊北漢錄)	죽담집 (竹潭集)	김영조2 (金永祚)	1842 ~1917	1874년 3월	북한산을 유람한 일을 기록.
286	좌행일기 (左行日記)	노하집 (蘆河集)	박모1 (朴模)	1828 ~1900	1874년 3월~4월	만연산, 무등산 등에 다녀온 일을 기록.
287	유심도관해기 (遊沁都觀海記)	호산집 (壺山集)	박문호3 (朴文鎬)	1846 ~1918	1874년	강화도를 유람한 일을 기록. 심도는 강화도의 이칭임.
288	동유록 (東遊錄)	동해집 (東海集)	김훈1 (金勳)	1836 ~1910	1875년 3월 9일~5월 7일	금강산을 유람한 일을 기록.
289	유한라산기 (遊漢拏山記)	면암집 (勉菴集)	최익현1 (崔益鉉)	1833 ~1906	1875년 3월 27일	한라산을 유람한 일을 기록.
290	북한일기 (北漢日記)	대계집 (大溪集)	이승희1 (李承熙)	1847 ~1916	1876년 2월 22일~26일	북한산을 유람한 일을 기록.
291	산행소기 (山行小記)	호산집 (壺山集)	박문호4 (朴文鎬)	1846 ~1918	1876년 5월 20일	관악산을 유람한 일을 기록.
292	유장수산기 (遊長壽山記)	운양집 (雲養集)	김윤식1 (金允植)	1835 ~1922	1876년 여름	치악산을 유람한 일을 기록. 장수산은 치악산의 이칭임.
293	유방장산기 (遊方丈山記)	매천전집 (梅泉全集)	황현1 (黃玹)	1855 ~1910	1876년 8월~미상	지리산을 유람한 일을 기록.

순번	일기명	출전	저자	생몰연도	일기 기간	요약
294	화양록 (華陽錄)	동해집 (東海集)	김훈2 (金勳)	1836 ~1910	1876년 9월 3일~10월 3일	화양동에 다녀온 일을 기록.
295	유동해기 (遊東海記)	돈와유고 (遯窩遺稿)	김동권2 (金東權)	1816 ~1877	1876년	동해를 유람한 일을 기록.
296	풍악기유인 (楓岳記遊引)	석릉집 (石菱集)	김창희1 (金昌熙)	1844 ~1890	1876년	금강산을 유람한 일을 기록.
297	북정기유 (北征記遊)	석릉집 (石菱集)	김창희2 (金昌熙)	1844 ~1890	1876년	마천령에 올랐던 일을 기록.
298	광로산기 (匡盧山記)	우당유고 (愚堂遺稿)	강지형 (姜芝馨)	1844 ~1909	1876년	광로산을 유람한 일을 기록.
299	해악유기 (海嶽遊記)		춘파거사 (春坡居士)	19세기	1877년 7월 27일~9월 20일	금강산을 유람한 일을 기록. 1909년에 간행되었으며 'CNC 학술정보'에 설명 있음.
300	두류록 (頭流錄)	후산집 (后山集)	허유 (許愈)	1833 ~1904	1877년 8월 5일~15일	지리산을 유람한 일을 기록.
301	남유기행 (南遊記行)	만성집 (晩醒集)	박치복2 (朴致馥)	1824 ~1894	1877년 8월 17일~9월 16일	지리산을 유람한 일을 기록.
302	협유일기 (峽遊日記)		정경원 (鄭經源)	1851 ~1898	1877년 8월~10월	영월, 단양 등을 유람한 일을 기록. 필사본으로 『국립중앙 도서관 선본해제13』와 '정경 원의 『협유일기』 연구'에 설 명 있음.
303	금성일기 (錦城日記)	송애집 (松厓集)	이지헌 (李志憲)	1840 ~1898	1877년 10월 5일~30일	금성으로 성묘를 다녀온 일 을 기록.
304	오군기행 (五郡紀行)	계서고 (溪墅稿)	이계서2 (李溪墅)	19세기	1878년 3월 17일~4월 17일	청풍, 제천, 단양, 영춘, 영 월에 다녀온 일을 기록.
305	흑산록 (黑山錄)	동해집 (東海集)	김훈3 (金勳)	1836 ~1910	1878년 7월 1일~9월 11일	흑산도에 유배 중인 최익현 을 만나고 온 일을 기록.
306	유남호록 (遊南湖錄)	만구집 (晩求集)	이종기1 (李鍾杞)	1837 ~1902	1878년 7월 16일	남호에 배를 띄워 노닌 일을 기록.
307	유낙수암지 고산정기 (遊落水菴至孤山 亭記)	서비문집 (西扉文集)	최우순1 (崔宇淳)	1832 ~1911	1878년 9월	낙수암, 고산정을 유람한 일 을 기록.

순번	일기명	출전	저자	생몰 연도	일기 기간	요약
308	유적상록 (遊赤裳錄)	만구집 (晩求集)	이종기2 (李鍾杞)	1837 ~1902	1878년	적상산을 유람한 일을 기록.
309	강화일기 (江華日記)	대계집 (大溪集)	이승희2 (李承熙)	1847 ~1916	1879년 3월 13일~20일	강화도를 유람한 일을 기록.
310	두류산기 (頭流山記)	연재집 (淵齋集)	송병선17 (宋秉璿)	1836 ~1905	1879년 8월 1일~미상	지리산을 유람한 일을 기록.
311	동학동기유 (東鶴洞紀遊)	계서고 (溪墅稿)	이계서3 (李溪墅)	19세기	1879년 8월 2일~5일	동학동을 유람한 일을 기록.
312	남악기유 (南嶽紀遊)	계서고 (溪墅稿)	이계서4 (李溪墅)	19세기	1880년 8월 1일~15일	변산을 유람한 일을 기록.
313	유북한기 (遊北漢記)	계서고 (溪墅稿)	이계서5 (李溪墅)	19세기	1880년 가을	북한산을 유람한 일을 기록.
314	향금기행 (香金紀行)	지강문집 (芝岡文集)	민치완 (閔致完)	1838 ~1910	1881년 2월 26일~4월 28일	금강산을 유람한 일을 기록.
315	금강록 (金剛錄)		학산 (學山)	19세기	1881년 4월 19일~5월 12일	금강산을 유람한 일을 기록. 필사본으로『국립중앙도서관 선본해제13』에 설명 있음.
316	향산록 (香山錄)	치암집 (恥庵集)	김석규1 (金碩奎)	1826 ~1883	1881년 9월 10일~26일	묘향산을 유람한 일을 기록.
317	유청량산록 (遊淸凉山錄)	석주유고 (石洲遺稿)	이상룡 (李相龍)	1858 ~1932	1882년 3월 19일~27일	청량산을 유람한 일을 기록.
318	동유록 (東遊錄)	하채집 (下蔡集)	김건휘 (金健輝)	1831 ~1903	1882년 3월	주왕산 및 인근을 유람한 일을 기록.
319	천관록 (天冠錄)	동해집 (東海集)	김훈4 (金勳)	1836 ~1910	1882년 봄	강회에 참석했다가 천관산을 유람한 일을 기록.
320	유승평기 (遊昇平記)	연재집 (淵齋集)	송병선18 (宋秉璿)	1836 ~1905	1882년 5월 2일~6월	녹혈을 복용하기 위해 순천의 금오도에 다녀온 일을 기록.
321	유삼각산기 (遊三角山記)	죽포집 (竹圃集)	박기종2 (朴淇鍾)	1824 ~1898	1882년 9월 8일~11일	북한산을 유람한 일을 기록.
322	유백운대기 (遊白雲臺記)	호산집 (壺山集)	박문오5 (朴文鎬)	1846 ~1918	1882년	북한산 백운대를 유람한 일을 기록.
323	유청량산록 (遊淸凉山錄)	거관병방집 (蘧觀駢芳集)	송인각 (宋寅慤)	1827 ~1892	1883년 3월 26일~4월 7일	청량산을 유람한 일을 기록.
324	유옥호정기 (遊玉壺亭記)	옥수집 (玉垂集)	조면호 (趙冕鎬)	1803 ~1887	1883년 3월	옥호정을 유람한 일을 기록.

순번	일기명	출전	저자	생몰 연도	일기 기간	요약
325	가야일기 (伽倻日記)	대계집 (大溪集)	이승희3 (李承熙)	1847 ~1916	1883년 4월 28일~5월 4일	가야산을 유람한 일을 기록.
326	유쌍계칠불암기 (遊雙溪七佛菴記)	국포속고 (菊圃續稿)	전기주1 (全基柱)	1855 ~1917	1883년 4월	지리산 쌍계사, 칠불암을 유람한 일을 기록.
327	동유기행 (東遊紀行)	월연집 (月淵集)	이도추 (李道樞)	1847 ~1921	1883년 5월 11일~7월 2일	금강산과 관동 지역을 유람한 일을 기록.
328	금강록 (金剛錄)	혼원집 (混元集)	석세환 (釋世煥)	1853 ~1889	1883년 8월 15일~9월	금강산을 유람한 일을 기록.
329	유대원암기 (遊大源菴記)	국포속고 (菊圃續稿)	전기주2 (全基柱)	1855 ~1917	1884년 4월	지리산 대원암을 유람한 일을 기록.
330	유청학동일기 (遊青鶴洞日記)	겸산집 (兼山集)	김성렬 (金成烈)	1846 ~1906	1884년 5월 1일~5월 9일	지리산의 청학동을 유람한 일을 기록.
331	선유동수석기 (仙遊洞水石記)	단계집 (端磎集)	김인섭5 (金麟燮)	1827 ~1903	1884년 5월	선유동의 수석을 구경한 일을 기록.
332	유복암기 (遊𥙿庵記)	신회유고 (愼悔遺稿)	정희진 (鄭熙鎭)	1822 ~1891	1884년 6월	대복암으로 피서를 떠났던 일을 기록.
333	유옥암기 (遊玉巖記)	장암집 (莊庵集)	김시락 (金時洛)	1857 ~1896	1885년 여름	옥암을 유람한 일을 기록.
334	유가야산록 (遊伽倻山錄)	사죽당집 (思竹堂集)	박근욱 (朴瑾郁)	1839 ~1917	1885년 8월 18일~27일	가야산을 유람한 일을 기록.
335	관해일기 (觀海日記)	구암집 (究庵集)	이광로1 (李光魯)	1828 ~1903	1885년 8월 21일~27일	바다를 보기 위해 칠포에 다녀온 일을 기록.
336	서유록 (西遊錄)	방산전집 (舫山全集)	허훈2 (許薰)	1836 ~1907	1885년 9월 7일~19일	백제 유적지인 백마강, 낙화암 일대를 유람한 일을 기록.
337	기남곡유 (記南谷遊)	미산집 (眉山集)	한장석4 (韓章錫)	1832 ~1894	1885년	남곡을 구경한 일을 기록.
338	유속리산기 (遊俗離山記)	일유재집 (一逌齋集)	장태수 (張泰秀)	1841 ~1910	1885년	속리산을 유람한 일을 기록.
339	경성유람기 (京城遊覽記)	추산유고 (秋山遺稿)	김운덕1 (金雲悳)	1857 ~1936	1886년 2월	서울을 유람한 일을 기록.
340	서석록 (瑞石錄)	삼우당집 (三友堂集)	홍삼우당 (洪三友堂)	1848 ~?	1886년	무등산을 유람한 일을 기록.
341	어우학부해찬유청량병서 (輿禹學夫海纘遊清凉并序)	낙애유고 (洛厓遺稿)	이유헌 (李裕憲)	1870 ~1900	1887년 4월	청량산을 유람한 일을 기록.

순번	일기명	출전	저자	생몰연도	일기 기간	요약
342	두류록 (頭流錄)	삼우당집 (三友堂集)	홍삼우당2 (洪三友堂)	1848 ~?	1887년 7월 17일~8월 1일	지리산을 유람한 일을 기록.
343	서석창수운 【병서십수】 (瑞石唱酬韻 【并序十首】)	일신재집 (日新齋集)	정의림 (鄭義林)	1845 ~1910	1887년 8월 17일~23일	무등산을 유람한 일을 10수로 쓴 시의 서문으로, 서문 자체는 유기의 형태임.
344	두류록 (頭流錄)	노백헌집 (老栢軒集)	정재규1 (鄭載圭)	1843 ~1911	1887년 8월 18일~28일	지리산을 유람한 일을 기록.
345	유웅신록 (遊熊神錄)	만휴당일집 (晚休堂逸集)	김만현1 (金萬鉉)	1820 ~1902	1887년 8월 25일	웅신사를 유람한 일을 기록.
346	유봉산일기 (遊蓬山日記)	구암집 (懼庵集)	이광로2 (李光魯)	1828 ~1903	1887년	봉산을 유람한 일을 기록.
347	유서산초당기 (遊西山草堂記)	난실유고 (蘭室遺稿)	김만식 (金晚植)	1845 ~1922	1887년	무등산에 있는 서산초당에 다녀온 일을 기록.
348	남유록 (南遊錄)	식재집 (植齋集)	기재1 (奇宰)	1854 ~1921	1888년 봄	금산을 유람한 일을 기록.
349	소두미유회기 (小斗尾遊會記)	운암집 (雲菴集)	박문일2 (朴文一)	1822 ~1894	1888년 4월	소두미에 모여 노닌 일을 기록.
350	모리기행록 (某里紀行錄)	홍와집 (弘窩集)	이두훈 (李斗勳)	1856 ~1918	1889년 4월 11일~22일	유적지인 경남 거창군 위천면 모리 지역을 유람한 일을 기록.
351	주방산기 (周房山記)	두계일고 (杜溪逸稿)	조화승 (曺華承)	1843 ~?	1889년 4월	주왕산을 유람한 일을 기록.
352	해산기행록 (海山紀行錄)	동려문집 (東旅文集)	안창렬 (安昌烈)	1847 ~1925	1889년	금강산을 유람한 일을 기록.
353	남유록 (南遊錄)	동해집 (東海集)	김훈5 (金勳)	1836 ~1910	1890년 4월 13일~8월 19일	광주 평장동을 시작으로 창평, 구례, 진해, 창원, 김해, 양산, 의령, 남해 등을 유람한 일을 기록.
354	등양산기 (登兩山記)	운양집 (雲養集)	김윤식2 (金允植)	1835 ~1922	1890년 8월 3일	몽산과 아미산을 유람한 일을 기록.
355	유금산록 (遊錦山錄)	서비문집 (西扉文集)	최우순2 (崔宇淳)	1832 ~1911	1890년 8월 8일~17일	남해 금산을 유람한 일을 기록.
356	유교남기 (遊嶠南記)	연재집 (淵齋集)	송병선19 (宋秉璿)	1836 ~1905	1891년 3월 1일~4월	경상도를 유람한 일을 기록.

순번	일기명	출전	저자	생몰연도	일기 기간	요약
357	동유록 (東遊錄)	식재집 (植齋集)	기재2 (奇宰)	1854 ~1921	1891년 3월 11일~4월 8일	금강산을 유람한 일을 기록.
358	지유록 (圤遊錄)	동해집 (東海集)	김훈6 (金勳)	1836 ~1910	1891년 3월 14일~10월	7개월 여의 시간 동안 지인의 집, 서원 등을 방문하고 절에 머물기도 하면서 유람했던 일을 기록.
359	부례위려락일기 (赴禮圍戻洛日記)	몽암집 (夢巖集)	이종욱 (李鍾勗)	? ~1926	1891년 8월 6일~11월 6일	과거를 보기 위해 서울에 다녀온 일을 기록.
360	악양정회유기 (岳陽亭會遊記)	노백헌집 (老栢軒集)	정재규2 (鄭載圭)	1843 ~1911	1891년	악양정에 모여 노닌 일을 기록.
361	신묘유서석록 (辛卯遊瑞石錄)	난곡유고 (蘭谷遺稿)	이연관 (李淵觀)	1857 ~1935	1891년	무등산을 유람한 일을 기록.
362	유구연기 (遊臼淵記)	암서집 (巖棲集)	조긍섭 (曺兢燮)	1873 ~1933	1891년	구연을 유람한 일을 기록.
363	유가야산록 (遊伽倻山錄)	해음문집 (海陰文集)	박기열 (朴璣烈)	1862 ~1939	1892년 5월 4일~6일	가야산을 유람한 일을 기록.
364	동협행기 (峒峽行記)	호산집 (壺山集)	박문호6 (朴文鎬)	1846 ~1918	1892년 6월~10월	약산공(約山公)이 돌아가신 후 문상을 가고 묘지명을 받는 일 등으로 돌아다닌 일을 기록.
365	유서석산기 (遊瑞石山記)	과암유고 (果庵遺稿)	염재신1 (廉在愼)	1862 ~1935	1892년 7월	무등산을 유람한 일을 기록.
366	금산기행 (錦山記行)	단계집 (端磎集)	김인섭6 (金麟燮)	1827 ~1903	1892년 8월 27일~9월 17일	금산을 유람한 일을 기록.
367	표류일기 (漂流日記)		양우종 (梁佑宗)	1863 ~1917	1893년 12월 17일~1894년 3월 10일	무관 양우종이 제주도 조천포에서 한양으로 향하다 표류, 유구를 거쳐 돌아온 일을 기록. 국립제주박물관에 소장되었으며 「조선후기 표해록 연구」에 설명 있음.

순번	일기명	출전	저자	생몰 연도	일기 기간	요약
368	봉래일기 (蓬萊日記)	금강산 (金剛山)	이면신1 (李勉信)	1857 ~1935	1894년 3월 6일~4월 9일	금강산으로 유람하러 가기 전, 충청도를 출발하여 서울과 근교를 유람한 일을 기록. 봉래는 금강산의 여름 명칭임. 『『금강산』의 역사적 위상에 관한 연구』에 설명 있음.
369	자경산위시지금 강일기 (自京山爲始至金 剛日記)	금강산 (金剛山)	이면신2 (李勉信)	1857 ~1935	1894년 4월 10일~5월 29일	금강산을 유람한 일을 기록. 『『금강산』의 역사적 위상에 관한 연구』에 설명 있음.
370	만유기 (漫遊記)	호산집 (壺山集)	박문호7 (朴文鎬)	1846 ~1918	1894년 8월 21일~26일	호남 용담(龍潭)의 어자리(漁子里)를 유람한 일을 기록.
371	영남유람기 (嶺南遊覽記)	추산유고 (秋山遺稿)	김운덕2 (金雲悳)	1857 ~1936	1895년 2월	선조 삼외재(三畏齋)의 유문을 모으는 일로 농은(農隱) 민선생(閔先生) 후손가를 방문하는 것을 시작으로 경주 등 영남 지역을 유람한 일을 기록.
372	두류산음수기 (頭流山飮水記)	창암집 (滄庵集)	조종덕1 (趙鍾悳)	1858 ~1927	1895년 4월 11일~미상	동네사람과 지리산에 약수를 마시러 다녀온 일을 기록.
373	유서석기 (遊瑞石記)	익재집 (翼齋集)	고재붕 (高在鵬)	1869 ~1936	1895년 4월	무등산을 유람한 일을 기록.
374	여산기행 (廬山紀行)	만휴당일집 (晩休堂逸集)	김만현2 (金萬鉉)	1820 ~1902	1895년 5월 3일~13일	여산을 여행한 일을 기록.
375	유람일기 (遊覽日記)	소석유고 (小石遺稿)	유일수 (柳日秀)	1844 ~1913	1895년 윤5월 16일~6월 19일	옥산(玉山), 백양암(白羊菴), 사물재(四勿齋) 등을 유람한 일을 기록.
376	한라산기 (漢拏山記)	해은문집 (海隱文集)	김희정 (金羲正)	1844 ~1916	1895년 여름	한라산을 유람한 일을 기록.
377	유수정사기 (遊水淨寺記)	방산전집 (舫山全集)	허훈3 (許薰)	1836 ~1907	1895년 7월 7일~8일	남각산 수정사에 다녀온 일을 기록.
378	유주방산록 (遊周房山錄)	방산전집 (舫山全集)	허훈4 (許薰)	1836 ~1907	1895년 8월 24일~30일	주왕산을 유람한 일을 기록.
379	적벽기 (赤壁記)	매천집 (梅泉集)	황현2 (黃玹)	1855 ~1910	1895년 9월	화순의 적벽을 유람한 일을 기록.

순번	일기명	출전	저자	생몰 연도	일기 기간	요약
380	서호유람기 (西湖遊覽記)	추산유고 (秋山遺稿)	김운덕3 (金雲悳)	1857 ~1936	1896년 1월 4일~미상	무주에 조문을 갔다가 초청을 받아 충청 지역을 유람한 일을 기록.
381	두류행기 (頭流行記)	두산집 (斗山集)	강병주 (姜炳周)	1839 ~1909	1896년 8월 15일~17일	지리산을 유람한 일을 기록.
382	도원계일기 (到遠溪日記)	창암집 (滄庵集)	조종덕2 (趙鍾悳)	1858 ~1927	1897년 2월 27일~3월 10일	묘갈문을 받는 문제로 연재 송병선이 있는 원계에 다녀온 일을 기록.
383	서유만록 (西遊漫錄)		이흠1 (李欽)	1842 ~1928	1897년 2월~1907년 6월	과거를 치르기 위해 오고가는 과정을 기록. 필사본으로 '호남기록문화유산'에 DB 구축됨.
384	유봉래산일기 (遊蓬萊山日記)	난곡유고 (蘭谷遺稿)	소승규 (蘇昇奎)	1844 ~1908	1897년 4월 16일~5월 1일	변산반도를 유람한 일을 기록. 봉래산은 변산을 가리킴.
385	자문산지화양동기 (自文山至華陽洞記)	창암집 (滄庵集)	조종덕3 (趙鍾悳)	1858 ~1927	1897년 6월	『성담집(性潭集)』을 간행하는 일로 선대의 글을 가지고 성담서사(性潭書社)에 갔다가 화양동에 다녀온 일을 기록.
386	영유록 (嶺遊錄)	경재유고 (敬齋遺稿)	이용호 (李龍鎬)	1861 ~1899	1897년 8월 6일~9월 6일	스승 월파와 함께 영남을 유람한 일을 기록.
387	남유록 (南遊錄)	연계집 (蓮溪集)	박시찬1 (朴時燦)	1842 ~1905	1897년 8월 12일~29일	영덕을 출발하여 부산 동래를 유람한 일을 기록.
388	영악록 (瀛嶽錄)		정윤영 (鄭胤永)	1833 ~1898	1897년 8월 16일~10월 8일	금강산을 유람한 일을 기록. 화성향토박물관에 소장되었으며 『천하제일명산 금강산 유람기-영악록』에 설명 있음.
389	유영호기 (遊嶺湖記)	율산집 (栗山集)	문창규1 (文昌圭)	1869 ~1961	1897년 8월 29일~9월 30일	옥천, 활산 등을 유람한 일을 기록.
390	동계유기 (東溪遊記)	임재집 (臨齋集)	서찬규2 (徐贊奎)	1825 ~1905	1897년 가을	동계에서 노닌 일을 기록.
391	해산지 (海山誌)	지암유고 (志巖遺稿)	정인채 (鄭仁采)	1855 ~1934	1898년 2월~3월	금강산을 유람한 일을 기록.
392	배종일기 (陪從日記)	창암집 (滄庵集)	조종덕4 (趙鍾悳)	1858 ~1927	1898년 3월 1일~4월 3일	스승이 월악산을 유람할 때 함께 다녀온 일을 기록.

순번	일기명	출전	저자	생몰 연도	일기 기간	요약
393	남유일기 (南遊日記)	소산유고 (蘇山遺稿)	안성환 (安成煥)	1858 ~1911	1898년 3월 20일~윤3월 24일	연재 송병선을 뵙기 위해 임피에 다녀온 일을 기록.
394	유월출천관산기 (遊月出天冠山記)	연재집 (淵齋集)	송병선20 (宋秉璿)	1836 ~1905	1898년 윤3월 6일~4월	영암의 월출산, 장흥의 천관산 등을 유람한 일을 기록.
395	남원유람기 (南原遊覽記)	추산유고 (秋山遺稿)	김운덕4 (金雲悳)	1857 ~1936	1898년 봄~1921년 12월 27일	세 차례에 걸쳐 남원에 다녀온 일을 기록.
396	동유록 (東遊錄)	방산전집 (舫山全集)	허훈5 (許薰)	1836 ~1907	1898년 4월 14일~7월 1일	금강산을 유람한 일을 기록.
397	승유일기 (勝遊日記)	복재집 (復齋集)	위계민 (魏啓玟)	1855 ~1923	1898년 4월 15일~미상	연재 송병선이 명산을 유람하다가 낭주에 이르렀다는 것을 듣고 찾아가 배종한 일을 기록.
398	남유록【무술사월】 (南遊錄)【戊戌四月】	정와집 (靖窩集)	박해창1 (朴海昌)	1876 ~1933	1898년 4월 19일~5월 9일	우산 안방준이 마지막에 지냈던 송매정(松梅亭) 등 남쪽 지역을 유람한 일을 기록.
399	유화양록 (遊華陽錄)	창애집 (蒼崖集)	허만박 (許萬璞)	1866 ~1917	1898년 여름	화양동을 유람한 일을 기록.
400	남유기행 (南遊記行)	일석유고 (一石遺稿)	최병하 (崔炳夏)	1839 ~1924	1898년 8월 20일~9월 14일	남해 금산 등을 유람한 일을 기록.
401	동유일기 (東遊日記)	금계집 (錦溪集)	이근원 (李根元)	1840 ~1918	1898년 8월 22일~9월 28일	금강산을 유람한 일을 기록.
402	유북한기 (遊北漢記)	양원유집 (陽園遺集)	신기선 (申箕善)	1851 ~1909	1898년 10월 26일~11월 2일	북한산을 유람한 일을 기록.
403	유옥담기 (遊玉潭記)	청고집 (靑皐集)	이승학 (李承鶴)	1857 ~1928	1898년	옥담을 유람한 일을 기록.
404	기행일록 (畿行日錄)	과암유고 (果庵遺稿)	염재신2 (廉在愼)	1862 ~1935	1898년 ~1899년	문중회의 후에 원계에 가서 송병선을 뵌 후 청주, 수원 등을 경유하여 서울까지 여행한 일을 기록.

순번	일기명	출전	저자	생몰연도	일기 기간	요약
405	원유일기 (遠遊日記)	이당유고 (以堂遺稿)	정경원 (鄭經源)	1853 ~1946	1899년 1월 23일~3월 27일	포천 등에 다녀온 일을 기록.
406	동영기행 (東瀛紀行)		이중하 (李重夏)	1846 ~1917	1899년 3월 13일~26일	강원도에 있는 목조(穆祖) 부부의 묘소를 봉심한 일을 기록. 필사본으로『국립중앙도서관 선본해제13』에 설명 있음.
407	원유일기략 (遠遊日記略)	남곡유고 (南谷遺稿)	염석진 (廉錫珍)	1879 ~1955	1899년 3월 21일~5월 21일	장성에서 송사를, 옥천에서 연재를, 포천에서 면암을 뵙고 서울, 수원 등에 다녀온 일을 기록.
408	유안음산수기 (遊安陰山水記)	연재집 (淵齋集)	송병선21 (宋秉璿)	1836 ~1905	1899년 3월	안음의 여러 명승을 유람한 일을 기록.
409	동유록 (東遊錄)	서비문집 (西扉文集)	최우순3 (崔宇淳)	1832 ~1911	1899년 4월	동래항을 유람한 일을 기록.
410	동유록 (東遊錄)	남주집 (南洲集)	조승기 (趙承基)	1836 ~1913	1899년 4월~6월	주왕산, 옥산서원 등 영남 지역을 유람한 일을 기록.
411	서행일록 (西行日錄)		이흠2 (李欽)	1842 ~1928	1899년 7월 1일~9월 26일	서울에 올라가 상소를 올리고 오는 과정을 기록. 필사본으로 '호남기록문화유산'에 DB 구축됨.
412	관동일록 (關東日錄)	과암유고 (果庵遺稿)	염재신3 (廉在愼)	1862 ~1935	1899년 7월~8월	금강산 등을 유람한 일을 기록.
413	유옥계기 (遊玉溪記)	산촌집 (山村集)	김재헌 (金在憲)	1842 ~1904	1899년 8월 3일	옥계를 유람한 일을 기록.
414	유두류록 (遊頭流錄)	회봉집 (晦峯集)	하겸진 (河謙鎭)	1870 ~1946	1899년 8월 16일~24일	지리산을 유람한 일을 기록.
415	남중일기 (南中日記)		최익현2 (崔益鉉)	1833 ~1906	1900년 4월 3일~6월 1일	충남 정산에서 경주로 유람을 가는 과정을 기록. 필사본으로『조선시대 개인일기』에 설명 있음.
416	회덕유람기 (懷德遊覽記)	추산유고 (秋山遺稿)	김운덕5 (金雲悳)	1857 ~1936	1900년 윤8월 15일~미상	회덕에 상사가 있어서 조문을 갔다가 주변을 유람한 일을 기록.
417	서유록 (西遊錄)	후석유고 (後石遺稿)	오준선1 (吳駿善)	1851 ~1931	1900년 9월 12일~10월	선조들 문집의 행장 등을 받기 위해 충청도에 다녀온 일을 기록.

순번	일기명	출전	저자	생몰 연도	일기 기간	요약
418	백두산기 (白頭山記)	삼봉집 (三峯集)	석지탁1 (釋知濯)	1750 ~1839	미상(4월)	백두산을 유람한 일을 기록.
419	천불산록 (千佛山錄)	삼봉집 (三峯集)	석지탁2 (釋知濯)	1750 ~1839	미상	천불산을 유람한 일을 기록.
420	동해유행기 (東海遊行記)	남려유고 (南廬遺稿)	이정엄2 (李鼎儼)	1755 ~1831	미상(3월 10일~22일)	경주 불국사를 비롯하여 경상도 동해안 지역을 유람한 일을 기록.
421	옥산동행기 (玉山同行記)	남려유고 (南廬遺稿)	이정엄3 (李鼎儼)	1755 ~1831	미상	벗을 따라 옥산에 가는 길에 있었던 일을 기록.
422	유불타산 (遊佛陀山)	신야집 (新野集)	이인행 (李仁行)	1758 ~1833	미상	불타산을 유람한 일을 기록.
423	서행일기 (西行日記)	만회헌유고 (晚悔軒遺稿)	이철 (李澈)	1759 ~1838	미상	호남 지역을 유람한 일을 기록.
424	사군행기 (四郡行記)	석천유고 (石泉遺稿)	신작 (申綽)	1760 ~1828	미상(9월)	외증조부의 영시연에 갔다가 조부와 증조부의 묘를 성묘하고 돌아온 일을 기록.
425	암사구허동유기 (巖寺舊墟同遊記)	농산문집 (農山文集)	이광덕3 (李匡德)	1762 ~1824	미상	암회사 옛 터를 유람한 일을 기록.
426	유청량산록 (遊淸凉山錄)	도와집 (陶窩集)	신정주 (申鼎周)	1764 ~1827	미상(4월 30일~5월 2일)	청량산을 유람한 일을 기록.
427	유금선암기 (遊金仙菴記)	존재집 (存齋集)	박윤묵3 (朴允默)	1771 ~1849	미상(겨울)	금선암에 다녀온 일을 기록.
428	불일암유산기 (佛日庵遊山記)	허재유고 (虛齋遺稿)	정석구 (丁錫龜)	1772 ~1833	미상	친구들과 불일암을 유람한 일을 기록.
429	유일월산기 (遊日月山記)	송서집 (松西集)	강운4 (姜橒)	1772 ~1834	미상	일월산을 유람한 일을 기록.
430	유송가도 보문사기 (遊松家島普門寺記)	문산집 (文山集)	이재의1 (李載毅)	1772 ~1839	미상	송가도, 보문사를 유람한 일을 기록.
431	유마니산 정족사기 (遊摩尼山鼎足寺記)	문산집 (文山集)	이재의2 (李載毅)	1772 ~1839	미상	마니산, 정족사를 유람한 일을 기록.
432	강행소기 (江行小記)	연천집 (淵泉集)	홍석주6 (洪奭周)	1774 ~1842	미상	강에서 배를 타고 노닌 일을 기록.

순번	일기명	출전	저자	생몰 연도	일기 기간	요약
433	준해승유기 (遵海勝遊記)	관암전서 (冠巖全書)	홍경모13 (洪敬謨)	1774 ~1851	미상	벽성 인근 바닷가를 유람한 일을 기록.
434	청량산기 (淸凉山記)	관암전서 (冠巖全書)	홍경모14 (洪敬謨)	1774 ~1851	미상	청량산을 유람한 일을 기록.
435	도산기 (陶山記)	관암전서 (冠巖全書)	홍경모15 (洪敬謨)	1774 ~1851	미상	도산을 유람한 일을 기록.
436	종유일기 (從遊日記)	솔성재유고 (率性齋遺稿)	박정일3 (朴楨一)	1775 ~1834	미상(4월)	자운동 송직장 집에서 관례를 행하면서 스승을 초대하여, 스승을 모시고 다녀온 일을 기록.
437	유월산기 (遊月山記)	평호유고 (萍湖遺稿)	신명현2 (申命顯)	1776 ~1820	미상(8월 18일)	월산을 유람한 일을 기록.
438	유북한기 (遊北漢記)	평호유고 (萍湖遺稿)	신명현3 (申命顯)	1776 ~1820	미상(8월 4일~6일)	북한산을 유람한 일을 기록.
439	유수락산기 (遊水落山記)	매산집 (梅山集)	홍직필3 (洪直弼)	1776 ~1852	미상	수락산을 유람한 일을 기록.
440	쌍칠유관록 (雙七遊觀錄)	죽하유고 (竹下遺稿)	권호명 (權顥明)	1778 ~1849	미상(9월 12일~19일)	지리산 쌍계사, 칠불사 등을 유람한 일을 기록.
441	유명옥암기 (遊鳴玉巖記)	수정재집 (壽靜齋集)	유정문4 (柳鼎文)	1782 ~1839	미상	명옥암에서 노닌 일을 기록.
442	동정록 (東征錄)	서소집 (書巢集)	김종휴 (金宗烋)	1783 ~1866	미상(9월)	바다를 보러 간 일을 기록.
443	유서석산기 (遊瑞石山記)	만희집 (晩羲集)	양진영1 (樑進永)	1788 ~1860	미상	무등산을 유람한 일을 기록.
444	유관두산기 (遊館頭山記)	만희집 (晩羲集)	양진영2 (樑進永)	1788 ~1860	미상	관두산을 유람한 일을 기록.
445	남유일기 (南遊日記)	포상세고 (浦上世稿)	이원호5 (李源祜)	1790 ~1859	미상	경남 지역을 유람한 일을 기록.
446	통영기행 (統營記行)	포상세고 (浦上世稿)	이원호6 (李源祜)	1790 ~1859	미상	통영을 유람한 일을 기록.
447	유한라산기 (遊漢挐山記)	응와집 (凝窩集)	이원조1 (李源祚)	1792 ~1871	미상(1841년~ 1843년 사이)	한라산을 유람한 일을 기록.
448	도해기행 (渡海記行)	응와집 (凝窩集)	이원조2 (李源祚)	1792 ~1871	미상(1841년~ 1843년 추정)	부임하고 체직할 때 배를 타고 바다를 오갔던 일을 기록.
449	유운문산기 (遊雲門山記)	직재집 (直齋集)	김익동4 (金翊東)	1793 ~1860	미상	운문산을 유람한 일을 기록.

순번	일기명	출전	저자	생몰연도	일기 기간	요약
450	유가야산기 (遊伽倻山記)	직재집 (直齋集)	김익동5 (金翊東)	1793 ~1860	미상	가야산을 유람한 일을 기록.
451	유부석사기 (遊浮石寺記)	진암집 (進菴集)	정교 (鄭㠊)	1799 ~1879	미상	부석사를 유람한 일을 기록.
452	동유록 (東遊錄)	회정집 (晦亭集)	민재남2 (閔在南)	1802 ~1873	미상(9월)	마산, 창원, 부산 등을 유람한 일을 기록.
453	유속리산기 (遊俗離山記)	송암유고 (松菴遺稿)	신재철 (愼在哲)	1803 ~1872	미상(3월)	속리산을 유람한 일을 기록.
454	유관산기 (遊冠山記)	남파집 (南坡集)	이희석2 (李僖錫)	1804 ~1889	미상	관산을 유람한 일을 기록.
455	유사산기 (遊獅山記)	남파집 (南坡集)	이희석3 (李僖錫)	1804 ~1889	미상	사자산을 유람한 일을 기록.
456	계문연수기 (薊門烟樹記)	침우당집 (枕雨堂集)	정지완 (鄭之琬)	1806 ~?	미상	사신으로서 요동을 지나다 안개를 본 일을 기록.
457	심관일록 (審觀日錄)	우졸재집 (愚拙齋集)	김경규 (金慶奎)	1807 ~1876	미상(5월 11일~21일)	서울에서 출발하여 파주, 개성 등을 유람한 일을 기록.
458	유쌍회정기 (遊雙檜亭記)	사애집 (沙厓集)	민주현 (閔胄顯)	1808 ~1882	미상	쌍회정을 유람한 일을 기록.
459	기주왕행 (記周王行)	역암집 (櫟庵集)	유치유2 (柳致游)	1811 ~1871	미상(5월)	주왕산을 유람한 일을 기록.
460	호동서락기 (湖東西洛記)		김금원 (金錦園)	1817 ~?	미상	금강산 및 관동팔경, 관서 지역, 한양 등을 유람한 일을 기록. 단독으로 간행되었으며 '문화콘텐츠닷컴'에 설명 있음.
461	과화양원기 (過華陽院記)	연천유고 (蓮泉遺稿)	최일휴3 (崔日休)	1818 ~1879	미상	화양원에 다녀온 일을 기록.
462	유두륜산기 (遊頭崙山記)	연천유고 (蓮泉遺稿)	최일휴4 (崔日休)	1818 ~1879	미상	두륜산을 유람한 일을 기록.
463	시득비류대기 (始得飛流臺記)	희재문집 (希齋文集)	김휘준3 (金輝濬)	1820 ~1898	미상(8월 ~9월)	비류대를 유람한 일을 기록.
464	유두류록 (遊頭流錄)	금계집 (錦溪集)	배찬 (裵瓚)	1825 ~1898	미상(9월 4일~8일)	지리산을 유람한 일을 기록.

순번	일기명	출전	저자	생몰 연도	일기 기간	요약
465	서행노정기 (西行路程記)	쇄록 (瑣錄)	김석규2 (金碩奎)	1826 ~1883	미상	양주에 성묘하러 다녀온 일을 기록. 필사본으로 '국학진흥원 일기류DB'에 DB 구축됨.
466	유단서굴기 (遊丹書窟記)	항은일고 (巷隱逸稿)	이응협 (李膺協)	1826 ~1894	미상(7월 22일)	단서굴을 유람한 일을 기록.
467	유가야산록 (遊伽倻山錄)	진천집 (進川集)	이호윤 (李顥潤)	1827 ~1886	미상(9월 2일~13일)	가야산을 유람한 일을 기록.
468	유금란굴기 (遊金幱窟記)	단계집 (端磎集)	김인섭7 (金麟燮)	1827 ~1903	미상(4월 29일, 1868년으로 추정)	금란굴을 유람한 일을 기록.
469	서유기 (西遊記)	노하집 (蘆河集)	박모2 (朴模)	1828 ~1900	미상	충무공 유적지를 다녀온 일을 기록.
470	유천관산기 (遊天冠山記)	노하집 (蘆河集)	박모3 (朴模)	1828 ~1900	미상	천관산을 유람한 일을 기록.
471	유변산기 (遊邊山記)	노하집 (蘆河集)	박모4 (朴模)	1828 ~1900	미상	변산을 유람한 일을 기록.
472	동령관폭기 (東泠觀瀑記)	미산집 (眉山集)	한장석5 (韓章錫)	1832 ~1894	미상(6월)	북한산 아래 동령폭포를 구경한 일을 기록.
473	유삼십육동기 (遊三十六洞記)	미산집 (眉山集)	한장석6 (韓章錫)	1832 ~1894	미상(8월)	삼십육동을 유람한 일을 기록.
474	해인사유기 (海印寺遊記)	심재집 (心齋集)	조성렴2 (趙性濂)	1836 ~1886	미상	해인사를 방문했을 때 스님과 문답한 일을 기록.
475	유용암산기 (遊龍巖山記)	백하집 (白下集)	송은성 (宋殷成)	1836 ~1898	미상	용암산을 유람한 일을 기록.
476	유주왕산록 (遊周王山錄)	연계집 (蓮溪集)	박시찬2 (朴時燦)	1842 ~1905	미상	주왕산을 유람한 일을 기록.
477	유청량산록 (遊淸涼山錄)	극암집 (克菴集)	유흠목 (柳欽睦)	1843 ~1910	미상(4월 3일~20일)	청량산을 유람한 일을 기록.
478	유백운대 (遊白雲坮)	송곡유고 (松谷遺稿)	박주현 (朴周鉉)	1844 ~1910	미상	백운대를 유람한 일을 기록.
479	유심진동기 (遊尋眞洞記)	명미당집 (明美堂集)	이건창 (李建昌)	1852 ~1898	미상	안음현의 심진동을 유람한 일을 기록.
480	유위봉산성기 (遊威鳳山城記)	괴정집 (槐亭集)	이창신 (李昌新)	1852 ~1919	미상	위봉산성을 유람한 일을 기록.

순번	일기명	출전	저자	생몰 연도	일기 기간	요약
481	유웅연소기 (遊熊淵小記)	수당유집 (修堂遺集)	이남규1 (李南珪)	1855 ~1907	미상(겨울)	웅연을 유람한 일을 기록.
482	유천방사구지기 (遊千房寺舊址記)	수당유집 (修堂遺集)	이남규2 (李南珪)	1855 ~1907	미상(3월)	천방사 옛 터를 유람한 일을 기록.
483	주왕유록 (周王遊錄)	수서집 (水西集)	유연근 (柳淵根)	1857 ~1933	미상(1886년 경), 1916년	두 차례의 주왕산 유람을 기록.
484	남행일기 (南行日記)		최영조 (崔永祚)	1859 ~?	미상(1876년~ 1878년 사이)	흑산도에 유배 중인 아버지 최익현을 뵈러 간 일을 기록. 필사본으로 충남 청양군 모덕사에 소장됨. 「유물로 본 충남 역사문화 '아버지의 그림자', 운재 최영조의 남행일기(南行日記)」에 설명 있음.
485	풍영유산기 (風詠遊山記)	청련재유집 (靑蓮齋遺集)	권진규 (權晉奎)	1860 ~1910	미상	시를 읊조리며 산을 유람한 일을 기록.
486	유오대기 (遊烏臺記)	의재집 (毅齋集)	예대주 (芮大周)	1865 ~?	미상	오대를 유람한 일을 기록.
487	서석산기 (瑞石山記)	월은유고 (月隱遺稿)	박병윤 (朴炳允)	1867 ~1927	미상	가을에 무등산을 유람한 일을 기록.
488	유수락산기 (遊水洛山記)	미산전집 (嵋山全集)	김진항 (金鎭恒)	19세기	미상	수락산을 유람한 일을 기록.
489	황지기사 (潢池記事)	신종추원록 (愼終追遠錄)	이병연 (李昺淵)	19세기	미상 (1880년경)	황지연못과 태백산에 다녀온 일을 기록.
490	태백산부석사동유기 (太白山浮石寺同遊記)	회계집 (晦溪集)	조병만1 (曺秉萬)	19세기	미상	태백산 부석사를 유람한 일을 기록.
491	해망산연유기 (海望山宴遊記)	회계집 (晦溪集)	조병만2 (曺秉萬)	19세기	미상	해망산을 유람한 일을 기록.

6. 20세기초 한문 기행일기

순번	일기명	출전	저자	생몰 연도	일기 기간	요약
1	서유로정기 (西遊路程記)	석곡산고 (石谷散稿)	이규준1 (李圭晙)	1855 ~1923	1901년 3월 14일~5월 11일	간재 선생을 뵙고 서울 등에 다녀온 일을 기록.
2	남유록 (南遊錄)	정와집 (靖窩集)	박해창2 (朴海昌)	1876 ~1933	1901년 4월 2일~19일	사종형 등과 남해에 다녀온 일을 기록.
3	화악일기 (花岳日記)	석전유고 (石田遺稿)	문진호 (文晉鎬)	1860 ~1901	1901년 4월 6일~20일	지리산 화개동 악양정을 중건하고 낙성식할 때 다녀온 일을 기록.
4	주왕유산록 (周王遊山錄)	우암집 (友巖集)	권준희 (權準羲)	1849 ~1936	1901년 4월	주왕산을 유람한 일을 기록.
5	유어등산기 (遊魚登山記)	금와유고 (錦窩遺稿)	나도의 (羅燾毅)	1872 ~1947	1901년 여름	어등산을 유람한 일을 짧게 기록.
6	유집현산기 (遊集賢山記)	단계집 (端磎集)	김인섭8 (金麟燮)	1827 ~1903	1901년 7월 16일	집현산을 유람한 일을 기록.
7	서행록 (西行錄)	후석유고 (後石遺稿)	오준선2 (吳駿善)	1851 ~1931	1901년 10월 10일~11월 4일	최익현, 송근수, 송병선을 찾아가 문중 일을 처리하고 학술적 문답을 나눈 일을 기록.
8	정남일기 (征南日記)	지헌유고 (止軒遺稿)	강희진1 (康凞鎭)	1878 ~1942	1902년 1월 2일~2월 23일	숙부의 명으로 『노사집』 간행 문제로 선생을 모시고 영남 지역에 다녀온 일을 기록.
9	유방장록 (遊方丈錄)	심석재집 (心石齋集)	송병순2 (宋秉珣)	1839 ~1912	1902년 2월 3일~3월 12일	지리산을 유람한 일을 기록.
10	지리산유상록 (智異山遊賞錄)	우천집 (愚川集)	김회석 (金會錫)	1856 ~1933	1902년 2월 16일~3월 27일	지리산을 유람한 일을 기록.
11	유화양제명승기 (遊華陽諸名勝記)	연재집 (淵齋集)	송병선22 (宋秉璿)	1836 ~1905	1902년 3월	화양동의 여러 명승을 유람한 일을 기록.
12	등오도산기 (登吾道山記)	사성재집 (思誠齋集)	윤우학 (尹禹學)	1852 ~1930	1902년 봄	오도산을 유람한 일을 기록.
13	재정교남일기 (再征嶠南日記)	지헌유고 (止軒遺稿)	강희진2 (康凞鎭)	1878 ~1942	1902년 4월 6일~5월 8일	숙부를 모시고 다시 영남 지역에 간 일을 기록.
14	금강일기 (金剛日記)	석곡산고 (石谷散稿)	이규준2 (李圭晙)	1855 ~1923	1902년 4월 7일~5월 23일	금강산을 유람한 일을 기록.

순번	일기명	출전	저자	생몰연도	일기 기간	요약
15	남유일기 (南遊日記)		곽한소 (郭漢紹)	1882 ~1927	1902년 4월 19일~8월 10일	스승 최익현이 경남 하동에 준공된 문창선생영당(文昌先生影堂)에 배알하러 가는데 모시고 간 일을 기록. 필사본으로 『조선시대 개인일기』에 설명 있음.
16	옥천록 (沃川錄)	동해집 (東海集)	김훈7 (金勳)	1836 ~1910	1902년 4월~5월	연재 선생과 심석재 선생을 뵙기 위해 옥천에 다녀온 일을 기록.
17	유두류록 (遊頭流錄)	회산집 (晦山集)	이택환 (李宅煥)	1854 ~1924	1902년 5월 14일~27일	지리산을 유람한 일을 기록.
18	옥병유록 (玉屛遊錄)	모산문집 (某山文集)	백순우 (白淳愚)	1863 ~1942	1902년 5월 24일~6월 6일	옥계를 유람한 일을 기록.
19	유주왕산록 (遊周王山錄)	학산집 (鶴山集)	유응목2 (柳膺睦)	1841 ~1921	1902년 8월 29일~9월 1일	주왕산을 유람한 일을 기록.
20	정산왕환일기 (定山往還日記)	산곡유고 (山谷遺稿)	최기모 (崔基模)	1869 ~1925	1903년 5월 23일~윤5월 14일	경주 최씨 대동보 편수의 일로 보소(譜所)가 설치된 충청도 정산에 다녀온 일을 기록.
21	유도성암기 (遊道成庵記)	석정집 (石亭集)	이정직 (李定稷)	1841 ~1910	1903년 6월	도성암을 유람한 일을 기록.
22	두류록 (頭流錄)	서강유고 (西崗遺稿)	안익제 (安益濟)	1850 ~1909	1903년 8월 27일~9월	지리산을 유람한 일을 기록.
23	영주유람기 (瀛州遊覽記)	추산유고 (秋山遺稿)	김운덕6 (金雲悳)	1857 ~1936	1903년 11월 20일~1904년 8월	제주도를 유람한 일을 기록.
24	남유록 (南遊錄)	학남재유고 (學南齋遺稿)	장기홍 (張基洪)	1883 ~1956	1904년 8월 18일~21일	담양, 광주 등을 유람한 일을 기록.
25	유옥류천기 (遊玉流泉記)	옥산집 (玉山集)	이광수 (李光秀)	1873 ~1953	1904년 9월 10일	옥류천을 유람한 일을 기록.
26	방구록 (訪舊錄)	동해집 (東海集)	김훈8 (金勳)	1836 ~1910	1904년	자신이 예전에 공부했던 곳을 다니며 스승의 후손들을 만나고 과거를 회상했던 일을 기록.
27	유쌍계사기 (遊雙溪寺記)	희암유고 (希庵遺稿)	양재경 (梁在慶)	1859 ~1918	1905년 4월	지리산 쌍계사를 유람한 일을 기록.

순번	일기명	출전	저자	생몰연도	일기 기간	요약
28	남유록 (南遊錄)	동은유고 (東隱遺稿)	안병두1 (安炳斗)	1881 ~1927	1905년 9월 3일~12월 2일	울진을 떠나 부산 동래 등을 유람한 일을 기록.
29	호행일기 (湖行日記)	율산집 (栗山集)	문창규2 (文昌圭)	1869 ~1961	1905년 12월 18일~1906년 1월 초순	추월산 등을 유람한 일과 나라가 망해가는 것에 대한 한탄을 기록.
30	두류산기행록 (頭流山紀行錄)	경암집 (敬菴集)	김교준 (金敎俊)	1883 ~1944	1906년 3월 30일~4월 3일	지리산을 유람한 일을 기행.
31	영가기행 (永嘉紀行)	초려집 (草廬集)	김상수 (金相壽)	1875 ~1955	1906년 4월 22일~5월 5일	귀산의 김도화에게 기문을 청하기 위한 여정을 기록. 그 과정에서 도산서원도 유람함.
32	원유일록 (遠遊日錄)	경회집 (景晦集)	김영근 (金永根)	1865 ~1934	1906년 5월 19일~8월 21일	첫 경유지인 영암을 시작으로 장성, 광주 등을 지나 간도로 향하던 일을 기록.
33	북유록 (北遊錄)	동은유고 (東隱遺稿)	안병두2 (安炳斗)	1881 ~1927	1906년 8월~미상	관동 지역을 유람한 일을 기록.
34	제승당동유기 (制勝堂同遊記)	노백헌집 (老栢軒集)	정재규3 (鄭載圭)	1843 ~1911	1906년	제승당에 모여 노닌 일을 기록.
35	환국일기 (還國日記)	둔헌유고 (遯軒遺稿)	임병찬 (林炳瓚)	1851 ~1916	1907년 1월 18일~2월 2일	대마도 유배가 끝난 후 부산을 통해 고향으로 돌아오는 과정을 기록.
36	사문배종일기 (師門陪從日記)	서헌유고 (瑞軒遺稿)	안규용 (安圭容)	1860 ~1910	1907년 3월 10일~5월 6일	한천정사에 모여 석채례를 행하는 중 순사가 와서 선생을 잡아가자 안규용이 이를 따라가 배종한 일을 기록.
37	유상당산성남악사기 (遊上黨山城南岳寺記)	호산집 (壺山集)	박문호8 (朴文鎬)	1846 ~1918	1907년 4월 20일	상당산성 남악사를 유람한 일을 기록.
38	중사유람기 (中沙遊覽記)	추산유고 (秋山遺稿)	김운덕7 (金雲悳)	1857 ~1936	1908년 1월~1915년 2월 4일	송사 기선생을 찾아 뵙고 의병에 대한 이야기를 나눈 것 등 여러 차례 다녀온 일을 기록.
39	유보평산기 (遊寶平山記)	춘재유고 (春齋遺稿)	박기우 (朴淇禹)	1881 ~1959	1908년 여름	보평산을 유람한 일을 기록.

순번	일기명	출전	저자	생몰 연도	일기 기간	요약
40	호남연오록 (湖南聯鏕錄)		임병우	19 ~20세기	1908년 8월 27일~9월 12일	호남 지역을 여행한 일을 기록. 필사본으로 '국학진흥원 일기류DB'에 DB 구축됨.
41	유두류록 (遊頭流錄)	수당유고 (修堂遺稿)	정종엽 (鄭鍾燁)	1885 ~1940	1909년 1월 28일~2월 6일	지리산을 유람한 일을 기록.
42	화양동기행 (華陽洞記行)	심석재집 (心石齋集)	송병순3 (宋秉珣)	1839 ~1912	1909년 3월 9일~18일	화양의 만동묘가 다시 열렸으나 제사를 지내지 않는다는 것을 듣고 화양동에 다녀온 일을 기록.
43	유장수방기 (遊長壽坊記)	묵재집 (默齋集)	황복성 (黃復性)	1880 ~1985	1909년 봄	장수방을 유람한 일을 기록.
44	서석유람기 (瑞石遊覽記)	추산유고 (秋山遺稿)	김운덕8 (金雲悳)	1857 ~1936	1909년 4월	무등산을 유람한 일을 기록.
45	입가야산기 (入伽倻山記)	석곡산고 (石谷散稿)	이규준3 (李圭晙)	1855 ~1923	1909년 5월	가야산을 유람한 일과 사람들과의 대화를 기록.
46	선암심폭포기 (僊庵尋瀑布記)	성헌집 (惺軒集)	임한주 (林翰周)	1871 ~1954	1909년 여름	선암에서 폭포를 구경한 일을 기록.
47	남유일기 (南遊日記)	창암집 (滄庵集)	조종덕5 (趙鍾悳)	1858 ~1927	1910년 1월 9일~17일	황묘를 다시 설향하는 일로 능주를 다녀오면서 근처를 유람한 일을 기록.
48	자활산지화양동기 (自活山至華陽洞記)	창암집 (滄庵集)	조종덕6 (趙鍾悳)	1858 ~1927	1910년 2월~3월	제사를 돕기 위해 화양동에 다녀온 일을 기록.
49	자화양입선유동기 (自華陽入仙遊洞記)	창암집 (滄庵集)	조종덕7 (趙鍾悳)	1858 ~1927	1910년 3월 5일~6일	화양동에서 제사를 지낸 후 선유동으로 가 유람한 이틀간의 일을 기록.
50	유두류록 (遊頭流錄)	금석집 (錦石集)	배성호 (裵聖鎬)	1851 ~1929	1910년 3월 14일~20일	지리산을 유람한 일을 기록.
51	화양행일기 (華陽行日記)	오헌유고 (梧軒遺稿)	위계룡 (魏啓龍)	1870 ~1948	1910년 8월 19일~9월 23일	화양동의 만동묘에 다녀온 일을 기록.
52	임피유람기 (臨陂遊覽記)	추산유고 (秋山遺稿)	김운덕9 (金雲悳)	1857 ~1936	미상(8월 1일. 1900년~1903년 사이)	연재 선생의 명으로 임피에 다녀온 일을 기록.

제3장

조선시대
한문 기행일기의
저자

제2장에서는 기행일기의 시기별 현황을 밝혔다. 그리고 '일기명, 출전, 저자, 생몰연도, 일기 기간, 요약'을 정리한 목록을 제시하여, 세기별로 어떠한 기행일기가 있는지 간략하게 파악할 수 있게 하였다. 그런데 이는 일기 기간 순으로 정리한 것이기 때문에 어떤 저자가 어떤 기행일기를 남겼는지 바로 파악하기가 어렵다.

본 장의 1절에서는 저자별 현황을 한눈에 파악할 수 있게, 저자명 가나다 순으로 정리한 기행일기 목록을 제시할 것이다. 제2장에서 제공한 목록과 내용이 중복되기 때문에 '출전'과 '요약'은 생략하고, 기본 정보인 '저자, 생몰연도, 일기명, 일기 기간, 해당 세기'만을 목록에 포함시킬 것이다.

기행일기의 저자 중에는 후대 기행일기 저술에 큰 영향을 미친 사람이 있다. 1472년의 지리산 유람을 기록한 <유두류록(遊頭流錄)>을 남긴 김종직(金宗直, 1431~1492), 1485년의 금강산 유람을 기록한 <유금강산기(遊金剛山記)>를 남긴 남효온(南孝溫, 1454~1492), 1489년의 지리산 유람을 기록한 <두류기행록(頭流紀行錄)>을 남긴 김일손(金馹孫, 1464~1498), 1544년의 청량산 유람을 기록한 <유청량산록(遊淸凉山錄)>을 남긴 주세붕(周世鵬, 1495~1554), 1574년의 무등산 유람을 기록한 <유서석록(遊瑞石錄)>을 남긴 고경명(高敬命, 1533~1592) 등이 그러하다.

또 여러 편의 기행일기를 남겨 조선시대 여행을 풍부하게 볼 수 있게 한 사람도 있다. 특히 산수 유람이 성행하면서, 한 명의 저자가 여러 곳에 대한 유람 여행을 각각 일기로 남긴 경우가 있다. 이러한 풍성한 기행일기는 조선시대 명승지와 여행문화를 파악할 수 있게 하는 의미 있는 자료가 된다.

본 장의 2절에서는 5편 이상의 기행일기를 남긴 저자를 별도로 정리하여, 많은 기행일기를 남긴 주요 저자를 한눈에 파악할 수 있게 할 것이다. 현재까지 확인된 5편 이상의 기행일기를 남긴 저자는 모두 47명으로, 이를 간략히 표로 정리하면 다음과 같다.

5편 이상의 조선시대 한문 기행일기를 남긴 저자

일기 편수	저자 수	저자명
5	14	강세황(姜世晃), 권상신(權常愼), 김수민(金壽民), 김익동(金翊東), 남경희(南景羲), 남효온(南孝溫), 박종(朴琮), 송광연(宋光淵), 어유봉(魚有鳳), 오두인(吳斗寅), 이계서(李溪墅), 이산해(李山海), 하수일(河受一), 허훈(許薰)
6	11	권뢰(權珠), 김신겸(金信謙), 송심명(宋心明), 안석경(安錫儆), 유휘문(柳徽文), 이원호(李源祜), 이익(李瀷), 조구명(趙龜命), 조임도(趙任道), 한장석(韓章錫), 홍석주(洪奭周)
7	7	김창협(金昌協), 박장원(朴長遠), 송정악(宋廷岳), 오원(吳瑗), 이만운(李萬運), 정식(鄭栻), 조종덕(趙鍾悳)
8	6	김인섭(金麟燮), 김훈(金勳), 박문호(朴文鎬), 신석우(申錫愚), 이의숙(李義肅), 채제공(蔡濟恭)
9	1	김운덕(金雲悳)
10	1	이정구(李廷龜)
12	2	김수증(金壽增), 김창흡(金昌翕)
15	1	홍경모(洪敬謨)
17	2	정약용(丁若鏞), 허목(許穆)
22	1	송병선(宋秉璿)
29	1	이상수(李象秀)

이상수의 경우 가장 많은 29편의 기행일기를 남겼으나, 이중 24편은 1856년의 금강산 여행을 기록한 것이다. 여정에 따라 각각 별도의 제목으로 문집에 수록되어 있기 때문에 본 저서에서는 개별 작품으로 정리하였다.

2절에서는 위의 기행일기 수량 순서로 목록을 제시하였으며, 더 많은 정보는 세기별 목록에서 볼 수 있기 때문에, '저자, 생몰연도, 일기명'만을 담았다.
같은 편수일 경우 저자명 가나다순으로 정리하였다.

1. 조선시대 한문 기행일기의 저자별 현황

순번	저자	생몰연도	일기명	일기 기간	해당 세기
1	강명규 (姜命奎)	1801 ~1867	유운흥사기 (遊雲興寺記)	1841년 10월	19
2	강백년 (姜栢年)	1603 ~1681	여강기행 (驪江記行)	1648년 5월 4일	17
3	강병주 (姜柄周)	1839 ~1909	두류행기 (頭流行記)	1896년 8월 15일~17일	19
4	강세황1 (姜世晃)	1713 ~1791	유격포기 (遊格浦記)	1770년 5월	18
5	강세황2 (姜世晃)	1713 ~1791	호가유금원기 (扈駕遊禁苑記)	1781년 9월 3일	18
6	강세황3 (姜世晃)	1713 ~1791	중구일등의관령소기 (重九日登義館嶺小記)	1788년 9월 9일	18
7	강세황4 (姜世晃)	1713 ~1791	유금강산기 (遊金剛山記)	1788년 9월 13일~17일	18
8	강세황5 (姜世晃)	1713 ~1791	유우금암기 (遊禹金巖記)	미상(1770년경)	18
9	강시환 (姜始煥)	? ~1813	동유기 (東遊記)	1811년 3월 29일~4월	19
10	강운1 (姜橒)	1772 ~1834	유단산기 (遊丹山記)	1820년 10월	19
11	강운2 (姜橒)	1772 ~1834	유소백기 (遊小白記)	1828년 4월	19
12	강운3 (姜橒)	1772 ~1834	팔봉산기 (八峯山記)	1830년 가을	19
13	강운4 (姜橒)	1772 ~1834	유일월산기 (遊日月山記)	미상	19

순번	저자	생몰연도	일기명	일기 기간	해당 세기
14	강이천 (姜彝天)	1769 ~1801	유태화산기 (遊太華山記)	1793년 9월	18
15	강재항1 (姜再恒)	1689 ~1756	태백산기 (太白山記)	1710년 9월	18
16	강재항2 (姜再恒)	1689 ~1756	청량산기 (淸凉山記)	1712년 9월 15일~17일	18
17	강재항3 (姜再恒)	1689 ~1756	오대산기 (五臺山記)	1727년 9월	18
18	강재항4 (姜再恒)	1689 ~1756	속리산기 (俗離山記)	1744년 4월	18
19	강정환1 (姜鼎煥)	1741 ~1816	유화양동기 (遊華陽洞記)	1765년 3월	18
20	강정환2 (姜鼎煥)	1741 ~1816	유속리산기 (遊俗離山記)	1766년 3월	18
21	강주호1 (姜周祜)	1754 ~1821	유태백산록 (遊太白山錄)	1804년 4월	19
22	강주호2 (姜周祜)	1754 ~1821	유속리산록 (遊俗離山錄)	1808년 8월	19
23	강주호3 (姜周祜)	1754 ~1821	남유록 (南遊錄)	1810년 2월~3월	19
24	강주호4 (姜周祜)	1754 ~1821	유금강산록 (遊金剛山錄)	1811년 3월 29일~4월	19
25	강지형 (姜芝馨)	1844 ~1909	광로산기 (匡盧山記)	1876년	19
26	강진규 (姜晉奎)	1817 ~1891	유금산기 (遊金山記)	1851년	19
27	강필효 (姜必孝)	1764 ~1848	사유록 (四遊錄)	1785년 11월~1818년	18
28	강헌규 (姜獻奎)	1797 ~1860	유금강산록 (遊金剛山錄)	1847년 8월	19
29	강희진1 (康熙鎭)	1878 ~1942	정남일기 (征南日記)	1902년 1월 2일~2월 23일	20
30	강희진2 (康熙鎭)	1878 ~1942	재정교남일기 (再征嶠南日記)	1902년 4월 6일~5월 8일	20
31	고경명 (高敬命)	1533 ~1592	유서석록 (遊瑞石錄)	1574년 4월 20일~24일	16

순번	저자	생몰연도	일기명	일기 기간	해당 세기
32	고재붕 (高在鵬)	1869 ~1936	유서석기 (遊瑞石記)	1895년 4월	19
33	곽한소 (郭漢紹)	1882 ~1927	남유일기 (南遊日記)	1902년 4월 19일~8월 10일	20
34	권경1 (權璥)	1604 ~1666	유내연록 (遊內延錄)	1647년 3월	17
35	권경2 (權璥)	1604 ~1666	유청량산록 (遊淸凉山錄)	1660년 4월	17
36	권구 (權榘)	1672 ~1749	유빙성기 (遊氷城記)	1726년	18
37	권길 (權佶)	1712 ~1774	중적벽선유기 (中赤壁船遊記)	1742년 9월 16일	18
38	권두경1 (權斗經)	1654 ~1725	운암관월기 (雲巖觀月記)	1685년 10월 13일	17
39	권두경2 (權斗經)	1654 ~1725	동주람승기 (同舟覽勝記)	1693년 여름	17
40	권두경3 (權斗經)	1654 ~1725	재유조계기 (再游槽溪記)	미상(4월)	17
41	권두경4 (權斗經)	1654 ~1725	유월란암기 (游月瀾菴記)	1717년 12월	18
42	권두인1 (權斗寅)	1643 ~1719	북벽기유 (北壁紀遊)	1695년 3월	17
43	권두인2 (權斗寅)	1643 ~1719	강행기사 (江行記事)	미상(1692년~1695년 사이 7월)	17
44	권렴 (權濂)	1701 ~1781	옥계유록 (玉溪遊錄)	1769년 9월 17일~25일	18
45	권뢰1 (權珠)	1800 ~1873	경행일록 (京行日錄)	1829년 9월 3일~1830년 1월 6일	19
46	권뢰2 (權珠)	1800 ~1873	청장갈문일기 (請狀碣文日記)	1832년 2월 29일~4월 3일	19
47	권뢰3 (權珠)	1800 ~1873	정유오월경행일록 (丁酉五月京行日錄)	1837년 5월 16일~1848년 2월	19
48	권뢰4 (權珠)	1800 ~1873	유금산록 (遊錦山錄)	1842년 3월~4월	19
49	권뢰5 (權珠)	1800 ~1873	동정일기 (東征日記)	1846년 7월 9일~8월 7일	19

순번	저자	생몰연도	일기명	일기 기간	해당 세기
50	권뢰6 (權𡑠)	1800 ~1873	유덕유산록 (遊德裕山錄)	1852년 3월 14일~4월 3일	19
51	권방1 (權訪)	1740 ~1808	하동산수가유자기 (河東山水可遊者記)	1767년 겨울	18
52	권방2 (權訪)	1740 ~1808	유서경기 (遊西京記)	1787년 2월	18
53	권병 (權炳)	1723 ~1772	서유록 (西游錄)	1749년 10월 11일~14일	18
54	권복인 (權復仁)	19세기	화곡산유기 (禾谷山遊記)	1802년 3월	19
55	권상신1 (權常愼)	1759 ~1825	자청절사지석림사기 (自淸節祠至石林寺記)	1781년	18
56	권상신2 (權常愼)	1759 ~1825	재도원장유수락산기 (在道院將遊水落山記)	1781년	18
57	권상신3 (權常愼)	1759 ~1825	섭노원천기 (涉蘆原川記)	1781년	18
58	권상신4 (權常愼)	1759 ~1825	자노천지청절사기 (自蘆川至淸節祠記)	1781년	18
59	권상신5 (權常愼)	1759 ~1825	정릉유록 (貞陵遊錄)	미상(3월 1일)	18
60	권성구 (權聖矩)	1642 ~1708	유청량산록 (遊淸凉山錄)	1706년 3월 25일~4월 8일	18
61	권성구 (權星耈)	1771 ~1814	주방록 (周房錄)	1799년 8월 26일~미상	18
62	권엽 (權曄)	1574 ~1640	구사금강록 (龜沙金剛錄)	1607년 7월 30일~9월 12일	17
63	권우 (權宇)	1552 ~1590	유청량산록 (遊淸凉山錄)	1575년 10월 22일~11월 30일	16
64	권이진 (權以鎭)	1668 ~1734	유청량산기 (遊淸凉山記)	1719년 8월 19일~20일	18
65	권재규 (權在奎)	1835 ~1893	유적벽기 (遊赤壁記)	1869년 8월 16일	19
66	권정1 (權挺)	1618 ~1683	관동유산기 (關東遊山記)	1657년 2월 27일~9월 3일	17
67	권정2 (權挺)	1618 ~1683	재방관동유산기 (再訪關東遊山記)	1658년 3월 15일~8월 9일	17

순번	저자	생몰연도	일기명	일기 기간	해당 세기
68	권정침1 (權正忱)	1710 ~1767	소백유록 (小白遊錄)	1740년 4월 19일~5월 13일	18
69	권정침2 (權正忱)	1710 ~1767	청량유록 (淸凉遊錄)	1746년 9월 11일~13일	18
70	권준희 (權準羲)	1849 ~1936	주왕유산록 (周王遊山錄)	1901년 4월	20
71	권진규 (權晉奎)	1860 ~1910	풍영유산기 (風詠遊山記)	미상	19
72	권헌1 (權攇)	1713 ~1770	유송풍정기 (遊松風亭記)	1734년 3월 16일	18
73	권헌2 (權攇)	1713 ~1770	유천방사지기 (遊千房寺址記)	1742년 봄	18
74	권헌3 (權攇)	1713 ~1770	자석고유즐자암기 (自石皐遊櫛子岩記)	미상(9월 9일)	18
75	권호명 (權顥明)	1778 ~1849	쌍칠유관록 (雙七遊觀錄)	미상(9월 12일~19일)	19
76	권호문 (權好文)	1532 ~1587	유청량산록 (遊淸凉山錄)	1570년 11월 1일~12월 5일	16
77	기재1 (奇宰)	1854 ~1921	남유록 (南遊錄)	1888년 봄	19
78	기재2 (奇宰)	1854 ~1921	동유록 (東遊錄)	1891년 3월 11일~4월 8일	19
79	김건수 (金建銖)	1790 ~1854	동유일록 (東遊日錄)	1826년 2월 8일~4월 15일	19
80	김건휘 (金健輝)	1831 ~1903	동유록 (東遊錄)	1882년 3월	19
81	김경규 (金慶奎)	1807 ~1876	심관일록 (審觀日錄)	미상(5월 11일~21일)	19
82	김교준 (金敎俊)	1883 ~1944	두류산기행록 (頭流山紀行錄)	1906년 3월 30일~4월 3일	20
83	김구 (金構)	1649 ~1704	동행일기 (東行日記)	1670년 9월	17
84	김구주1 (金龜柱)	1740 ~1786	유북한기 (遊北漢記)	1760년 봄	18
85	김구주2 (金龜柱)	1740 ~1786	동유기 (東遊記)	1767년 8월 9일~9월	18

순번	저자	생몰연도	일기명	일기 기간	해당 세기
86	김근 (金近)	1579 ~1656	유주왕산일기 (遊周王山日記)	1629년 4월 16일~18일	17
87	김금원 (金錦園)	1817 ~?	호동서락기 (湖東西洛記)	미상	19
88	김기수1 (金基洙)	1818 ~1873	덕천유록 (德川遊錄)	1868년 1월	19
89	김기수2 (金基洙)	1818 ~1873	남유록 (南遊錄)	1871년 9월 16일~10월 14일	19
90	김노겸 (金魯謙)	1781 ~1853	유도봉기 (遊道峯記)	1796년 10월, 1797년 2월~3월	18
91	김노선 (金魯善)	1811 ~1886	동해유관록 (東海遊觀錄)	1852년 4월 10일~17일	19
92	김녹휴 (金祿休)	1827 ~1899	동유록 (東遊錄)	1858년 2월 19일~4월 6일	19
93	김대진1 (金岱鎭)	1800 ~1871	남귀록 (南歸錄)	1846년 2월~9월	19
94	김대진2 (金岱鎭)	1800 ~1871	경옥유록 (鏡玉遊錄)	1849년 8월 23일~9월 2일	19
95	김도명 (金道明)	1803 ~1873	유청량산록 (遊淸凉山錄)	1825년 3월 24일~26일	19
96	김도수1 (金道洙)	1699 ~1733	풍악별기 (楓岳別記)	1723년	18
97	김도수2 (金道洙)	1699 ~1733	남유기 (南遊記)	1727년 9월 12일~10월 5일	18
98	김도혁 (金道赫)	1794 ~1839	청량유산기 (淸凉遊山記)	1820년 4월	19
99	김동권1 (金東權)	1816 ~1877	관해록 (觀海錄)	1862년 3월	19
100	김동권2 (金東權)	1816 ~1877	유동해기 (遊東海記)	1876년	19
101	김득신1 (金得臣)	1604 ~1684	밀암동기 (蜜巖洞記)	1640년 7월 9일	17
102	김득신2 (金得臣)	1604 ~1684	금강산록 (金剛山錄)	1665년 8월 14일~16일	17
103	김득연 (金得硏)	1555 ~1637	유청량산록 (遊淸凉山錄)	1579년 8월 26일~9월 4일	16

순번	저자	생몰연도	일기명	일기 기간	해당 세기
104	김만식 (金晩植)	1845 ~1922	유서산초당기 (遊西山草堂記)	1887년	19
105	김만영 (金萬英)	1624 ~1671	옥수기유기 (玉峀奇遊記)	1670년 4월	17
106	김만중 (金萬重)	1637 ~1692	첨화령기 (瞻華嶺記)	1687년 가을	17
107	김만현1 (金萬鉉)	1820 ~1902	유웅신록 (遊熊神錄)	1887년 8월 25일	19
108	김만현2 (金萬鉉)	1820 ~1902	여산기행 (廬山紀行)	1895년 5월 3일~13일	19
109	김매순 (金邁淳)	1776 ~1840	유화장사기 (遊華藏寺記)	1840년 4월 3일	19
110	김몽화1 (金夢華)	1723 ~1792	유설악록 (遊雪嶽錄)	1787년 9월 4일~8일	18
111	김몽화2 (金夢華)	1723 ~1792	고성기행록 (高城記行錄)	1787년 10월 1일~4일	18
112	김상수 (金相壽)	1875 ~1955	영가기행 (永嘉紀行)	1906년 4월 22일~5월 5일	20
113	김상정 (金尙鼎)	1668 ~1728	북행록 (北行錄)	1722년 4월 4일~28일	18
114	김상정1 (金相定)	1727 ~1788	동경방고기 (東京訪古記)	1760년 2월	18
115	김상정2 (金相定)	1727 ~1788	금산관해기 (錦山觀海記)	1760년 4월 11일	18
116	김상정3 (金相定)	1727 ~1788	유가야산기 (遊伽倻山記)	미상	18
117	김상직1 (金相直)	1716 ~1773	유은해기 (遊銀海記)	1743년	18
118	김상직2 (金相直)	1716 ~1773	남유기 (南遊記)	1744년	18
119	김상직3 (金相直)	1716 ~1773	동유록 (東遊錄)	1751년	18
120	김상헌1 (金尙憲)	1570 ~1652	유한라산기 (遊漢拏山記)	1601년 9월 24일~25일	17
121	김상헌2 (金尙憲)	1570 ~1652	유서산기 (遊西山記)	1614년 가을	17

순번	저자	생몰연도	일기명	일기 기간	해당 세기
122	김상헌3 (金尙憲)	1570 ~1652	청평록 (淸平錄)	1635년 3월 8일~14일	17
123	김석규1 (金碩奎)	1826 ~1883	향산록 (香山錄)	1881년 9월 10일~26일	19
124	김석규2 (金碩奎)	1826 ~1883	서행노정기 (西行路程記)	미상	19
125	김성렬 (金成烈)	1846 ~1906	유청학동일기 (遊靑鶴洞日記)	1884년 5월 1일~5월 9일	19
126	김성일 (金誠一)	1538 ~1593	유적벽기 (遊赤壁記)	1586년 가을	16
127	김수민1 (金壽民)	1734 ~1811	유석양산기 (遊夕陽山記)	1781년 1월 11일	18
128	김수민2 (金壽民)	1734 ~1811	망덕산기 (望德山記)	1792년 9월 16일	18
129	김수민3 (金壽民)	1734 ~1811	유변산록 (遊邊山錄)	1794년 4월	18
130	김수민4 (金壽民)	1734 ~1811	삼동유산록 (三洞遊山錄)	1795년 9월 9일~29일	18
131	김수민5 (金壽民)	1734 ~1811	남산기 (南山記)	1797년	18
132	김수증01 (金壽增)	1624 ~1701	유희령산기 (遊戲靈山記)	1662년 9월 9일~14일	17
133	김수증02 (金壽增)	1624 ~1701	유송도기 (遊松都記)	1670년 8월	17
134	김수증03 (金壽增)	1624 ~1701	유백사정기 (遊白沙汀記)	1672년 4월	17
135	김수증04 (金壽增)	1624 ~1701	산중일기 (山中日記)	1673년 4월 11일~19일	17
136	김수증05 (金壽增)	1624 ~1701	칠선동기 (七仙洞記)	1677년 9월 25일	17
137	김수증06 (金壽增)	1624 ~1701	중유칠선동기 (重遊七仙洞記)	1678년 윤3월 12일	17
138	김수증07 (金壽增)	1624 ~1701	풍악일기 (楓嶽日記)	1680년 9월 18일~10월 5일	17
139	김수증08 (金壽增)	1624 ~1701	화산기 (花山記)	1686년 1월 20일~28일	17

순번	저자	생몰연도	일기명	일기 기간	해당 세기
140	김수증09 (金壽增)	1624 ~1701	한계산기 (寒溪山記)	1691년 6월 6일~15일	17
141	김수증10 (金壽增)	1624 ~1701	유화악산기 (遊華嶽山記)	1691년 8월 28일~29일	17
142	김수증11 (金壽增)	1624 ~1701	유곡연기 (遊曲淵記)	1698년 2월 27일~미상	17
143	김수증12 (金壽增)	1624 ~1701	청룡산청룡사기 (靑龍山靑龍寺記)	미상	17
144	김수흥 (金壽興)	1626 ~1690	남정록 (南征錄)	1660년 2월 30일~3월 26일	17
145	김시락 (金時洛)	1857 ~1896	유옥암기 (遊玉巖記)	1885년 여름	19
146	김시민1 (金時敏)	1681 ~1747	춘유귀래정기 (春遊歸來亭記)	1707년 3월	18
147	김시민2 (金時敏)	1681 ~1747	청담기 (淸潭記)	미상(8월)	18
148	김시서1 (金時瑞)	1652 ~1707	조계유상록 (曹溪遊賞錄)	1698년 8월 29일	17
149	김시서2 (金時瑞)	1652 ~1707	대은암유상록 (大隱巖遊賞錄)	1698년 9월 7일~8일	17
150	김시엽 (金始燁)	1662 ~1732	유청량산록 (遊淸凉山錄)	1695년 3월 27일~4월 3일	17
151	김신겸1 (金信謙)	1693 ~1738	회화원심암기 (會話遠心庵記)	1715년 6월 15일	18
152	김신겸2 (金信謙)	1693 ~1738	유북성기 (遊北城記)	1720년	18
153	김신겸3 (金信謙)	1693 ~1738	유박연기 (遊朴淵記)	1732년 4월~5월 1일	18
154	김신겸4 (金信謙)	1693 ~1738	도유기 (島遊記)	1733년 8월	18
155	김신겸5 (金信謙)	1693 ~1738	득문소동기 (得聞韶洞記)	1734년	18
156	김신겸6 (金信謙)	1693 ~1738	유문소동우득청하곡기 (遊聞韶洞又得靑霞谷記)	1734년	18
157	김안로1 (金安老)	1481 ~1537	유봉황대지 (遊鳳凰臺志)	1503년 7월	16

순번	저자	생몰연도	일기명	일기 기간	해당 세기
158	김안로2 (金安老)	1481 ~1537	덕수유산기 (德水遊山記)	미상(5월 5일)	16
159	김약련 (金若鍊)	1730 ~1802	유강도록 (遊江都錄)	1757년 9월	18
160	김약행1 (金若行)	1718 ~1788	유대흑기 (遊大黑記)	1770년 2월 10일~18일	18
161	김약행2 (金若行)	1718 ~1788	유돈항기 (遊豚項記)	1771년 8월, 10월	18
162	김약행3 (金若行)	1718 ~1788	유소우이기 (遊小牛耳記)	1771년 9월 25일	18
163	김양진1 (金養鎭)	1829 ~1901	해유록 (海遊錄)	1854년 5월	19
164	김양진2 (金養鎭)	1829 ~1901	유칠봉기 (遊七峯記)	1870년 겨울	19
165	김여중 (金汝重)	1556 ~1630	유천관산기 (遊天冠山記)	1609년 9월	17
166	김영 (金瑩)	1765 ~1840	어운루유관기 (御雲樓遊觀記)	1828년 늦봄	19
167	김영근 (金永根)	1865 ~1934	원유일록 (遠遊日錄)	1906년 5월 19일~8월 21일	20
168	김영조 (金榮祖)	1577 ~1648	유청량산록 (遊淸凉山錄)	1614년 9월 12일~18일	17
169	김영조1 (金永祚)	1842 ~1917	유두류록 (遊頭流錄)	1867년 8월 26일~29일	19
170	김영조2 (金永祚)	1842 ~1917	유북한록 (遊北漢錄)	1874년 3월	19
171	김운덕1 (金雲悳)	1857 ~1936	경성유람기 (京城遊覽記)	1886년 2월	19
172	김운덕2 (金雲悳)	1857 ~1936	영남유람기 (嶺南遊覽記)	1895년 2월	19
173	김운덕3 (金雲悳)	1857 ~1936	서호유람기 (西湖遊覽記)	1896년 1월 4일~미상	19
174	김운덕4 (金雲悳)	1857 ~1936	남원유람기 (南原遊覽記)	1898년 봄~1921년 12월 27일	19
175	김운덕5 (金雲悳)	1857 ~1936	회덕유람기 (懷德遊覽記)	1900년 윤8월 15일~미상	19

순번	저자	생몰연도	일기명	일기 기간	해당 세기
176	김운덕6 (金雲悳)	1857 ~1936	영주유람기 (瀛州遊覽記)	1903년 11월 20일~1904년 8월	20
177	김운덕7 (金雲悳)	1857 ~1936	중사유람기 (中沙遊覽記)	1908년 1월~1915년 2월 4일	20
178	김운덕8 (金雲悳)	1857 ~1936	서석유람기 (瑞石遊覽記)	1909년 4월	20
179	김운덕9 (金雲悳)	1857 ~1936	임피유람기 (臨陂遊覽記)	미상(8월 1일. 1900년~1903년 사이)	20
180	김유1 (金楺)	1653 ~1719	기유천마산 (記遊天摩山)	1673년 봄	17
181	김유2 (金楺)	1653 ~1719	유풍악기 (游楓嶽記)	1709년 4월 21일~5월 29일	18
182	김유3 (金楺)	1653 ~1719	수락산이폭기 (水落山二瀑記)	1712년 5월 13일~14일	18
183	김유수 (金裕壽)	1695 ~1761	유금오산기 (遊金烏山記)	1743년	18
184	김육 (金堉)	1580 ~1658	천성일록 (天聖日錄)	1607년 4월 3일~7일	17
185	김윤식1 (金允植)	1835 ~1922	유장수산기 (遊長壽山記)	1876년 여름	19
186	김윤식2 (金允植)	1835 ~1922	등양산기 (登兩山記)	1890년 8월 3일	19
187	김이만1 (金履萬)	1683 ~1758	동유록 (東遊錄)	1716년 윤3월	18
188	김이만2 (金履萬)	1683 ~1758	유단양산수록 (遊丹陽山水錄)	1731년 여름	18
189	김이안1 (金履安)	1722 ~1791	문암유기 (門巖游記)	1746년 4월 7일~8일	18
190	김이안2 (金履安)	1722 ~1791	상원답교기 (上元踏橋記)	1762년 1월 15일	18
191	김익동1 (金翊東)	1793 ~1860	유팔공산기 (遊八公山記)	1825년 봄	19
192	김익동2 (金翊東)	1793 ~1860	유청량산기 (遊清凉山記)	1829년 가을	19
193	김익동3 (金翊東)	1793 ~1860	호남기행 (湖南紀行)	1855년 7월 21일~8월 15일	19

순번	저자	생몰연도	일기명	일기 기간	해당 세기
194	김익동4 (金翊東)	1793 ~1860	유운문산기 (遊雲門山記)	미상	19
195	김익동5 (金翊東)	1793 ~1860	유가야산기 (遊伽倻山記)	미상	19
196	김인섭1 (金麟燮)	1827 ~1903	유부암산기 (遊傅巖山記)	1854년	19
197	김인섭2 (金麟燮)	1827 ~1903	강좌기행 (江左記行)	1856년 4월 15일~5월 13일	19
198	김인섭3 (金麟燮)	1827 ~1903	범주유총석정기 (泛舟遊叢石亭記)	1868년 3월 26일	19
199	김인섭4 (金麟燮)	1827 ~1903	관음사전춘기 (觀音寺餞春記)	1868년 3월 30일	19
200	김인섭5 (金麟燮)	1827 ~1903	선유동수석기 (仙遊洞水石記)	1884년 5월	19
201	김인섭6 (金麟燮)	1827 ~1903	금산기행 (錦山記行)	1892년 8월 27일~9월 17일	19
202	김인섭7 (金麟燮)	1827 ~1903	유금란굴기 (遊金幱窟記)	미상(4월 29일, 1868년으로 추정)	19
203	김인섭8 (金麟燮)	1827 ~1903	유집현산기 (遊集賢山記)	1901년 7월 16일	20
204	김일손1 (金馹孫)	1464 ~1498	두류기행록 (頭流紀行錄)	1489년 4월 11일~28일	15
205	김일손2 (金馹孫)	1464 ~1498	가야산해인사조현당기 (伽倻山海印寺釣賢堂記)	미상	15
206	김재락 (金在洛)	1798 ~1860	유태백산기 (遊太白山記)	1819년	19
207	김재탁1 (金再鐸)	1776 ~1846	유수락산기 (遊水洛山記)	1806년 윤4월 16일~23일	19
208	김재탁2 (金再鐸)	1776 ~1846	유용암사기 (遊聳巖寺記)	1827년 4월 10일	19
209	김재탁3 (金再鐸)	1776 ~1846	정해회행일기 (丁亥會行日記)	1839년 9월 2일~11월 1일	19
210	김재헌 (金在憲)	1842 ~1904	유옥계기 (遊玉溪記)	1899년 8월 3일	19
211	김제행 (金霽行)	1716 ~1792	서행일기 (西行日記)	1741년 4월 27일~8월 21일	18

순번	저자	생몰연도	일기명	일기 기간	해당 세기
212	김조순 (金祖淳)	1765 ~1832	기봉원사유 (記奉元寺遊)	1819년 11월	19
213	김종덕 (金宗德)	1724 ~1797	옥계유산록 (玉溪遊山錄)	1769년 9월 16일~26일	18
214	김종직 (金宗直)	1431 ~1492	유두류록 (遊頭流錄)	1472년 8월 14일~18일	15
215	김종휴 (金宗烋)	1783 ~1866	동정록 (東征錄)	미상(9월)	19
216	김주수 (金疇壽)	1787 ~1863	동유록 (東遊錄)	1823년 2월 24일~3월 15일	19
217	김중청 (金中淸)	1567 ~1629	유청량산기 (遊淸凉山記)	1601년 11월 3일~12일	17
218	김지백 (金之白)	1623 ~1671	유두류산기 (遊頭流山記)	1655년 10월 8일~11일	17
219	김진동 (金鎭東)	1727 ~1800	유소백산록 (遊小白山錄)	1774년 3월~4월	18
220	김진항 (金鎭恒)	19세기	유수락산기 (遊水洛山記)	미상	19
221	김창석 (金昌錫)	1652 ~1720	금강일기 (金剛日記)	1706년 8월 7일~27일	18
222	김창집 (金昌緝)	1662 ~1713	동유기 (東游記)	1712년 8월 20일~9월 27일	18
223	김창협1 (金昌協)	1651 ~1708	유송경기 (游松京記)	1671년 3월 4일~10일	17
224	김창협2 (金昌協)	1651 ~1708	동유기 (東遊記)	1671년 8월 11일~9월 11일	17
225	김창협3 (金昌協)	1651 ~1708	서유기 (西遊記)	1675년 윤5월	17
226	김창협4 (金昌協)	1651 ~1708	늠암심폭기 (凜巖尋瀑記)	1691년 8월 21일	17
227	김창협5 (金昌協)	1651 ~1708	동정기 (東征記)	1696년 8월 16일~30일	17
228	김창협6 (金昌協)	1651 ~1708	유백운산기 (游白雲山記)	미상(8월)	17
229	김창협7 (金昌協)	1651 ~1708	유만취대기 (游晩翠臺記)	1702년 8월	18

순번	저자	생몰연도	일기명	일기 기간	해당세기
230	김창흡01 (金昌翕)	1653 ~1722	단구일기 (丹丘日記)	1688년 3월 4일~4월 7일	17
231	김창흡02 (金昌翕)	1653 ~1722	호행일기 (湖行日記)	1702년 2월 12일~25일	18
232	김창흡03 (金昌翕)	1653 ~1722	설악일기 (雪岳日記)	1705년 8월 24일~12월 5일	18
233	김창흡04 (金昌翕)	1653 ~1722	관서일기 (關西日記)	1706년 4월 11일~5월 18일	18
234	김창흡05 (金昌翕)	1653 ~1722	영남일기 (嶺南日記)	1708년 2월 3일~윤3월 21일	18
235	김창흡06 (金昌翕)	1653 ~1722	유봉정기 (遊鳳頂記)	1711년 9월 8일	18
236	김창흡07 (金昌翕)	1653 ~1722	평강산수기 (平康山水記)	1715년 3월 16일~25일	18
237	김창흡08 (金昌翕)	1653 ~1722	북관일기 (北關日記)	1716년 2월 27일~4월 24일	18
238	김창흡09 (金昌翕)	1653 ~1722	남유일기 (南遊日記)	1717년 2월 27일~3월 24일	18
239	김창흡10 (金昌翕)	1653 ~1722	오대산기 (五臺山記)	1718년 윤8월 5일~10일	18
240	김창흡11 (金昌翕)	1653 ~1722	남정일기 (南征日記)	1719년 9월 1일~29일	18
241	김창흡12 (金昌翕)	1653 ~1722	울진산수기 (蔚珍山水記)	미상	18
242	김창희1 (金昌熙)	1844 ~1890	풍악기유인 (楓岳記遊引)	1876년	19
243	김창희2 (金昌熙)	1844 ~1890	북정기유 (北征記遊)	1876년	19
244	김철수 (金喆銖)	1822 ~1887	유청량시서 (遊淸凉詩序)	1856년 늦가을	19
245	김치 (金緻)	1577 ~1625	유한라산기 (遊漢挐山記)	1609년	17
246	김태일 (金兌一)	1637 ~1702	유월출산기 (遊月出山記)	1699년 윤7월 26일	17
247	김하구 (金夏九)	1676 ~1762	강유기 (江遊記)	미상	18

순번	저자	생몰연도	일기명	일기 기간	해당 세기
248	김헌락 (金獻洛)	19세기	금강록 (金剛錄)	1870년 11월 3일~1871년 4월 12일	19
249	김협 (金鋏)	1728 ~1801	유청량산기 (遊淸凉山記)	1759년 8월 9일~15일	18
250	김회석 (金會錫)	1856 ~1933	지리산유상록 (智異山遊賞錄)	1902년 2월 16일~3월 27일	20
251	김효원 (金孝元)	1542 ~1590	두타산일기 (頭陀山日記)	1577년 봄	16
252	김훈1 (金勳)	1836 ~1910	동유록 (東遊錄)	1875년 3월 9일~5월 7일	19
253	김훈2 (金勳)	1836 ~1910	화양록 (華陽錄)	1876년 9월 3일~10월 3일	19
254	김훈3 (金勳)	1836 ~1910	흑산록 (黑山錄)	1878년 7월 1일~9월 11일	19
255	김훈4 (金勳)	1836 ~1910	천관록 (天冠錄)	1882년 봄	19
256	김훈5 (金勳)	1836 ~1910	남유록 (南遊錄)	1890년 4월 13일~8월 19일	19
257	김훈6 (金勳)	1836 ~1910	지유록 (址遊錄)	1891년 3월 14일~10월	19
258	김훈7 (金勳)	1836 ~1910	옥천록 (沃川錄)	1902년 4월~5월	20
259	김훈8 (金勳)	1836 ~1910	방구록 (訪舊錄)	1904년	20
260	김휘준1 (金輝濬)	1820 ~1898	유소백산삼동기 (遊小白山三洞記)	1846년 5월	19
261	김휘준2 (金輝濬)	1820 ~1898	유문천와폭기 (遊文川臥瀑記)	1853년 5월	19
262	김휘준3 (金輝濬)	1820 ~1898	시득비류대기 (始得飛流臺記)	미상(8월~9월)	19
263	김휴 (金烋)	1597 ~1638	영귀정범주기 (詠歸亭泛舟記)	1623년	17
264	김희정 (金羲正)	1844 ~1916	한라산기 (漢拏山記)	1895년 여름	19
265	김희주 (金熙周)	1760 ~1830	금강유산록 (金剛遊山錄)	1819년 6월~8월 30일	19

순번	저자	생몰연도	일기명	일기 기간	해당 세기
266	나도규1 (羅燾圭)	1826 ~1885	왕자대록 (王子坮錄)	1847년 3월	19
267	나도규2 (羅燾圭)	1826 ~1885	서행일기 (西行日記)	1860년 2월 28일~미상	19
268	나도규3 (羅燾圭)	1826 ~1885	서석록 (瑞石錄)	1868년 8월 3일~5일	19
269	나도규4 (羅燾圭)	1826 ~1885	서석속록 (瑞石續錄)	1870년 4월 3일~4일	19
270	나도의 (羅燾毅)	1872 ~1947	유어등산기 (遊魚登山記)	1901년 여름	20
271	나준 (羅俊)	1608 ~1677	입도기행 (入島紀行)	1668년 4월 15일~26일	17
272	남경희1 (南景羲)	1748 ~1812	유사군기 (遊四郡記)	1790년 3월	18
273	남경희2 (南景羲)	1748 ~1812	유단석산기 (遊斷石山記)	1792년 9월	18
274	남경희3 (南景羲)	1748 ~1812	유주사산기 (遊朱砂山記)	1792년 9월	18
275	남경희4 (南景羲)	1748 ~1812	유대현동기 (遊大賢洞記)	1792년 9월	18
276	남경희5 (南景羲)	1748 ~1812	재유원적산기 (再遊圓寂山記)	1800년 윤4월	18
277	남곤 (南袞)	1471 ~1527	유백사정기 (遊白沙汀記)	1510년 8월	16
278	남구만 (南九萬)	1629 ~1711	온양온천북탕기 (溫陽溫泉北湯記)	1660년 8월 22일~23일	17
279	남극엽 (南極曄)	1736 ~1804	영남일기 (嶺南日記)	1803년 3월 4일~21일	19
280	남몽뢰 (南夢賚)	1620 ~1681	유속리산록 (遊俗離山錄)	1654년 3월	17
281	남석관1 (南碩寬)	1761 ~1837	유세심정기 (遊洗心亭記)	1789년 4월 1일	18
282	남석관2 (南碩寬)	1761 ~1837	화방재유선기 (畫舫齋遊船記)	1797년 3월	18
283	남석관3 (南碩寬)	1761 ~1837	면앙정유기 (俛仰亭遊記)	미상	18

순번	저자	생몰연도	일기명	일기 기간	해당 세기
284	남선 (南銑)	1609 ~1656	제암선유기 (霽巖船遊記)	1634년 4월	17
285	남용섭 (南龍燮)	1734 ~1817	청량산유록 (清涼山遊錄)	1786년 여름	18
286	남유상1 (南有常)	1696 ~1728	유용연기 (遊龍淵記)	1720년 2월	18
287	남유상2 (南有常)	1696 ~1728	유가야기 (遊伽倻記)	1720년 3월	18
288	남유상3 (南有常)	1696 ~1728	유동화기 (遊桐華記)	1720년 봄	18
289	남유용1 (南有容)	1698 ~1773	유옥류동기 (遊玉流洞記)	1715년 가을	18
290	남유용2 (南有容)	1698 ~1773	유동음화악기 (遊洞陰華嶽記)	1722년 3월 13일~22일	18
291	남유용3 (南有容)	1698 ~1773	유서호기 (遊西湖記)	미상(3월 3일)	18
292	남주헌 (南周獻)	1769 ~1821	지리산행기 (智異山行記)	1807년 3월 24일~4월 1일	19
293	남하정 (南夏正)	1678 ~1751	계룡기행 (鷄龍記行)	1731년 9월	18
294	남학명1 (南鶴鳴)	1654 ~1722	유삼청동소기 (遊三淸洞小記)	1670년 3월 3일	17
295	남학명2 (南鶴鳴)	1654 ~1722	유금산기 (遊錦山記)	1679년 8월	17
296	남학명3 (南鶴鳴)	1654 ~1722	유사군기 (遊四郡記)	1686년 10월 1일~14일	17
297	남학명4 (南鶴鳴)	1654 ~1722	냉절유력기 (冷節遊歷記)	1687년 2월	17
298	남한조1 (南漢朝)	1744 ~1809	팔경소기 (八景小記)	1796년	18
299	남한조2 (南漢朝)	1744 ~1809	금강산소기 (金剛山小記)	1796년	18
300	남효온1 (南孝溫)	1454 ~1492	유금강산기 (遊金剛山記)	1485년 4월 15일~윤4월 20일	15
301	남효온2 (南孝溫)	1454 ~1492	송경록 (松京錄)	1485년 9월 7일~18일	15

순번	저자	생몰연도	일기명	일기 기간	해당 세기
302	남효온3 (南孝溫)	1454 ~1492	지리산일과 (智異山日課)	1487년 9월 27일~10월 13일	15
303	남효온4 (南孝溫)	1454 ~1492	유천왕봉기 (遊天王峰記)	1487년 9월	15
304	남효온5 (南孝溫)	1454 ~1492	유가수굴기 (遊佳殊窟記)	1489년 8월	15
305	노경임1 (盧景任)	1569 ~1620	유금강산기 (遊金剛山記)	1595년 9월	16
306	노경임2 (盧景任)	1569 ~1620	유학가산기 (遊鶴駕山記)	1600년 가을	16
307	노경임3 (盧景任)	1569 ~1620	등냉산기 (登冷山記)	1602년 7월	17
308	노경임4 (盧景任)	1569 ~1620	유노자암기 (遊鸕鷀巖記)	미상(4월 15일)	17
309	노광무 (盧光懋)	1808 ~1894	유방장기 (遊方丈記)	1840년 4월 29일~5월 9일	19
310	노진 (盧禛)	1518 ~1578	유장수사기 (遊長水寺記)	미상	16
311	도우경1 (都禹璟)	1755 ~1813	유가야수도산록 (遊伽倻修道山錄)	1795년	18
312	도우경2 (都禹璟)	1755 ~1813	속리산유록 (俗離山遊錄)	1800년	18
313	목만중 (睦萬中)	1727 ~1810	유다보사기 (遊多寶寺記)	1762년 9월	18
314	문경호 (文景虎)	1556 ~1619	동행록 (東行錄)	1589년 7월~9월	16
315	문덕구1 (文德龜)	1667 ~1718	유수인산록 (遊修仁山錄)	미상	18
316	문덕구2 (文德龜)	1667 ~1718	유북한록 (遊北漢錄)	미상	18
317	문순득 (文淳得)	1777 ~1847	표해시말 (漂海始末)	1801년 12월~1805년 1월 8일	19
318	문익성 (文益成)	1526 ~1584	유한계록 (遊寒溪錄)	1575년	16
319	문정유 (文正儒)	1761 ~1839	가야유기 (伽倻遊記)	1821년 4월	19

순번	저자	생몰연도	일기명	일기 기간	해당 세기
320	문진호 (文晉鎬)	1860 ~1901	화악일기 (花岳日記)	1901년 4월 6일~20일	20
321	문창규1 (文昌圭)	1869 ~1961	유영호기 (遊嶺湖記)	1897년 8월 29일~9월 30일	19
322	문창규2 (文昌圭)	1869 ~1961	호행일기 (湖行日記)	1905년 12월 18일~1906년 1월 초순	20
323	문해구 (文海龜)	1776 ~1849	유가야산록 (遊伽倻山錄)	1803년 3월	19
324	미상	19세기	남유일록 (南遊日錄)	1831년 11월 29일~1832년 2월 2일	19
325	미상	19세기	갑자서행록 (甲子西行錄)	1864년 5월 2일~9월 15일	19
326	미상	19세기	유주왕산기 (遊周王山記)	1857년 11월	19
327	미상	17세기	관동일록 (關東日錄)	1689년 10월 16일~1690년 1월 19일	17
328	미상 (권씨)	19세기	금강기 (金剛記)	1826년 4월~6월	19
329	미상 (유범휴 의 아들)	18세기	남귀일기 (南歸日記)	1800년 3월 4일~12일	18
330	미상 (유범휴 의 아들)	18세기	북성록 (北省錄)	1800년 8월 4일~25일	18
331	미상 (유범휴 의 아우)	18세기	고성종유록 (高城從遊錄)	1795년 10월 11일~12월 31일	18
332	미상1 (호: 月窩)	19세기	금강일기 (金岡日記)	1841년 윤3월 23일~4월 22일	19
333	미상2 (호: 月窩)	19세기	서유록 (西遊錄)	1846년 9월 29일~11월 9일	19
334	민인백 (閔仁伯)	1552 ~1626	유상 (遊賞)	1580년경	16
335	민재남 (閔在南)	1802 ~1873	유두류록 (遊頭流錄)	1849년 윤4월 17일~21일	19

순번	저자	생몰연도	일기명	일기 기간	해당 세기
336	민재남2 (閔在南)	1802 ~1873	동유록 (東遊錄)	미상(9월)	19
337	민주현 (閔胄顯)	1808 ~1882	유쌍회정기 (遊雙檜亭記)	미상	19
338	민치긍 (閔致兢)	1810 ~1885	유대명동기 (遊大明洞記)	1853년	19
339	민치완 (閔致完)	1838 ~1910	향금기행 (香金紀行)	1881년 2월 26일~4월 28일	19
340	박근욱 (朴瑾郁)	1839 ~1917	유가야산록 (遊伽倻山錄)	1885년 8월 18일~27일	19
341	박기열 (朴璣烈)	1862 ~1939	유가야산록 (遊伽倻山錄)	1892년 5월 4일~6일	19
342	박기우 (朴淇禹)	1881 ~1959	유보평산기 (遊寶平山記)	1908년 여름	20
343	박기종1 (朴淇鍾)	1824 ~1898	유평양기 (遊平壤記)	1867년 12월 25일~1868년 4월 25일	19
344	박기종2 (朴淇鍾)	1824 ~1898	유삼각산기 (遊三角山記)	1882년 9월 8일~11일	19
345	박동눌 (朴東訥)	1734 ~1799	기행 (紀行)	1794년 10월 3일~1795년 10월 22일	18
346	박래오1 (朴來吾)	1713 ~1785	유두류록 (遊頭流錄)	1752년 8월 10일~19일	18
347	박래오2 (朴來吾)	1713 ~1785	유삼동록 (遊三洞錄)	1765년 8월	18
348	박명단 (朴明槫)	1571 ~1639	유수연소기 (遊水淵小記)	1628년 4월 22일	17
349	박모1 (朴模)	1828 ~1900	좌행일기 (左行日記)	1874년 3월~4월	19
350	박모2 (朴模)	1828 ~1900	서유기 (西遊記)	미상	19
351	박모3 (朴模)	1828 ~1900	유천관산기 (遊天冠山記)	미상	19
352	박모4 (朴模)	1828 ~1900	유변산기 (遊邊山記)	미상	19
353	박문일1 (朴文一)	1822 ~1894	낙행기 (洛行記)	1863년 3월	19

순번	저자	생몰연도	일기명	일기 기간	해당 세기
354	박문일2 (朴文一)	1822 ~1894	소두미유회기 (小斗尾遊會記)	1888년 4월	19
355	박문호1 (朴文鎬)	1846 ~1918	유속리산기 (遊俗離山記)	1868년 4월 9일~미상	19
356	박문호2 (朴文鎬)	1846 ~1918	유계룡산전관강경호기 (遊鷄龍山轉觀江鏡湖記)	1869년 3월 19일~27일	19
357	박문호3 (朴文鎬)	1846 ~1918	유심도관해기 (遊沁都觀海記)	1874년	19
358	박문호4 (朴文鎬)	1846 ~1918	산행소기 (山行小記)	1876년 5월 20일	19
359	박문호5 (朴文鎬)	1846 ~1918	유백운대기 (遊白雲臺記)	1882년	19
360	박문호6 (朴文鎬)	1846 ~1918	동협행기 (峒峽行記)	1892년 6월~10월	19
361	박문호7 (朴文鎬)	1846 ~1918	만유기 (漫遊記)	1894년 8월 21일~26일	19
362	박문호8 (朴文鎬)	1846 ~1918	유상당산성남악사기 (遊上黨山城南岳寺記)	1907년 4월 20일	20
363	박민 (朴敏)	1566 ~1630	두류산선유기 (頭流山仙遊記)	1616년 12월	17
364	박병윤 (朴炳允)	1867 ~1927	서석산기 (瑞石山記)	미상	19
365	박상연 (朴尙淵)	1631 ~?	욕온천기 (浴溫泉記)	1677년 11월 21일	17
366	박성원 (朴聖源)	1697 ~1768	금강록 (金剛錄)	1738년 8월 28일~9월 16일	18
367	박숙 (朴潚)	1665 ~1748	중구봉등유기 (重九峯登遊記)	미상	18
368	박순우 (朴淳愚)	1686 ~1759	동유록 (東遊錄)	1739년 3월 3일~4월 30일	18
369	박시찬1 (朴時燦)	1842 ~1905	남유록 (南遊錄)	1897년 8월 12일~29일	19
370	박시찬2 (朴時燦)	1842 ~1905	유주왕산록 (遊周王山錄)	미상	19
371	박여량1 (朴汝樑)	1554 ~1611	야유보통계기 (夜遊普通溪記)	1597년 5월 16일~17일	16

순번	저자	생몰연도	일기명	일기 기간	해당 세기
372	박여량2 (朴汝樑)	1554 ~1611	두류산일록 (頭流山日錄)	1610년 9월 2일~16일	17
373	박영석 (朴永錫)	1736 ~1802	동유록 (東遊錄)	1797년 3월 20일~4월 21일	18
374	박운 (朴雲)	1493 ~1562	관동행록 (關東行錄)	1552년 7월 12일~8월	16
375	박윤묵1 (朴允默)	1771 ~1849	유수성동기 (遊水聲洞記)	1810년 여름	19
376	박윤묵2 (朴允默)	1771 ~1849	유일섭원기 (遊日涉園記)	1843년 초여름	19
377	박윤묵3 (朴允默)	1771 ~1849	유금선암기 (遊金仙菴記)	미상(겨울)	19
378	박은 (朴誾)	1479 ~1504	유천마산록 (遊天磨山錄)	1502년 2월~3월	16
379	박이곤1 (朴履坤)	1730 ~1783	낙강범주록 (洛江泛舟錄)	1771년 4월 10일~20일	18
380	박이곤2 (朴履坤)	1730 ~1783	유동경록 (遊東京錄)	1773년 10월 4일~20일	18
381	박장원1 (朴長遠)	1612 ~1671	유두류산기 (遊頭流山記)	1643년 8월 20일~26일	17
382	박장원2 (朴長遠)	1612 ~1671	유청평산기 (遊淸平山記)	1651년 8월 22일~23일	17
383	박장원3 (朴長遠)	1612 ~1671	중유청평기 (重遊淸平記)	1651년 12월	17
384	박장원4 (朴長遠)	1612 ~1671	인유기 (麟遊記)	1652년 2월 6일~미상	17
385	박장원5 (朴長遠)	1612 ~1671	보상망창산기 (步上望昌山記)	1654년 10월	17
386	박장원6 (朴長遠)	1612 ~1671	백운동심원기 (白雲洞尋院記)	1655년 3월 18일	17
387	박장원7 (朴長遠)	1612 ~1671	유박연기 (遊朴淵記)	미상	17
388	박재현 (朴宰鉉)	1830 ~1883	서정일기 (西征日記)	1873년 1월 15일~2월 3일	19
389	박정일1 (朴楨一)	1775 ~1834	유금산록 (遊錦山錄)	1824년 9월	19

순번	저자	생몰연도	일기명	일기 기간	해당 세기
390	박정일2 (朴楨一)	1775 ~1834	유화양동기 (遊華陽洞記)	1825년 3월 11일~미상	19
391	박정일3 (朴楨一)	1775 ~1834	종유일기 (從遊日記)	미상(4월)	19
392	박제가 (朴齊家)	1750 ~1805	묘향산소기 (妙香山小記)	1800년 9월	18
393	박제망1 (朴齊望)	19세기	유두류일기 (遊頭流日記)	1850년 5월 21일~6월	19
394	박제망2 (朴齊望)	19세기	유변산일기 (遊邊山日記)	1864년 4월 6일~17일	19
395	박제망3 (朴齊望)	19세기	동유록 (東遊錄)	1868년 4월 24일~윤4월 27일	19
396	박제망4 (朴齊望)	19세기	남정기 (南征記)	1868년 7월 16일~8월 11일	19
397	박종1 (朴琮)	1735 ~1793	상고유록 (上古遊錄)	1764년 2월 3일~미상	18
398	박종2 (朴琮)	1735 ~1793	백두산유록 (白頭山遊錄)	1764년 5월 14일~6월 2일	18
399	박종3 (朴琮)	1735 ~1793	칠보산유록 (七寶山遊錄)	1766년 8월	18
400	박종4 (朴琮)	1735 ~1793	동경유록 (東京遊錄)	1767년 9월 25일~12월 7일	18
401	박종5 (朴琮)	1735 ~1793	청량산유람록 (清凉山遊艷錄)	1780년 8월 1일~24일	18
402	박종영 (朴宗永)	1804 ~1881	석동기 (石洞記)	1859년 9월	19
403	박주현 (朴周鉉)	1844 ~1910	유백운대 (遊白雲坮)	미상	19
404	박춘장 (朴春長)	1595 ~1664	지제산유상기 (支提山遊賞記)	1622년 4월 1일~8일	17
405	박충원 (朴忠源)	1735 ~1787	유청량산록 (遊清凉山錄)	1763년 9월	18
406	박치복1 (朴致馥)	1824 ~1894	송행일기 (松行日記)	1871년 3월	19
407	박치복2 (朴致馥)	1824 ~1894	남유기행 (南遊記行)	1877년 8월 17일~9월 16일	19

순번	저자	생몰연도	일기명	일기 기간	해당세기
408	박태보 (朴泰輔)	1654 ~1689	내포유력기 (內浦遊歷記)	1675년 8월 9일~15일	17
409	박해창1 (朴海昌)	1876 ~1933	남유록【무술사월】 (南遊錄【戊戌四月】)	1898년 4월 19일~5월 9일	19
410	박해창2 (朴海昌)	1876 ~1933	남유록 (南遊錄)	1901년 4월 2일~19일	20
411	배극소 (裵克紹)	1819 ~1871	유주왕산기 (遊周王山記)	1858년 봄	19
412	배선원1 (裵善源)	1806 ~1880	청량유록 (淸凉遊錄)	1833년 3월 24일~26일	19
413	배선원2 (裵善源)	1806 ~1880	매계유록 (梅溪遊錄)	1839년 4월 8일~14일	19
414	배성호 (裵聖鎬)	1851 ~1929	유두류록 (遊頭流錄)	1910년 3월 14일~20일	20
415	배유장 (裵幼章)	1618 ~1687	유청량산록 (遊淸凉山錄)	1647년 9월	17
416	배응경 (裵應褧)	1544 ~1602	청량산유상록 (淸凉山遊賞錄)	1600년 5월 8일~20일	16
417	배찬 (裵瓚)	1825 ~1898	유두류록 (遊頭流錄)	미상(9월 4일~8일)	19
418	백경해 (白慶楷)	1765 ~1842	유태백산 (遊太白山)	1796년 5월 10일~20일	18
419	백민수 (白旻洙)	1832 ~1885	낙행일기 (洛行日記)	1865년 1월 22일~미상	19
420	백순우 (白淳愚)	1863 ~1942	옥병유록 (玉屛遊錄)	1902년 5월 24일~6월 6일	20
421	변사정1 (邊士貞)	1529 ~1596	유두류록 (遊頭流錄)	1580년 4월 5일~11일	16
422	변사정2 (邊士貞)	1529 ~1596	유송도록 (遊松都錄)	1591년 2월 23일~27일	16
423	변종운 (卞鍾運)	1790 ~1866	서호범주기 (西湖泛舟記)	1819년 7월 16일	19
424	변진탁1 (邊振鐸)	1769 ~1836	유개내산기 (遊介乃山記)	1814년 3월 21일~22일	19
425	변진탁2 (邊振鐸)	1769 ~1836	관호야범기 (冠湖夜泛記)	1819년 4월 15일	19

순번	저자	생몰연도	일기명	일기 기간	해당 세기
426	서간발 (徐幹發)	1774 ~1833	봉해첩 (蓬海帖)	1818년 3월 30일~5월 29일	19
427	서기수 (徐淇修)	1771 ~1834	유백두산기 (遊白頭山記)	1809년 5월 11일~6월	19
428	서명응-1 (徐命膺)	1716 ~1787	동유산수기 (東遊山水記)	1751년 5월	18
429	서명응-2 (徐命膺)	1716 ~1787	유백두산기 (遊白頭山記)	1766년 6월 10일~16일	18
430	서명응-3 (徐命膺)	1716 ~1787	유영춘기 (遊永春記)	1772년	18
431	서봉령 (徐鳳翎)	1622 ~1687	유금당도기 (遊金堂嶋記)	1683년	17
432	서사원-1 (徐思遠)	1550 ~1615	동유일록 (東遊日錄)	1603년	17
433	서사원-2 (徐思遠)	1550 ~1615	위한강정선생동유기 (爲寒岡鄭先生東遊記)	1605년	17
434	서성렬 (徐成烈) 외	19세기	소백유산록 (小白遊山錄)	1828년 4월 23일~27일	19
435	서영보-1 (徐榮輔)	1759 ~1816	자평강지금성도로력람기 (自平康之金城道路歷覽記)	1806년	19
436	서영보-2 (徐榮輔)	1759 ~1816	풍악기 (楓嶽記)	1806년	19
437	서응순 (徐應淳)	1824 ~1880	유청담기 (遊淸潭記)	1870년 3월	19
438	서찬규-1 (徐贊奎)	1825 ~1905	기행 (記行)	1857년 3월 25일~1861년 4월 20일	19
439	서찬규-2 (徐贊奎)	1825 ~1905	동계유기 (東溪遊記)	1897년 가을	19
440	서형수 (徐瀅修)	1749 ~1824	유북적동기 (遊北笛洞記)	미상	18
441	서활-1 (徐活)	1761 ~1838	기소호행 (記蘇湖行)	1806년 1월 14일~15일	19
442	서활-2 (徐活)	1761 ~1838	유옥계기 (遊玉溪記)	1815년 3월 26일~29일	19
443	서활-3 (徐活)	1761 ~1838	유백운동기 (遊白雲洞記)	1818년 2월	19

순번	저자	생몰연도	일기명	일기 기간	해당 세기
444	석법종1 (釋法宗)	1670 ~1733	유금강록 (遊金剛錄)	1711년 4월	18
445	석법종2 (釋法宗)	1670 ~1733	속향산록 (續香山錄)	미상(4월 8일)	18
446	석세환 (釋世煥)	1853 ~1889	금강록 (金剛錄)	1883년 8월 15일~9월	19
447	석지탁1 (釋知濯)	1750 ~1839	백두산기 (白頭山記)	미상(4월)	19
448	석지탁2 (釋知濯)	1750 ~1839	천불산록 (千佛山錄)	미상	19
449	석홍유 (釋泓宥)	1718 ~1774	유속리기 (遊俗離記)	1763년 9월 9일	18
450	선시계 (宣始啓)	1742 ~1826	유성동기 (遊聖洞記)	1780년 8월	18
451	성간 (成侃)	1427 ~1456	유관악사북암기 (遊冠岳寺北巖記)	1443년 6월	15
452	성대중1 (成大中)	1732 ~1809	운악유렵기 (雲嶽遊獵記)	1772년	18
453	성대중2 (成大中)	1732 ~1812	유원적사용추기 (遊圓寂寺龍湫記)	1777년 6월	18
454	성대중3 (成大中)	1732 ~1809	유내연산기 (遊內延山記)	1783년	18
455	성대중4 (成大中)	1732 ~1809	청량산기 (淸凉山記)	1784년 8월 15일~16일	18
456	성여신 (成汝信)	1546 ~1631	방장산선유일기 (方丈山仙遊日記)	1616년 9월 24일~10월 8일	17
457	성제원 (成悌元)	1506 ~1559	유금강록 (遊金剛錄)	1531년 5월 8일~26일	16
458	성해응1 (成海應)	1760 ~1839	철성산수기 (鐵城山水記)	1799년 8월 10일~14일	18
459	성해응2 (成海應)	1760 ~1839	단양산수기 (丹陽山水記)	1804년 9월 15일~21일	19
460	성해응3 (成海應)	1760 ~1839	유현등산기 (遊懸燈山記)	1811년 9월 13일~15일	19
461	성현 (成俔)	1439 ~1504	동행기 (東行記)	1481년	15

순번	저자	생몰연도	일기명	일기 기간	해당 세기
462	소승규 (蘇昇奎)	1844 ~1908	유봉래산일기 (遊蓬萊山日記)	1897년 4월 16일~5월 1일	18
463	손기양 (孫起陽)	1559 ~1617	유운문산록 (遊雲門山錄)	1614년 9월 19일~26일	17
464	손성악 (孫星岳)	1741 ~1813	유주왕산록 (遊周王山錄)	1802년 9월 8일~미상	19
465	손여규 (孫汝奎)	1658 ~1681	유기룡산록 (遊騎龍山錄)	1676년 늦봄	17
466	송광연1 (宋光淵)	1638 ~1695	오대산기 (五臺山記)	1676년 9월 7일~8일	17
467	송광연2 (宋光淵)	1638 ~1695	임영산수기 (臨瀛山水記)	1676년	17
468	송광연3 (宋光淵)	1638 ~1695	두류록 (頭流錄)	1680년 윤8월 20일~27일	17
469	송광연4 (宋光淵)	1638 ~1695	삼한동기 (三韓洞記)	1686년 여름	17
470	송광연5 (宋光淵)	1638 ~1695	유계양산기 (遊桂陽山記)	미상	17
471	송교명 (宋敎明)	1691 ~1742	속리산기 (俗離山記)	1740년 4월 13일~15일	18
472	송능상 (宋能相)	1710 ~1758	유용담부지도기 (遊龍潭不知島記)	1743년 9월 1일	18
473	송달수 (宋達洙)	1808 ~1858	남유일기 (南遊日記)	1857년 3월 27일~5월 29일	19
474	송문흠 (宋文欽)	1710 ~1752	운장대기 (雲藏臺記)	1728년 9월	18
475	송방조 (宋邦祚)	1567 ~1618	유향산일기 (遊香山日記)	1610년 9월 3일~11월 2일	17
476	송병선01 (宋秉璿)	1836 ~1905	유황산급제명승기 (遊黃山及諸名勝記)	1866년 4월 6일~20일	19
477	송병선02 (宋秉璿)	1836 ~1905	유금오산기 (遊金烏山記)	1866년 8월 18일~미상	19
478	송병선03 (宋秉璿)	1836 ~1905	서유기 (西遊記)	1867년 9월 10일~11월	19
479	송병선04 (宋秉璿)	1836 ~1905	동유기 (東遊記)	1868년 3월 21일~5월 6일	19

순번	저자	생몰연도	일기명	일기 기간	해당 세기
480	송병선05 (宋秉璿)	1836 ~1905	지리산북록기 (智異山北麓記)	1869년 2월	19
481	송병선06 (宋秉璿)	1836 ~1905	서석산기 (瑞石山記)	1869년 2월	19
482	송병선07 (宋秉璿)	1836 ~1905	적벽기 (赤壁記)	1869년 2월	19
483	송병선08 (宋秉璿)	1836 ~1905	백암산기 (白巖山記)	1869년 2월	19
484	송병선09 (宋秉璿)	1836 ~1905	도솔산기 (兜率山記)	1869년 2월	19
485	송병선10 (宋秉璿)	1836 ~1905	변산기 (邊山記)	1869년 2월	19
486	송병선11 (宋秉璿)	1836 ~1905	덕유산기 (德裕山記)	1869년 5월	19
487	송병선12 (宋秉璿)	1836 ~1905	황악산기 (黃岳山記)	1872년 9월	19
488	송병선13 (宋秉璿)	1836 ~1905	수도산기 (修道山記)	1872년 9월	19
489	송병선14 (宋秉璿)	1836 ~1905	가야산기 (伽倻山記)	1872년 9월	19
490	송병선15 (宋秉璿)	1836 ~1905	단진제명승기 (丹晉諸名勝記)	1872년 9월	19
491	송병선16 (宋秉璿)	1836 ~1905	금산기 (錦山記)	1872년 9월	19
492	송병선17 (宋秉璿)	1836 ~1905	두류산기 (頭流山記)	1879년 8월 1일~미상	19
493	송병선18 (宋秉璿)	1836 ~1905	유승평기 (遊昇平記)	1882년 5월 2일~6월	19
494	송병선19 (宋秉璿)	1836 ~1905	유교남기 (遊嶠南記)	1891년 3월 1일~4월	19
495	송병선20 (宋秉璿)	1836 ~1905	유월출천관산기 (遊月出天冠山記)	1898년 윤3월 6일~4월	19
496	송병선21 (宋秉璿)	1836 ~1905	유안음산수기 (遊安陰山水記)	1899년 3월	19
497	송병선22 (宋秉璿)	1836 ~1905	유화양제명승기 (遊華陽諸名勝記)	1902년 3월	20

순번	저자	생몰연도	일기명	일기 기간	해당 세기
498	송병순1 (宋秉珣)	1839 ~1912	유금오록 (遊金烏錄)	1866년 8월 25일~9월 15일	19
499	송병순2 (宋秉珣)	1839 ~1912	유방장록 (遊方丈錄)	1902년 2월 3일~3월 12일	20
500	송병순3 (宋秉珣)	1839 ~1912	화양동기행 (華陽洞記行)	1909년 3월 9일~18일	20
501	송상기1 (宋相琦)	1657 ~1723	서대산기 (西臺山記)	1708년 9월 16일~17일	18
502	송상기2 (宋相琦)	1657 ~1723	유마곡사기 (遊麻谷寺記)	미상(9월 2일~3일)	18
503	송상기3 (宋相琦)	1657 ~1723	유계룡산기 (遊鷄龍山記)	미상(8월~9월)	18
504	송상기4 (宋相琦)	1657 ~1723	유북한기 (遊北漢記)	미상(9월 1일~2일)	18
505	송상윤1 (宋相允)	1674 ~1753	유금강산일기 (遊金剛山日記)	1727년 윤3월 24일~4월 4일	18
506	송상윤2 (宋相允)	1674 ~1753	유경포죽서기 (遊鏡浦竹西記)	1730년 5월 22일~29일	18
507	송석년1 (宋錫年)	1805 ~1850	서행록 (西行錄)	1821년 2월 20일~1839년 3월 25일	19
508	송석년2 (宋錫年)	1805 ~1850	영행일기 (嶺行日記)	1839년 3월 12일~25일	19
509	송시열1 (宋時烈)	1607 ~1689	유대야산기 (遊大冶山記)	1670년 11월 4일~5일	17
510	송시열2 (宋時烈)	1607 ~1689	지고성폭포동유 (識高城瀑布同遊)	1683년 5월	17
511	송심명1 (宋心明)	1788 ~1850	정금호범주기 (淨衿湖泛舟記)	1827년 여름	19
512	송심명2 (宋心明)	1788 ~1850	동유기 (東遊記)	1838년 3월 19일~4월 16일	19
513	송심명3 (宋心明)	1788 ~1850	용문수석기 (龍門水石記)	1839년 봄	19
514	송심명4 (宋心明)	1788 ~1850	남유해상기 (南遊海上記)	1846년 4월~5월 22일	19
515	송심명5 (宋心明)	1788 ~1850	포연수석기 (鋪淵水石記)	1847년 3월	19

순번	저자	생몰연도	일기명	일기 기간	해당 세기
516	송심명6 (宋心明)	1788 ~1850	유산기 (遊山記)	1847년 4월 9일~5월 1일	19
517	송은성 (宋殷成)	1836 ~1898	유용암산기 (遊龍巖山記)	미상	19
518	송인각 (宋寅慤)	1827 ~1892	유청량산록 (遊淸涼山錄)	1883년 3월 26일~4월 7일	19
519	송정악1 (宋廷岳)	1697 ~1775	서행록 (西行錄)	1744년 4월 20일~1769년 7월 3일	18
520	송정악2 (宋廷岳)	1697 ~1775	경행북정록 (京行北征錄)	1749년 2월 그믐~7월 19일	18
521	송정악3 (宋廷岳)	1697 ~1775	통행일기 (統行日記)	1759년 4월 25일~5월 14일	18
522	송정악4 (宋廷岳)	1697 ~1775	연영노정기 (蓮營路程記)	1763년 1월 19일~25일	18
523	송정악5 (宋廷岳)	1697 ~1775	서유경조록 (西遊慶弔錄)	1763년 8월 15일~9월 9일	18
524	송정악6 (宋廷岳)	1697 ~1775	호행록 (湖行錄)	1768년 4월 1일~17일	18
525	송정악7 (宋廷岳)	1697 ~1775	유경일기 (留京日記)	1768년 4월 17일~6월 14일	18
526	송주상 (宋周相)	1695 ~1751	동유일기 (東遊日記)	1749년 4월 13일~5월 22일	18
527	송지행1 (宋志行)	1741 ~1802	서행록 (西行錄)	1768년 1월 15일~1800년 4월 19일	18
528	송지행2 (宋志行)	1741 ~1802	회행일기 (會行日記)	1773년 3월 1일~윤3월 23일	18
529	송지행3 (宋志行)	1741 ~1802	향산일기 (香山日記)	1792년 10월 15일~12월 18일	18
530	송환기1 (宋煥箕)	1728 ~1807	청량산유람록 (淸涼山遊覽錄)	1761년 3월 26일~28일	18
531	송환기2 (宋煥箕)	1728 ~1807	유고산록 (遊孤山錄)	1761년 5월 16일~17일	18
532	송환기3 (宋煥箕)	1728 ~1807	동유일기 (東遊日記)	1781년 7월 29일~9월 29일	18
533	신경 (申暻)	1696 ~1766	기한북유행 (記漢北遊行)	1731년	18

순번	저자	생몰연도	일기명	일기 기간	해당세기
534	신광하1 (申光河)	1729 ~1796	사군기행 (四郡紀行)	1773년 8월 12일~22일	18
535	신광하2 (申光河)	1729 ~1796	동유기행 (東遊紀行)	1778년 8월 20일~10월 17일	18
536	신국빈1 (申國賓)	1724 ~1799	순오기행 (旬五記行)	1790년 9월 24일~10월 9일	18
537	신국빈2 (申國賓)	1724 ~1799	서행일기 (西行日記)	1795년 1월 23일~3월	18
538	신기선 (申箕善)	1851 ~1909	유북한기 (遊北漢記)	1898년 10월 26일~11월 2일	19
539	신대중 (申大重)	1777 ~1830	옥계유록 (玉溪遊錄)	1822년 4월	19
540	신명구1 (申命耉)	1666 ~1742	유두류일록 (遊頭流日錄)	1719년 5월 16일~21일	18
541	신명구2 (申命耉)	1666 ~1742	유두류속록 (遊頭流續錄)	1720년 4월 6일~14일	18
542	신명현1 (申命顯)	1776 ~1820	유도봉기 (遊道峯記)	1800년 4월	18
543	신명현2 (申命顯)	1776 ~1820	유월산기 (遊月山記)	미상(8월 18일)	19
544	신명현3 (申命顯)	1776 ~1820	유북한기 (遊北漢記)	미상(8월 4일~6일)	19
545	신방1 (申昉)	1685 ~1736	여유기 (驪遊記)	1705년 9월 20일~25일	18
546	신방2 (申昉)	1685 ~1736	기우협야유 (記牛峽夜遊)	1706년 8월 16일	18
547	신상악 (申象岳)	1713 ~?	은유일기 (恩遊日記)	1765년 1월 29일~5월 10일	18
548	신석우1 (申錫愚)	1805 ~1865	유만월대기 (遊滿月臺記)	1833년	19
549	신석우2 (申錫愚)	1805 ~1865	춘유광복동기 (春遊廣腹洞記)	1842년 3월	19
550	신석우3 (申錫愚)	1805 ~1865	촉석루연유기 (矗石樓讌遊記)	1856년 3월 26일	19
551	신석우4 (申錫愚)	1805 ~1865	입통제영기 (入統制營記)	1856년 3월 29일	19

순번	저자	생몰연도	일기명	일기 기간	해당 세기
552	신석우5 (申錫愚)	1805 ~1865	유한산도기 (遊閑山島記)	1856년 4월 1일	19
553	신석우6 (申錫愚)	1805 ~1865	입가야산기 (入伽倻山記)	1856년	19
554	신석우7 (申錫愚)	1805 ~1865	유김씨산정기 (遊金氏山亭記)	1858년 5월 2일	19
555	신석우8 (申錫愚)	1805 ~1865	금릉유기 (金陵遊記)	1862년 가을	19
556	신유한 (申維翰)	1681 ~1752	유웅연기 (遊熊淵記)	1739년 6월 9일	18
557	신익상 (申翼相)	1634 ~1697	남유록 (南遊錄)	1654년 9월	17
558	신익성 (申翊聖)	1588 ~1644	유금강산소기 (遊金剛山小記)	미상	17
559	신작 (申綽)	1760 ~1828	사군행기 (四郡行記)	미상(9월)	19
560	신재철 (愼在哲)	1803 ~1872	유속리산기 (遊俗離山記)	미상(3월)	19
561	신정주 (申鼎周)	1764 ~1827	유청량산록 (遊淸凉山錄)	미상(4월 30일~5월 2일)	19
562	신정하1 (申靖夏)	1681 ~1716	유서악기 (遊西嶽記)	1702년 3월	18
563	신정하2 (申靖夏)	1681 ~1716	태백기유 (太白紀遊)	1709년 8월 15일~9월 13일	18
564	신정하3 (申靖夏)	1681 ~1716	유쌍계기 (遊雙溪記)	1714년 10월	18
565	신즙1 (申楫)	1580 ~1639	유주방산록 (遊周房山錄)	1604년 4월 1일	17
566	신즙2 (申楫)	1580 ~1639	유금강록 (遊金剛錄)	1627년 6월 27일~9월 15일	17
567	신지제 (申之悌)	1562 ~1624	유청량산록 (遊淸凉山錄)	1594년 9월 1일~5일	16
568	신필청 (申必淸)	1647 ~1710	유가야산록 (遊伽倻山錄)	1681년 1월	17
569	신호인 (申顥仁)	1762 ~1832	등오도산기 (登吾道山記)	미상(4월 3일)	18

순번	저자	생몰연도	일기명	일기 기간	해당 세기
570	신혼1 (申混)	1624 ~1656	자금강주지백마강기 (自錦江舟至白馬江記)	1648년 3월	17
571	신혼2 (申混)	1624 ~1656	유향산기 (遊香山記)	1654년	17
572	신혼3 (申混)	1624 ~1656	유도담기 (遊島潭記)	미상	17
573	신혼4 (申混)	1624 ~1656	후유백마강기 (後游白馬江記)	미상	17
574	신홍원 (申弘遠)	1787 ~1865	유대둔산기 (遊大遯山記)	1845년 12월 15일	19
575	신활 (申活)	1576 ~1643	관어대유행기 (觀魚臺遊行記)	1598년 3월 15일	16
576	신후재 (申厚載)	1636 ~1699	유청량산기 (遊淸凉山記)	1673년 8월 29일~9월 4일	17
577	심광세 (沈光世)	1577 ~1624	유변산록 (遊邊山錄)	1607년 5월	17
578	심대윤 (沈大允)	1806 ~1872	남정록 (南征錄)	1841년 10월~1842년 4월 1일	19
579	심사주 (沈師周)	1691 ~1757	유삼강기 (遊三江記)	1748년	18
580	심원열1 (沈遠悅)	1792 ~1866	서지하화기 (西池荷花記)	1855년	19
581	심원열2 (沈遠悅)	1792 ~1866	태화루기 (太和樓記)	1855년	19
582	심원열3 (沈遠悅)	1792 ~1866	묵산기 (默山記)	1855년	19
583	심원열4 (沈遠悅)	1792 ~1866	일생산기 (日生山記)	1857년	19
584	심육1 (沈錥)	1685 ~1753	만관록 (灣舘錄)	1710년 7월 20일~1711년 11월 4일	18
585	심육2 (沈錥)	1685 ~1753	풍악록 (楓嶽錄)	1713년	18
586	심정진1 (沈定鎭)	1725 ~1786	북협일기 (北峽日記)	1753년 4월	18
587	심정진2 (沈定鎭)	1725 ~1786	유남산기 (遊南山記)	1760년 4월 13일	18

순번	저자	생몰연도	일기명	일기 기간	해당 세기
588	심정진3 (沈定鎭)	1725 ~1786	천불산기 (千佛山記)	미상	18
589	심조 (沈潮)	1694 ~1756	도봉행일기 (道峯行日記)	1754년 9월 12일~17일	18
590	안경시1 (安景時)	1712 ~1794	파산성묘기행 (巴山省墓記行)	1775년	18
591	안경시2 (安景時)	1712 ~1794	유재약산록 (遊載藥山錄)	미상(9월 13일)	18
592	안경점 (安景漸)	1722 ~1789	유금강록 (遊金剛錄)	1774년 7월 21일~8월 28일	18
593	안규용 (安圭容)	1860 ~1910	사문배종일기 (師門陪從日記)	1907년 3월 10일~5월 6일	20
594	안덕문 (安德文)	1747 ~1811	동유록 (東遊錄)	1803년 8월	19
595	안명하 (安命夏)	1682 ~1752	원유록 (遠遊錄)	1700년, 1701년, 1704년, 1723년	17
596	안병두1 (安炳斗)	1881 ~1927	남유록 (南遊錄)	1905년 9월 3일~12월 2일	20
597	안병두2 (安炳斗)	1881 ~1927	북유록 (北遊錄)	1906년 8월~미상	20
598	안석경1 (安錫儆)	1718 ~1774	유청평산기 (遊淸平山記)	1739년 5월	18
599	안석경2 (安錫儆)	1718 ~1774	유도산역동이서원기 (遊陶山易東二書院記)	1743년 3월 7일	18
600	안석경3 (安錫儆)	1718 ~1774	유치악대승암기 (遊雉岳大乘菴記)	1752년 4월 7일	18
601	안석경4 (安錫儆)	1718 ~1774	동행기 (東行記)	1761년 4월 1일~5월 13일	18
602	안석경5 (安錫儆)	1718 ~1774	동유기 (東遊記)	1765년 8월 18일~9월 29일	18
603	안석경6 (安錫儆)	1718 ~1774	유천등산기 (遊天登山記)	미상(가을)	18
604	안성환 (安成煥)	1858 ~1911	남유일기 (南遊日記)	1898년 3월 20일~윤3월 24일	19
605	안응창 (安應昌)	1603 ~1680	유금강기 (遊金剛記)	1640년 4월 13일~14일	17

순번	저자	생몰연도	일기명	일기 기간	해당 세기
606	안익제 (安益濟)	1850 ~1909	두류록 (頭流錄)	1903년 8월 27일~9월	20
607	안인일1 (安仁一)	1736 ~1806	중구일유사안대기승 (重九日遊謝安臺記勝)	1795년 9월 9일	18
608	안인일2 (安仁一)	1736 ~1806	유고사산록 (遊姑射山錄)	1801년 가을	19
609	안정 (安侹)	1574 ~1636	무릉산동유록 (武陵山同遊錄)	1625년 3월 2일~5일	17
610	안중관 (安重觀)	1683 ~1752	유응진암기 (遊應眞庵記)	1720년 5월	18
611	안창렬 (安昌烈)	1847 ~1925	해산기행록 (海山紀行錄)	1889년	19
612	안치권1 (安致權)	1745 ~1813	대덕산성묘일기 (大德山省墓日記)	1796년 9월 26일~10월	18
613	안치권2 (安致權)	1745 ~1813	두류록 (頭流錄)	1807년 2월	19
614	양경우 (梁慶遇)	1568 ~?	역진연해군현잉입두류상쌍계신흥기행록 (歷盡沿海郡縣仍入頭流賞雙溪神興紀行祿)	1618년 윤4월 15일~5월 18일	17
615	양대박1 (梁大樸)	1543 ~1592	금강산기행록 (金剛山紀行錄)	1572년 4월 4일~20일	16
616	양대박2 (梁大樸)	1543 ~1592	두류산기행록 (頭流山紀行錄)	1586년 9월 2일~9월 12일	16
617	양우종 (梁佑宗)	1863 ~1917	표류일기 (漂流日記)	1893년 12월 17일~1894년 3월 10일	19
618	양의영 (梁宜永)	1816 ~1870	유북한기 (遊北漢記)	1858년 8월 16일~21일	19
619	양이정 (楊以貞)	1597 ~1650	화왕유산록 (火旺遊山錄)	1640년 늦여름	17
620	양재경 (梁在慶)	1859 ~1918	유쌍계사기 (遊雙溪寺記)	1905년 4월	20
621	양지회 (梁知會)	19세기	표해록 (漂海錄)	1818년 1월~11월	19
622	양진영1 (樑進永)	1788 ~1860	유서석산기 (遊瑞石山記)	미상	19

순번	저자	생몰연도	일기명	일기 기간	해당 세기
623	양진영2 (樑進永)	1788 ~1860	유관두산기 (遊館頭山記)	미상	19
624	양훤 (楊晅)	1597 ~1650	경양대동범록 (景釀臺同泛錄)	1628년 4월	17
625	어용익 (魚用翼)	1753 ~1799	유단산기 (遊丹山記)	미상	18
626	어유봉1 (魚有鳳)	1672 ~1744	유신계선유암기 (遊新溪仙遊巖記)	1700년 3월	17
627	어유봉2 (魚有鳳)	1672 ~1744	주유동호소기 (舟遊東湖小記)	1706년 4월 19일	18
628	어유봉3 (魚有鳳)	1672 ~1744	동유기 (東遊記)	1721년 3월 26일~4월	18
629	어유봉4 (魚有鳳)	1672 ~1744	유금강산기 (遊金剛山記)	1731년 4월	18
630	어유봉5 (魚有鳳)	1672 ~1744	재유금강내외산기 (再遊金剛內外山記)	1733년 9월 4일~29일	18
631	여문화 (呂文和)	1652 ~1722	유가야산록 (遊伽倻山錄)	1705년 가을	18
632	염석진 (廉錫珍)	1879 ~1955	원유일기략 (遠遊日記略)	1899년 3월 21일~5월 21일	19
633	염재신1 (廉在愼)	1862 ~1935	유서석산기 (遊瑞石山記)	1892년 7월	19
634	염재신2 (廉在愼)	1862 ~1935	기행일록 (畿行日錄)	1898년~1899년	19
635	염재신3 (廉在愼)	1862 ~1935	관동일록 (關東日錄)	1899년 7월~8월	19
636	영허 해일1 (映虛海日)	1541 ~1609	두류산 (頭流山)	미상	16
637	영허 해일2 (映虛海日)	1541 ~1609	향산 (香山)	미상	16
638	영허 해일3 (映虛海日)	1541 ~1609	금강산 (金剛山)	미상	16

순번	저자	생몰연도	일기명	일기 기간	해당 세기
639	예대주 (芮大周)	1865 ~?	유오대기 (遊烏臺記)	미상	19
640	오두인1 (吳斗寅)	1624 ~1689	조석천기 (潮汐泉記)	1651년 9월 23일	17
641	오두인2 (吳斗寅)	1624 ~1689	의암기 (義巖記)	1651년 10월 24일	17
642	오두인3 (吳斗寅)	1624 ~1689	두류산기 (頭流山記)	1651년 11월 1일~6일	17
643	오두인4 (吳斗寅)	1624 ~1689	청량산기 (淸凉山記)	1651년	17
644	오두인5 (吳斗寅)	1624 ~1689	부석사기 (浮石寺記)	1651년	17
645	오숙1 (吳翿)	1592 ~1634	유옥산서원기 (遊玉山書院記)	미상(가을)	17
646	오숙2 (吳翿)	1592 ~1634	유도산기 (遊陶山記)	미상	17
647	오여벌 (吳汝橃)	1579 ~1635	유청량산록 (遊淸凉山錄)	1627년 9월	17
648	오원1 (吳瑗)	1700 ~1740	곡운행기 (谷雲行記)	1720년 9월 16일~20일	18
649	오원2 (吳瑗)	1700 ~1740	청협일기 (淸峽日記)	1722년 3월 25일~4월 3일	18
650	오원3 (吳瑗)	1700 ~1740	호좌일기 (湖左日記)	1723년 3월 18일~4월 7일	18
651	오원4 (吳瑗)	1700 ~1740	영협일기 (永峽日記)	1723년 6월 28일~7월 3일	18
652	오원5 (吳瑗)	1700 ~1740	유풍악일기 (遊楓嶽日記)	1727년 윤3월 17일~4월 5일	18
653	오원6 (吳瑗)	1700 ~1740	금양유기 (衿陽遊記)	1728년 5월 1일~2일	18
654	오원7 (吳瑗)	1700 ~1740	서유일기 (西遊日記)	1729년 4월 2일~7일	18
655	오윤후 (吳允厚)	19세기	유산록 (遊山錄)	1854년 4월	19
656	오재순1 (吳載純)	1727 ~1792	해산일기 (海山日記)	1748년 윤7월 20일~8월 9일	18

순번	저자	생몰연도	일기명	일기 기간	해당 세기
657	오재순2 (吳載純)	1727 ~1792	중심마연기 (重尋馬淵記)	1758년 9월 9일	18
658	오재순3 (吳載純)	1727 ~1792	심백탑동기 (尋百塔洞記)	미상	18
659	오재정1 (吳再挺)	1641 ~1709	유속리산록 (遊俗離山錄)	1693년 9월	17
660	오재정2 (吳再挺)	1641 ~1709	유계룡산록 (遊鷄龍山錄)	1693년 10월 13일~20일	17
661	오재정3 (吳再挺)	1641 ~1709	유삼각산록 (遊三角山錄)	1696년 3월 16일~17일	17
662	오준선1 (吳駿善)	1851 ~1931	서유록 (西遊錄)	1900년 9월 12일~10월	19
663	오준선2 (吳駿善)	1851 ~1931	서행록 (西行錄)	1901년 10월 10일~11월 4일	20
664	오희상1 (吳熙常)	1763 ~1833	유수락소기 (遊水落小記)	1790년 7월 16일~18일	18
665	오희상2 (吳熙常)	1763 ~1833	도산기행 (陶山記行)	1799년 7월	18
666	오희상3 (吳熙常)	1763 ~1833	계미기행 (癸未記行)	1823년 5월 4일~12일	19
667	원경하 (元景夏)	1698 ~1761	입동협기 (入東峽記)	1728년 4월 20일~5월 3일	18
668	위계룡 (魏啓龍)	1870 ~1948	화양행일기 (華陽行日記)	1910년 8월 19일~9월 23일	20
669	위계민 (魏啓玟)	1855 ~1923	승유일기 (勝遊日記)	1898년 4월 15일~미상	19
670	위백규1 (魏伯珪)	1727 ~1798	사자산동유기 (獅子山同遊記)	1791년 3월	18
671	위백규2 (魏伯珪)	1727 ~1798	유금성기 (遊錦城記)	1791년	18
672	위백규3 (魏伯珪)	1727 ~1798	금당도선유기 (金塘島船遊記)	미상	18
673	유경시1 (柳敬時)	1666 ~1737	남귀록 (南歸錄)	1697년 10월 20일~29일	17
674	유경시2 (柳敬時)	1666 ~1737	호남성묘록 (湖南省墓錄)	1724년 윤4월 4일~11일	18

순번	저자	생몰연도	일기명	일기 기간	해당 세기
675	유경시3 (柳敬時)	1666 ~1737	유금강산록 (遊金剛山錄)	미상(1728년 이후)	18
676	유계 (兪棨)	1607 ~1664	황산기유 (黃山記遊)	1653년 윤7월 5일	17
677	유광천1 (柳匡天)	1732 ~1799	유삼각산기 (遊三角山記)	미상	18
678	유광천2 (柳匡天)	1732 ~1799	연정야유기 (蓮亭夜遊記)	미상(7월)	18
679	유근 (柳根)	1549 ~1627	중유압록강기 (重遊鴨綠江記)	1599년 여름	16
680	유득공1 (柳得恭)	1748 ~1807	춘성유기 (春城遊記)	1770년 3월	18
681	유득공2 (柳得恭)	1748 ~1807	은선동기 (隱仙洞記)	1775년 10월	18
682	유몽인 (柳夢寅)	1559 ~1623	유두류산록 (遊頭流山錄)	1611년 2월 초~4월 8일	17
683	유문룡1 (柳汶龍)	1753 ~1821	유천왕봉기 (遊天王峯記)	1799년 8월 16일~19일	18
684	유문룡2 (柳汶龍)	1753 ~1821	유쌍계기 (遊雙磎記)	1808년 8월 16일~17일	19
685	유상조 (柳相祚)	1763 ~1838	관동일기 (關東日記)	1808년 2월 24일~5월 2일	19
686	유신환 (兪莘煥)	1801 ~1859	유장씨원기 (遊蔣氏園記)	1844년 6월	19
687	유연근 (柳淵根)	1857 ~1933	주왕유록 (周王遊錄)	미상(1886년경), 1916년	19
688	유운룡 (柳雲龍)	1539 ~1601	유금강산록 (遊金剛山錄)	1557년 9월	16
689	유응목1 (柳膺睦)	1841 ~1921	유비봉산록 (遊飛鳳山錄)	1868년 여름	19
690	유응목2 (柳膺睦)	1841 ~1921	유주왕산록 (遊周王山錄)	1902년 8월 29일~9월 1일	20
691	유응수 (柳應壽)	1648 ~1677	봉산일기 (蓬山日記)	1677년 9월 27일~11월 3일	17
692	유일수 (柳日秀)	1844 ~1913	유람일기 (遊覽日記)	1895년 윤5월 16일~6월 19일	19

순번	저자	생몰연도	일기명	일기 기간	해당 세기
693	유일영 (柳日榮)	1767 ~1837	도유기 (島遊記)	1802년 8월 16일	19
694	유정문1 (柳鼎文)	1782 ~1839	유금강록 (遊金剛錄)	1796년	18
695	유정문2 (柳鼎文)	1782 ~1839	소백산지로기 (小白山指路記)	1828년 4월 22일~5월	19
696	유정문3 (柳鼎文)	1782 ~1839	태백산지로기 (太白山指路記)	1828년	19
697	유정문4 (柳鼎文)	1782 ~1839	유명옥암기 (遊鳴玉巖記)	미상	19
698	유정원 (柳正源)	1702 ~1761	유금강산록 (遊金剛山錄)	1755년 4월 27일~5월 7일	18
699	유정탁 (柳正鐸)	1752 ~1829	두류기행 (頭流紀行)	미상(3월 10일~14일)	18
700	유종 (柳琮)	미상	유호가정기 (遊浩歌亭記)	미상	미상
701	유진 (柳袗)	1582 ~1635	유청량산일기 (遊清凉山日記)	1614년 9월 12일~17일	17
702	유창 (兪瑒)	1614 ~1692	관동추순록 (關東秋巡錄)	1657년 8월 22일~9월 23일	17
703	유척기 (兪拓基)	1691 ~1767	유가야기 (遊伽倻記)	1712년 8월 26일~9월 1일	18
704	유치유1 (柳致游)	1811 ~1871	유청량산기 (遊清凉山記)	1847년 9월 15일~16일	19
705	유치유2 (柳致游)	1811 ~1871	기주왕행 (記周王行)	미상(5월)	19
706	유치호1 (柳致皜)	1800 ~1862	유매계기 (遊梅溪記)	1837년 10월	19
707	유치호2 (柳致皜)	1800 ~1862	암대야유기 (巖臺夜遊記)	1843년 1월 16일	19
708	유태춘 (柳泰春)	1729 ~1814	유주왕산록 (遊周王山錄)	미상(9월 24일~10월 4일)	18
709	유호인 (兪好仁)	1445 ~1494	유송도록 (遊松都錄)	1477년 4월~5월	15
710	유휘문1 (柳徽文)	1773 ~1832	유동호기 (遊東湖記)	1803년 5월 5일	19

순번	저자	생몰연도	일기명	일기 기간	해당 세기
711	유휘문2 (柳徽文)	1773 ~1832	서유록 (西遊錄)	1817년 8월~9월	19
712	유휘문3 (柳徽文)	1773 ~1832	북유록 (北遊錄)	1819년 9월 11일~11월 16일	19
713	유휘문4 (柳徽文)	1773 ~1832	남유록 (南遊錄)	1822년 4월 5일~5월 8일	19
714	유휘문5 (柳徽文)	1773 ~1832	유영남루기 (遊嶺南樓記)	1827년 9월 9일	19
715	유휘문6 (柳徽文)	1773 ~1832	동유록 (東遊錄)	1829년 가을	19
716	유흠목 (柳欽睦)	1843 ~1910	유청량산록 (遊淸涼山錄)	미상(4월 3일~20일)	19
717	유희지 (柳熙之)	1629 ~1712	유청량산기 (遊淸涼山記)	1683년 5월 1일~2일	17
718	윤선거 (尹宣擧)	1610 ~1669	파동기행 (巴東紀行)	1664년 1월~5월	17
719	윤순거 (尹舜擧)	1596 ~1668	재유기 (再遊記)	미상(가을)	17
720	윤우학 (尹禹學)	1852 ~1930	등오도산기 (登吾道山記)	1902년 봄	20
721	윤행임1 (尹行恁)	1762 ~1801	동정기 (東征記)	1782년	18
722	윤행임2 (尹行恁)	1762 ~1801	선유동기 (仙遊洞記)	미상	18
723	윤효관 (尹孝寬)의 후손	1745 ~1823	여유일록 (旅遊日錄)	1777년 2월~1778년 1월 2일	18
724	윤휴 (尹鑴)	1617 ~1680	풍악록 (楓岳錄)	1672년 윤7월 24일~8월 24일	17
725	응윤 (應允)	1743 ~1804	두류산회화기 (頭流山會話記)	1803년 8월	19
726	이가순1 (李家淳)	1768 ~1844	서북기행 (西北紀行)	1808년 4월	19
727	이가순2 (李家淳)	1768 ~1844	유주왕산기 (遊周王山記)	1816년 늦가을	19

순번	저자	생몰연도	일기명	일기 기간	해당 세기
728	이갑룡 (李甲龍)	1734 ~1799	유산록 (遊山錄)	1754년 윤5월 10일~16일	18
729	이강 (李矼)	1728 ~1794	유문산석굴기 (遊文山石窟記)	1762년	18
730	이건 (李健)	1614 ~1662	배인흥군숙부유강한기 (陪仁興君叔父遊江漢記)	1638년 9월 9일~10일	17
731	이건창 (李建昌)	1852 ~1898	유심진동기 (遊尋眞洞記)	미상	19
732	이경록 (李經祿)	1736 ~1804	남행록 (南行錄)	1789년	18
733	이경석 (李景奭)	1595 ~1671	풍악록 (楓嶽錄)	1651년 9월 17일~28일	17
734	이경전1 (李慶全)	1567 ~1644	대설방천방사기 (大雪訪千方寺記)	1631년 11월	17
735	이경전2 (李慶全)	1567 ~1644	노호승설마기 (露湖乘雪馬記)	1631년 윤11월 21일	17
736	이계서1 (李溪墅)	19세기	유속리산기 (遊俗離山記)	1871년 가을	19
737	이계서2 (李溪墅)	19세기	오군기행 (五郡紀行)	1878년 3월 17일~4월 17일	19
738	이계서3 (李溪墅)	19세기	동학동기유 (東鶴洞紀遊)	1879년 8월 2일~5일	19
739	이계서4 (李溪墅)	19세기	남악기유 (南嶽紀遊)	1880년 8월 1일~15일	19
740	이계서5 (李溪墅)	19세기	유북한기 (遊北漢記)	1880년 가을	19
741	이광덕1 (李匡德)	1762 ~1824	동화사완유기 (桐華寺玩遊記)	1782년 가을	18
742	이광덕2 (李匡德)	1762 ~1824	남행일기 (南行日記)	1814년 7월~8월	19
743	이광덕3 (李匡德)	1762 ~1824	암사구허동유기 (巖寺舊墟同遊記)	미상	19
744	이광로1 (李光魯)	1828 ~1903	관해일기 (觀海日記)	1885년 8월 21일~27일	19
745	이광로2 (李光魯)	1828 ~1903	유봉산일기 (遊蓬山日記)	1887년	19

순번	저자	생몰연도	일기명	일기 기간	해당 세기
746	이광수 (李光秀)	1873 ~1953	유옥류천기 (遊玉流泉記)	1904년 9월 10일	20
747	이광정 (李光庭)	1674 ~1756	구대야유기 (龜臺夜遊記)	1742년 7월 16일	18
748	이광정 (李光靖)	1714 ~1789	문소산수가유기 (聞韶山水可遊記)	1757년	18
749	이교년 (李喬年)	? ~1770	유청량산기 (遊淸凉山記)	미상(6월 29일~7월 18일)	18
750	이규준1 (李圭晙)	1855 ~1923	서유로정기 (西遊路程記)	1901년 3월 14일~5월 11일	20
751	이규준2 (李圭晙)	1855 ~1923	금강일기 (金剛日記)	1902년 4월 7일~5월 23일	20
752	이규준3 (李圭晙)	1855 ~1923	입가야산기 (入伽倻山記)	1909년 5월	20
753	이근오 (李覲吳)	1760 ~1834	옥계기행 (玉溪紀行)	1804년 9월 21일~26일	19
754	이근원 (李根元)	1840 ~1918	동유일기 (東遊日記)	1898년 8월 22일~9월 28일	19
755	이기 (李夔)	1699 ~1779	유가야산록 (遊伽倻山錄)	1759년 2월 24일~3월 9일	18
756	이기1 (李沂)	1848 ~1909	유만덕산기 (遊萬德山記)	1870년 10월 4일	19
757	이기2 (李沂)	1848 ~1909	중유만덕산기 (重遊萬德山記)	1870년 11월	19
758	이기경1 (李基敬)	1713 ~1787	괴황일기 (槐黃日記)	1737년 9월 12일~1738년 4월 20일	18
759	이기경2 (李基敬)	1713 ~1787	기미행정력 (己未行程歷)	1739년 8월 26일~12월 15일	18
760	이기경3 (李基敬)	1713 ~1787	변산동유일록 (邊山東遊日錄)	1748년 윤7월 17일~25일	18
761	이기경4 (李基敬)	1713 ~1787	동유일기 (東遊日記)	1765년 3월 11일~26일	18
762	이남규1 (李南珪)	1855 ~1907	유웅연소기 (遊熊淵小記)	미상(겨울)	19
763	이남규2 (李南珪)	1855 ~1907	유천방사구지기 (遊千房寺舊址記)	미상(3월)	19

순번	저자	생몰연도	일기명	일기 기간	해당 세기
764	이덕무1 (李德懋)	1741 ~1793	서해여언 (西海旅言)	1768년 10월 4일~24일	18
765	이덕무2 (李德懋)	1741 ~1793	계사춘유기 (癸巳春遊記)	1773년 윤3월 25일~28일	18
766	이덕무3 (李德懋)	1741 ~1793	협주기 (峽舟記)	1776년 3월 25일~27일	18
767	이덕무4 (李德懋)	1741 ~1793	가야산기 (伽倻山記)	1782년 2월 18일	18
768	이덕수1 (李德壽)	1673 ~1744	풍악유기 (楓岳遊記)	1714년 8월	18
769	이덕수2 (李德壽)	1673 ~1744	청풍정연유기 (淸風亭宴遊記)	1729년 가을	18
770	이덕홍 (李德弘)	1541 ~1596	동경유록 (東京遊錄)	1579년 4월 17일~21일	16
771	이도추 (李道樞)	1847 ~1921	동유기행 (東遊紀行)	1883년 5월 11일~7월 2일	19
772	이도현1 (李道顯)	1726 ~1776	유강도기 (遊江都記)	1757년	18
773	이도현2 (李道顯)	1726 ~1776	유금강산기 (遊金剛山記)	1767년 8월 29일~9월 10일	18
774	이돈 (李燉)	1568 ~1624	유망천서 (遊輞川序)	1606년 여름	17
775	이동표1 (李東標)	1654 ~1700	유백마강록 (遊白馬江錄)	1677년	17
776	이동표2 (李東標)	1654 ~1700	유금강산록 (遊金剛山錄)	1690년 8월	17
777	이동항1 (李東沆)	1736 ~1804	유속리산기 (遊俗離山記)	1787년 9월	18
778	이동항2 (李東沆)	1736 ~1804	방장유록 (方丈遊錄)	1790년 3월 28일~5월 4일	18
779	이동항3 (李東沆)	1736 ~1804	해산록 (海山錄)	1791년 3월 27일~5월 21일	18
780	이동항4 (李東沆)	1736 ~1804	삼동산수기 (三洞山水記)	미상	18
781	이두훈 (李斗勳)	1856 ~1918	모리기행록 (某里紀行錄)	1889년 4월 11일~22일	19

순번	저자	생몰연도	일기명	일기 기간	해당 세기
782	이만각 (李晩慤)	1815 ~1874	명암기 (鳴巖記)	1856년	19
783	이만백 (李萬白)	1657 ~1717	서행일기 (西行日記)	1687년 7월 30일~8월 26일	17
784	이만운1 (李萬運)	1736 ~1820	유천생산기 (遊天生山記)	1758년 1월	18
785	이만운2 (李萬運)	1736 ~1820	촉석동유기 (矗石同遊記)	1783년 11월 26일~27일	18
786	이만운3 (李萬運)	1736 ~1820	덕산동유기 (德山同遊記)	1783년 11월 28일	18
787	이만운4 (李萬運)	1736 ~1820	문산재동유기 (文山齋同遊記)	1783년 11월 29일	18
788	이만운5 (李萬運)	1736 ~1820	가야동유록 (伽倻同遊錄)	1786년 8월	18
789	이만운6 (李萬運)	1736 ~1820	유관어대기 (遊觀魚臺記)	1792년	18
790	이만운7 (李萬運)	1736 ~1820	유금산기 (遊錦山記)	미상	18
791	이면신1 (李勉信)	1857 ~1935	봉래일기 (蓬萊日記)	1894년 3월 6일~4월 9일	19
792	이면신2 (李勉信)	1857 ~1935	자경산위시지금강일기 (自京山爲始至金剛日記)	1894년 4월 10일~5월 29일	19
793	이명배 (李命培)	1672 ~1736	남정록 (南征錄)	1698년 2월~3월	17
794	이명준 (李命俊)	1572 ~1630	유산록 (遊山錄)	1628년 4월 12일~5월 5일	17
795	이명한1 (李明漢)	1595 ~1645	유남천석담기 (遊南川石潭記)	1628년 3월	17
796	이명한2 (李明漢)	1595 ~1645	유풍악기 (遊楓嶽記)	1640년 4월 13일~미상	17
797	이명환1 (李明煥)	1718 ~1764	양록지행 (楊麓之行)	1742년	18
798	이명환2 (李明煥)	1718 ~1764	해악지행 (海嶽之行)	1746년 3월	18
799	이명환3 (李明煥)	1718 ~1764	동음지행 (洞陰之行)	1747년 9월	18

순번	저자	생몰연도	일기명	일기 기간	해당 세기
800	이명환4 (李明煥)	1718 ~1764	유삼막기 (遊三藐記)	1749년 가을	18
801	이반 (李槃)	1686 ~1718	유주왕산기 (遊周王山記)	1715년 1월 그믐	18
802	이병렬 (李秉烈)	1749 ~1808	금강일기 (金剛日記)	1808년 3월 25일~4월 13일	19
803	이병성 (李秉成)	1675 ~1735	유용흥폭포기 (遊龍興瀑布記)	1706년 6월 8일	18
804	이병연 (李昺淵)	19세기	황지기사 (潢池記事)	미상(1880년경)	19
805	이병운 (李秉運)	1766 ~1841	동정일록 (東征日錄)	1796년 2월 8일~3월 21일	18
806	이병원1 (李秉遠)	1774 ~1840	영평산수가유자기 (永平山水可遊者記)	1816년 봄	19
807	이병원2 (李秉遠)	1774 ~1840	유수락기 (遊水落記)	1816년	19
808	이보 (李簠)	1629 ~1710	한강범주록 (漢江泛舟錄)	미상	17
809	이복1 (李馥)	1626 ~1688	선성왕환록 (宣城往還錄)	1658년 11월 20일~24일	17
810	이복2 (李馥)	1626 ~1688	기성왕환록 (基城往還錄)	1659년 5월 7일~19일	17
811	이복3 (李馥)	1626 ~1688	유금오산록 (遊金烏山錄)	1666년 8월 15일~20일	17
812	이복연 (李復淵)	1768 ~1835	경행일기 (京行日記)	1825년 1월 18일~4월 9일	19
813	이복원 (李福源)	1719 ~1792	설악왕환일기 (雪嶽往還日記)	1753년	18
814	이산해1 (李山海)	1539 ~1609	망양정기 (望洋亭記)	1592년 5월	16
815	이산해2 (李山海)	1539 ~1609	월송정기 (越松亭記)	1592년	16
816	이산해3 (李山海)	1539 ~1609	월야방운주사기 (月夜訪雲住寺記)	1600년 겨울	16
817	이산해4 (李山海)	1539 ~1609	유선암사기 (遊仙巖寺記)	미상	16

순번	저자	생몰연도	일기명	일기 기간	해당 세기
818	이산해5 (李山海)	1539 ~1609	유백암사기 (遊白巖寺記)	미상	16
819	이삼환 (李森煥)	1729 ~1813	관서기행 (關西紀行)	1786년 9월 4일~10월 11일	18
820	이상룡 (李相龍)	1858 ~1932	유청량산록 (遊淸凉山錄)	1882년 3월 19일~27일	19
821	이상수01 (李象秀)	1820 ~1882	유석담기 (遊石潭記)	1848년	19
822	이상수02 (李象秀)	1820 ~1882	유속리산기 (遊俗離山記)	1850년 9월 8일~9일	19
823	이상수03 (李象秀)	1820 ~1882	시등금수정기 (始登金水亭記)	1856년	19
824	이상수04 (李象秀)	1820 ~1882	화적연기 (禾積淵記)	1856년	19
825	이상수05 (李象秀)	1820 ~1882	동행산수기 (東行山水記)	1856년	19
826	이상수06 (李象秀)	1820 ~1882	유철이령기 (踰鐵彝嶺記)	1856년	19
827	이상수07 (李象秀)	1820 ~1882	지장안사기 (至長安寺記)	1856년	19
828	이상수08 (李象秀)	1820 ~1882	장안동명경대기 (長安東明鏡臺記)	1856년	19
829	이상수09 (李象秀)	1820 ~1882	장안동령원동기 (長安東靈源洞記)	1856년	19
830	이상수10 (李象秀)	1820 ~1882	오심백탑기 (誤尋百塔記)	1856년	19
831	이상수11 (李象秀)	1820 ~1882	숙영원암기 (宿靈源菴記)	1856년	19
832	이상수12 (李象秀)	1820 ~1882	장안북서저표훈사기 (長安北西抵表訓寺記)	1856년	19
833	이상수13 (李象秀)	1820 ~1882	표훈사헐성루등조기 (表訓寺歇惺樓登眺記)	1856년	19
834	이상수14 (李象秀)	1820 ~1882	표훈북서수미탑기 (表訓北西須彌塔記)	1856년	19
835	이상수15 (李象秀)	1820 ~1882	표훈북만폭팔담기 (表訓北萬瀑八潭記)	1856년	19

순번	저자	생몰연도	일기명	일기 기간	해당세기
836	이상수16 (李象秀)	1820 ~1882	중향성기 (衆香城記)	1856년	19
837	이상수17 (李象秀)	1820 ~1882	유점사서은선대기 (楡店寺西隱仙臺記)	1856년	19
838	이상수18 (李象秀)	1820 ~1882	유점사구문기 (楡店寺舊聞記)	1856년	19
839	이상수19 (李象秀)	1820 ~1882	신계사서구룡연기 (神溪寺西九龍淵記)	1856년	19
840	이상수20 (李象秀)	1820 ~1882	신계서북만물초기 (神溪西北萬物草記)	1856년	19
841	이상수21 (李象秀)	1820 ~1882	고성서망금강외산기 (高城西望金剛外山記)	1856년	19
842	이상수22 (李象秀)	1820 ~1882	고성동해금강기 (高城東海金剛記)	1856년	19
843	이상수23 (李象秀)	1820 ~1882	고성북삼일호기 (高城北三日湖記)	1856년	19
844	이상수24 (李象秀)	1820 ~1882	병해북행기 (並海北行記)	1856년	19
845	이상수25 (李象秀)	1820 ~1882	통천북총석기 (通川北叢石記)	1856년	19
846	이상수26 (李象秀)	1820 ~1882	주지천도기 (舟至穿島記)	1856년	19
847	이상수27 (李象秀)	1820 ~1882	화양동유기 (華陽洞遊記)	1856년	19
848	이상수28 (李象秀)	1820 ~1882	속리회우기 (俗離會遇記)	1862년	19
849	이상수29 (李象秀)	1820 ~1882	유오서산기 (遊烏棲山記)	1871년 9월 9일~10일	19
850	이상정 (李象靖)	1711 ~1781	남유록 (南遊錄)	1748년	18
851	이상진1 (李象辰)	1710 ~1772	유국사봉기 (遊國師峰記)	1767년 4월	18
852	이상진2 (李象辰)	1710 ~1772	중유국사봉기 (重遊國師峯記)	1767년 4월	18
853	이서 (李漵)	1662 ~1723	동유록 (東遊錄)	1700년 8월 17일~10월 12일	17

순번	저자	생몰연도	일기명	일기 기간	해당 세기
854	이세구1 (李世龜)	1646 ~1700	동유록 (東遊錄)	1691년 8월~10월	17
855	이세구2 (李世龜)	1646 ~1700	유사군록 (遊四郡錄)	1692년 3월 7일~26일	17
856	이세환 (李世瑍)	1664 ~1752	유변산기 (遊邊山記)	1687년 5월	17
857	이승학 (李承鶴)	1857 ~1928	유옥담기 (遊玉潭記)	1898년	19
858	이승희1 (李承熙)	1847 ~1916	북한일기 (北漢日記)	1876년 2월 22일~26일	19
859	이승희2 (李承熙)	1847 ~1916	강화일기 (江華日記)	1879년 3월 13일~20일	19
860	이승희3 (李承熙)	1847 ~1916	가야일기 (伽倻日記)	1883년 4월 28일~5월 4일	19
861	이시발 (李時發)	1569 ~1626	유국도록 (遊國島錄)	1607년 윤6월	17
862	이시선1 (李時善)	1625 ~1715	유속리산기 (遊俗離山記)	1685년 8월 25일~9월	17
863	이시선2 (李時善)	1625 ~1715	관동록 (關東錄)	1686년 8월~9월 21일	17
864	이시선3 (李時善)	1625 ~1715	유가야산기 (遊伽倻山記)	1696년	17
865	이시헌 (李時憲)	1803 ~1860	유합장암기 (遊合掌巖記)	1849년	19
866	이실지 (李實之)	1624 ~1704	회천일기 (懷川日記)	1682년 3월 2일~4월 2일	17
867	이양오1 (李養吾)	1737 ~1811	유주왕산록 (遊周王山錄)	1773년 2월	18
868	이양오2 (李養吾)	1737 ~1811	영해기행 (榮解紀行)	1773년 8월 8일~30일	18
869	이언근1 (李彦根)	1697 ~1764	유방장록 (遊方丈錄)	1753년 9월	18
870	이언근2 (李彦根)	1697 ~1764	유천관산【병서】 (遊天冠山【幷序】)	미상	18
871	이여규 (李汝圭)	1713 ~1772	북정일기 (北征日記)	1756년 9월 16일~10월 21일	18

순번	저자	생몰연도	일기명	일기 기간	해당 세기
872	이연관 (李淵觀)	1857 ~1935	신묘유서석록 (辛卯遊瑞石錄)	1891년	19
873	이엽1 (李爗)	1729 ~1788	북한도봉산유기 (北漢道峯山遊記)	1779년 4월 15일~17일	18
874	이엽2 (李爗)	1729 ~1788	유목떡산기 (遊木覓山記)	미상	18
875	이용호 (李龍鎬)	1861 ~1899	영유록 (嶺遊錄)	1897년 8월 6일~9월 6일	19
876	이우 (李堣)	1739 ~1810	옥계유산록 (玉溪遊山錄)	1769년 9월 15일~26일	18
877	이원 (李黿)	? ~1504	유금강록 (遊金剛錄)	1493년 5월	15
878	이원조1 (李源祚)	1792 ~1871	유한라산기 (遊漢拏山記)	미상(1841년~1843년 사이)	19
879	이원조2 (李源祚)	1792 ~1871	도해기행 (渡海記行)	미상(1841년~1843년 추정)	19
880	이원호1 (李源祜)	1790 ~1859	탐라일기 상 (耽羅日記 上)	1841년 3월 15일~4월 18일	19
881	이원호2 (李源祜)	1790 ~1859	탐라일기 하 (耽羅日記 下)	1841년 4월 17일~9월 7일	19
882	이원호3 (李源祜)	1790 ~1859	귀정일기 (歸程日記)	1842년 3월 3일~11일	19
883	이원호4 (李源祜)	1790 ~1859	패서일기 (浿西日記)	1847년 1월 24일~3월 22일	19
884	이원호5 (李源祜)	1790 ~1859	남유일기 (南遊日記)	미상	19
885	이원호6 (李源祜)	1790 ~1859	통영기행 (統營記行)	미상	19
886	이유 (李瀷)	1669 ~1742	기청량산행 (記淸凉山行)	1725년 2월 17일~19일	18
887	이유원 (李裕元)	1814 ~1888	이진기행록 (伊珍紀行錄)	1854년 3월~6월	19
888	이유헌 (李裕憲)	1870 ~1900	여우학부해찬유청량병서 (與禹學夫海纘遊淸凉幷序)	1887년 4월	19
889	이윤우 (李潤雨)	1569 ~1634	한강선생봉산욕행록 (寒岡先生蓬山浴行錄)	1617년 7월 20일~9월 5일	17

순번	저자	생몰연도	일기명	일기 기간	해당 세기
890	이응협 (李膺協)	1826 ~1894	유단서굴기 (遊丹書窟記)	미상(7월 22일)	19
891	이의무 (李宜茂)	1449 ~1507	유장산기 (遊嶂山記)	1483년 3월	15
892	이의숙1 (李義肅)	1733 ~1805	유종남동봉기 (遊終南東峯記)	1756년 가을	18
893	이의숙2 (李義肅)	1733 ~1805	화악일기 (華嶽日記)	1758년 8월 28일~9월 2일	18
894	이의숙3 (李義肅)	1733 ~1805	선유동기 (仙遊洞記)	1774년 3월	18
895	이의숙4 (李義肅)	1733 ~1805	동릉상추기 (東陵賞秋記)	1781년 8월	18
896	이의숙5 (李義肅)	1733 ~1805	유선몽대기 (遊仙夢臺記)	미상	18
897	이의숙6 (李義肅)	1733 ~1805	가야산기 (伽倻山記)	미상	18
898	이의숙7 (李義肅)	1733 ~1805	범상유기 (泛上遊記)	미상	18
899	이의숙8 (李義肅)	1733 ~1805	작괘기 (勺掛記)	미상	18
900	이의철 (李宜哲)	1703 ~1778	백두산기 (白頭山記)	1751년 5월 24일~6월 3일	18
901	이의현1 (李宜顯)	1669 ~1745	유금강산기 (遊金剛山記)	1709년 9월 1일~12일	18
902	이의현2 (李宜顯)	1669 ~1745	이천제승유람기 (伊川諸勝遊覽記)	1710년 2월 21일~3월 1일	18
903	이이 (李珥)	1536 ~1584	유청학산기 (遊青鶴山記)	1569년 4월 14일~16일	16
904	이이순 (李頤淳)	1754 ~1832	유도연록 (遊陶淵錄)	1827년 3월	19
905	이익1 (李瀷)	1681 ~1763	유삼각산기 (遊三角山記)	1707년 2월	18
906	이익2 (李瀷)	1681 ~1763	방백운동기 (訪白雲洞記)	1709년 10월 그믐	18
907	이익3 (李瀷)	1681 ~1763	유청량산기 (遊清凉山記)	1709년 11월 1일~3일	18

순번	저자	생몰연도	일기명	일기 기간	해당 세기
908	이익4 (李瀷)	1681 ~1763	알도산서원기 (謁陶山書院記)	1709년	18
909	이익5 (李瀷)	1681 ~1763	유천마산기 (遊天磨山記)	1714년 2월	18
910	이익6 (李瀷)	1681 ~1763	유관악산기 (遊冠岳山記)	미상(2월, 1707년 추정)	18
911	이인상1 (李麟祥)	1710 ~1760	금산기 (錦山記)	1748년 8월	18
912	이인상2 (李麟祥)	1710 ~1760	유태백산기 (遊太白山記)	미상(겨울)	18
913	이인상3 (李麟祥)	1710 ~1760	우두산기 (牛頭山記)	미상	18
914	이인행 (李仁行)	1758 ~1833	유불타산 (遊佛陀山)	미상	19
915	이재 (李栽)	1657 ~1730	창구객일록 (蒼狗客日錄)	1694년 4월 9일~8월	17
916	이재영 (李在永)	1804 ~1892	청량기행 (淸凉記行)	1864년 10월 9일~19일	19
917	이재의1 (李載毅)	1772 ~1839	유송가도보문사기 (遊松家島普門寺記)	미상	19
918	이재의2 (李載毅)	1772 ~1839	유마니산정족사기 (遊摩尼山鼎足寺記)	미상	19
919	이정구01 (李廷龜)	1564 ~1635	유금강산기 (遊金剛山記)	1603년 8월 1일~30일	17
920	이정구02 (李廷龜)	1564 ~1635	유삼각산기 (遊三角山記)	1603년	17
921	이정구03 (李廷龜)	1564 ~1635	유박연기 (游朴淵記)	1604년 3월	17
922	이정구04 (李廷龜)	1564 ~1635	유천산기 (遊千山記)	1604년 5월	17
923	이정구05 (李廷龜)	1564 ~1635	유각산사기 (遊角山寺記)	1604년 9월	17
924	이정구06 (李廷龜)	1564 ~1635	유화담기 (遊花潭記)	1614년 여름	17
925	이정구07 (李廷龜)	1564 ~1635	유송악기 (遊松嶽記)	1614년 여름	17

순번	저자	생몰연도	일기명	일기 기간	해당세기
926	이정구08 (李廷龜)	1564~1635	유도봉서원기 (遊道峯書院記)	1615년 가을	17
927	이정구09 (李廷龜)	1564~1635	유의무려산기 (遊醫巫閭山記)	1617년 7월	17
928	이정구10 (李廷龜)	1564~1635	유조계기 (遊曺溪記)	1630년	17
929	이정엄1 (李鼎儼)	1755~1831	북유기행 (北遊紀行)	1803년 8월 25일~9월 13일	19
930	이정엄2 (李鼎儼)	1755~1831	동해유행기 (東海遊行記)	미상(3월 10일~22일)	19
931	이정엄3 (李鼎儼)	1755~1831	옥산동행기 (玉山同行記)	미상	19
932	이정제 (李鼎濟)	1755~1817	유내연산기 (遊內延山記)	1792년 3월	18
933	이정직 (李定稷)	1841~1910	유도성암기 (遊道成庵記)	1903년 6월	20
934	이제영 (李濟永)	1799~1871	유청량산록 (遊淸凉山錄)	1866년 여름	19
935	이종기1 (李鍾杞)	1837~1902	유남호록 (遊南湖錄)	1878년 7월 16일	19
936	이종기2 (李鍾杞)	1837~1902	유적상록 (遊赤裳錄)	1878년	19
937	이종욱 (李宗郁)	18~19세기	동유기 (東遊記)	1806년	19
938	이종욱 (李鍾勖)	?~1926	부례위려락일기 (赴禮闈戾洛日記)	1891년 8월 6일~11월 6일	19
939	이종휘1 (李種徽)	1731~1797	이운유기 (二雲遊記)	1752년 4월	18
940	이종휘2 (李種徽)	1731~1797	고성유기 (古城遊記)	1753년 3월	18
941	이종휘3 (李種徽)	1731~1797	과노량기 (過露梁記)	1755년 겨울	18
942	이주 (李冑)	1468~1504	금골산록 (金骨山錄)	1502년 9월	16
943	이주대 (李柱大)	1689~1755	유두류산록 (遊頭流山錄)	1748년 4월 1일~24일	18

순번	저자	생몰연도	일기명	일기 기간	해당 세기
944	이중경 (李重慶)	1724 ~1754	서정록 (西征錄)	1751년 8월 28일~11월 11일	18
945	이중무 (李重茂)	1568 ~1629	가야록 (伽倻錄)	1625년 9월 12일~16일	17
946	이중하 (李重夏)	1846 ~1917	동영기행 (東瀛紀行)	1899년 3월 13일~26일	19
947	이지항 (李志恒)	1647 ~?	표주록 (漂舟錄)	1696년 4월 13일~1697년 3월 5일	17
948	이지헌 (李志憲)	1840 ~1898	금성일기 (錦城日記)	1877년 10월 5일~30일	19
949	이진택 (李鎭宅)	1738 ~1805	금강산유록 (金剛山遊錄)	1774년 7월 21일~8월 7일	18
950	이창신 (李昌新)	1852 ~1919	유위봉산성기 (遊威鳳山城記)	미상	19
951	이채 (李埰)	1616 ~1684	유도덕산록 (遊道德山錄)	1643년 4월	17
952	이천상 (李天相)	1637 ~1708	관동록 (關東錄)	1672년 8월 16일~미상	17
953	이철 (李澈)	1759 ~1838	서행일기 (西行日記)	미상	19
954	이철보 (李喆輔)	1691 ~1770	동유록 (東遊錄)	1740년 3월~4월	18
955	이철환 (李喆煥)	1722 ~1779	상산삼매 (象山三昧)	1753년 10월 9일~1754년 1월 29일	18
956	이충민 (李忠民)	1588 ~1673	영천초천일기 (榮川椒泉日記)	1629년 7월 4일~24일	17
957	이태순 (李泰淳)	1759 ~1840	북정록 (北征錄)	1808년 7월 1일~1809년 3월 3일	19
958	이택환 (李宅煥)	1854 ~1924	유두류록 (遊頭流錄)	1902년 5월 14일~27일	20
959	이풍익 (李豊瀷)	1804 ~1887	동유기 (東遊記)	1825년 8월 4일~9월 2일	19
960	이하곤1 (李夏坤)	1667 ~1724	유보문암기 (遊普門庵記)	1705년 3월 23일~24일	18
961	이하곤2 (李夏坤)	1667 ~1724	동유록 (東遊錄)	1714년 3월 19일~4월 22일	18

순번	저자	생몰연도	일기명	일기 기간	해당 세기
962	이하곤3 (李夏坤)	1677 ~1724	남유록 (南遊錄)	1722년 10월 13일~12월 18일	18
963	이하조1 (李賀朝)	1664 ~1700	유평강삼청대기 (遊平康三淸臺記)	미상(8월 15일)	17
964	이하조2 (李賀朝)	1664 ~1700	유청룡폭포기 (遊靑龍瀑布記)	미상	17
965	이하조3 (李賀朝)	1664 ~1700	유청룡산기 (遊靑龍山記)	미상	17
966	이하진 (李夏鎭)	1628 ~1682	금강도로기 (金剛途路記)	1664년 8월 9일~24일	17
967	이학규 (李學逵)	1770 ~1835	유남포기 (遊南浦記)	1813년 9월	19
968	이한응 (李漢膺)	1778 ~1864	유녹문록 (遊鹿門錄)	1819년 8월	19
969	이해덕 (李海德)	1779 ~1858	청량기 (淸凉記)	1821년 4월 21일~28일	19
970	이헌락1 (李憲洛)	1718 ~1791	동행록 (東行錄)	1776년 8월 9일~17일	18
971	이헌락2 (李憲洛)	1718 ~1791	구월산록 (九月山錄)	미상	18
972	이현영 (李顯英)	1573 ~1642	풍악록 (楓嶽錄)	1628년 4월 2일~윤4월 4일	17
973	이현익1 (李顯益)	1678 ~1717	서유기 (西遊記)	1703년 8월 7일~9월 5일	18
974	이현익2 (李顯益)	1678 ~1717	유속리산기 (遊俗離山記)	1706년 9월 16일~23일	18
975	이현익3 (李顯益)	1678 ~1717	동유기 (東遊記)	1708년 8월~9월	18
976	이형상 (李衡祥)	1653 ~1733	입암유산록 (立巖遊山錄)	1700년 4월 19일~23일	17
977	이형윤 (李炯胤)	1593 ~1645	유금강산기 (遊金剛山記)	1615년 8월 27일~윤8월 26일	17
978	이호윤 (李顥潤)	1827 ~1886	유가야산록 (遊伽倻山錄)	미상(9월 2일~13일)	19
979	이환 (李煥)	1582 ~1662	유주왕방산일기 (遊周方山日記)	1614년 4월 16일~18일	17

순번	저자	생몰연도	일기명	일기 기간	해당 세기
980	이황 (李滉)	1501 ~1570	유소백산록 (遊小白山錄)	1549년 4월 22일~26일	16
981	이휴 (李烋)	1819 ~1894	서행일록 (西行日錄)	1846년 3월 16일~6월 21일	19
982	이흠1 (李嶔)	1842 ~1928	서유만록 (西遊漫錄)	1897년 2월~1907년 6월	19
983	이흠2 (李嶔)	1842 ~1928	서행일록 (西行日錄)	1899년 7월 1일~9월 26일	19
984	이희석1 (李羲錫)	1804 ~1889	원유록 (遠遊錄)	1866년 3월 2일~6월 13일	19
985	이희석2 (李僖錫)	1804 ~1889	유관산기 (遊冠山記)	미상	19
986	이희석3 (李僖錫)	1804 ~1889	유사산기 (遊獅山記)	미상	19
987	이희조 (李喜朝)	1655 ~1724	유수락산기 (遊水落山記)	1682년 5월 5일	17
988	임병우	19 ~20세기	호남연오록 (湖南聯鏊錄)	1908년 8월 27일~9월 12일	20
989	임병찬 (林炳瓚)	1851 ~1916	환국일기 (還國日記)	1907년 1월 18일~2월 2일	20
990	임상원1 (任相元)	1638 ~1697	유구담기 (遊龜潭記)	미상(4월 6일)	17
991	임상원2 (任相元)	1638 ~1697	유무암기 (遊霧巖記)	미상(3월)	17
992	임수간 (任守幹)	1665 ~1721	유삼선암기 (遊三仙巖記)	1704년 8월	18
993	임숙영 (任叔英)	1576 ~1623	유수종사기 (遊水鍾寺記)	미상	17
994	임영 (林泳)	1649 ~1696	백운봉등유기 (白雲峯登遊記)	1673년 9월 16일~미상	17
995	임운 (林芸)	1517 ~1572	유천마록 (遊天磨錄)	1570년	16
996	임적1 (任適)	1685 ~1728	동유일기 (東遊日記)	1709년 9월 1일~16일	18
997	임적2 (任適)	1685 ~1728	유삼연정사기 (遊三淵精舍記)	미상	18

순번	저자	생몰연도	일기명	일기 기간	해당 세기
998	임정주 (任靖周)	1727 ~1796	동유기 (東遊記)	1782년 5월~9월	18
999	임제 (林悌)	1549 ~1587	남명소승 (南溟小乘)	1577년	16
1000	임진부 (林眞怤)	1586 ~1657	서상록 (西上錄)	1635년 11월 18일~1636년 1월 21일	17
1001	임필대1 (任必大)	1709 ~1773	유청량산록 (遊淸凉山錄)	1763년 9월 8일~18일	18
1002	임필대2 (任必大)	1709 ~1773	유동도록 (遊東都錄)	1767년 10월 1일~11월 4일	18
1003	임한주 (林翰周)	1871 ~1954	선암심폭포기 (僊庵尋瀑布記)	1909년 여름	20
1004	임형수 (林亨秀)	1504 ~1547	유칠보산기 (遊七寶山記)	1542년 3월	16
1005	임홍량 (任弘亮)	1634 ~1707	관동기행 (關東記行)	1688년 8월 12일~19일	17
1006	임훈 (林薰)	1500 ~1584	등덕유산향적봉기 (登德裕山香積峰記)	1552년 8월 24일~29일	16
1007	자우 (自優)	1709 ~1770	몽행록 (夢行錄)	1763년 8월 27일~9월 27일	18
1008	장기홍 (張基洪)	1883 ~1956	남유록 (南遊錄)	1904년 8월 18일~21일	20
1009	장만 (張晩)	1566 ~1629	장단적벽선유일기 (長湍赤壁船遊日記)	1615년 4월 2일~6일	17
1010	장복추 (張福樞)	1815 ~1900	금오산유록 (金烏山遊錄)	1852년 8월	19
1011	장태수 (張泰秀)	1841 ~1910	유속리산기 (遊俗離山記)	1885년	19
1012	장한철 (張漢喆)	1744 ~?	표해록 (漂海錄)	1770년 12월 25일~1771년 5월 8일	18
1013	전기주1 (全基柱)	1855 ~1917	유쌍계칠불암기 (遊雙溪七佛菴記)	1883년 4월	19
1014	전기주2 (全基柱)	1855 ~1917	유대원암기 (遊大源菴記)	1884년 4월	19
1015	전홍관 (全弘琯)	18 ~19세기	금벽록 (金碧錄)	1838년 윤4월	19

순번	저자	생몰연도	일기명	일기 기간	해당 세기
1016	정경원 (鄭經源)	1851 ~1898	협유일기 (峽遊日記)	1877년 8월~10월	19
1017	정경원 (鄭經源)	1853 ~1946	원유일기 (遠遊日記)	1899년 1월 23일~3월 27일	19
1018	정교 (鄭僑)	1799 ~1879	유부석사기 (遊浮石寺記)	미상	19
1019	정구 (鄭逑)	1543 ~1620	유가야산록 (遊伽倻山錄)	1579년 9월 10일~24일	16
1020	정규한 (鄭奎漢)	1751 ~1824	유도봉산기 (遊道峯山記)	1780년 2월	18
1021	정기안 (鄭基安)	1695 ~1775	유풍악록 (遊楓岳錄)	1742년 9월~10월	18
1022	정길 (鄭佶)	1566 ~1619	유삼각산기 (遊三角山記)	미상	16
1023	정면규1 (鄭冕奎)	1804 ~1868	내포일기 (內浦日記)	1861년 4월 1일~22일	19
1024	정면규2 (鄭冕奎)	1804 ~1868	황산일기 (黃山日記)	1865년 9월 10일~11월 1일	19
1025	정백휴 (鄭伯休)	1781 ~1843	남정록 (南征錄)	1833년 10월 4일~11월 16일	19
1026	정범조1 (丁範祖)	1723 ~1801	청량산기 (淸凉山記)	1775년 4월 9일~10일	18
1027	정범조2 (丁範祖)	1723 ~1801	설악기 (雪嶽記)	1778년 3월 17일~22일	18
1028	정상 (鄭詳)	1533 ~1609	월출산유산록 (月出山遊山錄)	1604년 4월 26일~30일	17
1029	정석구 (丁錫龜)	1772 ~1833	불일암유산기 (佛日庵遊山記)	미상	19
1030	정시한 (丁時翰)	1625 ~1707	산중일기 (山中日記)	1686년 3월 13일~1688년 9월 19일	17
1031	정식1 (鄭栻)	1683 ~1746	두류록 (頭流錄)	1724년 8월 2일~27일	18
1032	정식2 (鄭栻)	1683 ~1746	가야산록 (伽倻山錄)	1725년 3월 29일~미상	18
1033	정식3 (鄭栻)	1683 ~1746	금산록 (錦山錄)	1725년 8월	18

순번	저자	생몰연도	일기명	일기 기간	해당세기
1034	정식4 (鄭栻)	1683 ~1746	월출산록 (月出山錄)	1725년 10월 22일~11월 12일	18
1035	정식5 (鄭栻)	1683 ~1746	관동록 (關東錄)	1727년 1월 20일~미상	18
1036	정식6 (鄭栻)	1683 ~1746	도연유록 (陶淵遊錄)	1739년 가을	18
1037	정식7 (鄭栻)	1683 ~1746	청학동록 (青鶴洞錄)	1743년 4월 21일~29일	18
1038	정약용-01 (丁若鏞)	1762 ~1836	유물염정기 (遊勿染亭記)	1778년	18
1039	정약용-02 (丁若鏞)	1762 ~1836	유수종사기 (遊水鍾寺記)	1783년 봄	18
1040	정약용-03 (丁若鏞)	1762 ~1836	월파정야유기 (月波亭夜遊記)	1787년 여름	18
1041	정약용-04 (丁若鏞)	1762 ~1836	남호범주기 (南湖汎舟記)	1789년 8월 15일	18
1042	정약용-05 (丁若鏞)	1762 ~1836	단양산수기 (丹陽山水記)	1790년 가을	18
1043	정약용-06 (丁若鏞)	1762 ~1836	유세검정기 (遊洗劍亭記)	1791년 여름	18
1044	정약용-07 (丁若鏞)	1762 ~1836	재유촉석루기 (再遊矗石樓記)	1792년 봄	18
1045	정약용-08 (丁若鏞)	1762 ~1836	영보정연유기 (永保亭宴遊記)	1795년 가을	18
1046	정약용-09 (丁若鏞)	1762 ~1836	유천진암기 (遊天眞菴記)	1797년 여름	18
1047	정약용-10 (丁若鏞)	1762 ~1836	곡산북방산수기 (谷山北坊山水記)	1798년 3월 27일~29일	18
1048	정약용-11 (丁若鏞)	1762 ~1836	자하담범주기 (紫霞潭汎舟記)	1798년 8월 15일	18
1049	정약용-12 (丁若鏞)	1762 ~1836	창옥동기 (蒼玉洞記)	1799년 봄	18
1050	정약용-13 (丁若鏞)	1762 ~1836	관적사기 (觀寂寺記)	1799년	18
1051	정약용-14 (丁若鏞)	1762 ~1836	유석림기 (遊石林記)	1800년 여름	18

순번	저자	생몰연도	일기명	일기 기간	해당 세기
1052	정약용-15 (丁若鏞)	1762 ~1836	유서석산기 (遊瑞石山記)	미상(1778년으로 추정)	18
1053	정약용-16 (丁若鏞)	1762 ~1836	유오서산기 (遊烏棲山記)	미상(18세기 후반으로 추정)	18
1054	정약용-17 (丁若鏞)	1762 ~1836	산행일기 (汕行日記)	1823년 4월 15일~5월 4일	19
1055	정엽 (鄭曄)	1563 ~1625	금강록 (金剛錄)	1618년 윤4월 1일~14일	17
1056	정요성 (鄭堯性)	1650 ~1724	옥류정연유기 (玉流亭讌遊記)	1716년 4월	18
1057	정우용 (鄭友容)	1782 ~?	유읍청루기 (遊挹淸樓記)	1795년	18
1058	정운경1 (鄭運經)	1699 ~1753	탐라기 (耽羅記)	1732년 2월 23일~28일	18
1059	정운경2 (鄭運經)	1699 ~1753	순해록 (循海錄)	1732년 4월 12일~16일	18
1060	정원용 (鄭元容)	1783 ~1873	수락도봉산유기 (水落道峯山遊記)	1852년 9월	19
1061	정위1 (鄭煒)	1740 ~1811	유가야산기 (遊伽倻山記)	1781년 4월 21일~25일	18
1062	정위2 (鄭煒)	1740 ~1811	유금산기 (遊錦山記)	1803년 9월	19
1063	정윤교 (鄭允喬)	1733 ~1821	유화양록 (遊華陽錄)	1793년 9월	18
1064	정윤영 (鄭胤永)	1833 ~1898	영악록 (瀛嶽錄)	1897년 8월 16일~10월 8일	19
1065	정의림 (鄭義林)	1845 ~1910	서석창수운【병서십수】 (瑞石唱酬韻【幷序十首】)	1887년 8월 17일~23일	19
1066	정인채 (鄭仁采)	1855 ~1934	해산지 (海山誌)	1898년 2월~3월	19
1067	정재규1 (鄭載圭)	1843 ~1911	두류록 (頭流錄)	1887년 8월 18일~28일	19
1068	정재규2 (鄭載圭)	1843 ~1911	악양정회유기 (岳陽亭會遊記)	1891년	19
1069	정재규3 (鄭載圭)	1843 ~1911	제승당동유기 (制勝堂同遊記)	1906년	20

순번	저자	생몰연도	일기명	일기 기간	해당 세기
1070	정종엽 (鄭鍾燁)	1885 ~1940	유두류록 (遊頭流錄)	1909년 1월 28일~2월 6일	20
1071	정준일 (鄭遵一)	1547 ~1623	덕룡유산록 (德龍遊山錄)	1590년 3월 15일	16
1072	정지완 (鄭之琬)	1806 ~?	계문연수기 (薊門烟樹記)	미상	19
1073	정지유 (鄭之遊)	15 ~16세기	유서석산기 (遊瑞石山記)	미상	15
1074	정충필 (鄭忠弼)	1725 ~1789	유속리산록 (遊俗離山錄)	1780년 10월 16일~11월 11일	18
1075	정치종 (丁穉種)	19세기	승유록 (乘遊錄)	1825년 2월 26일~4월 3일	19
1076	정탁 (鄭琢)	1526 ~1605	제쌍룡사동유록 (題雙龍寺同游錄)	1603년 가을	17
1077	정태래 (鄭泰來)	1683 ~1721	유비봉산기 (遊飛鳳山記)	1701년 9월	18
1078	정필달 (鄭必達)	1611 ~1693	유학가산록 (遊鶴駕山錄)	1675년 9월	17
1079	정학유 (丁學游)	1786 ~1855	부해기 (浮海記)	1809년 2월 3일~3월 24일	19
1080	정행석 (鄭行錫)	17세기	속리남유록 (俗離南遊錄)	미상(5월 6일)	17
1081	정호신 (鄭好信)	1605 ~1650	유기룡산록 (遊騎龍山錄)	1628년 봄	17
1082	정홍명 (鄭弘溟)	1582 ~1650	유풍암기 (遊楓巖記)	1614년	17
1083	정환 (丁煥)	1497 ~1540	서행기 (西行記)	미상	16
1084	정희진 (鄭熙鎭)	1822 ~1891	유복암기 (遊福庵記)	1884년 6월	19
1085	조겸 (趙珠)	1569 ~1652	유두류산기 (遊頭流山記)	1623년 9월	17
1086	조경1 (趙璥)	1727 ~1787	속리행기 (俗離行記)	1747년	18
1087	조경2 (趙璥)	1727 ~1787	유청풍정기 (遊淸風亭記)	1747년	18

순번	저자	생몰연도	일기명	일기 기간	해당 세기
1088	조관빈 (趙觀彬)	1691 ~1757	유한라산기 (遊漢拏山記)	1732년 4월	18
1089	조구명1 (趙龜命)	1693 ~1737	유서계기 (遊西溪記)	1724년 3월	18
1090	조구명2 (趙龜命)	1693 ~1737	유용유담기 (遊龍游潭記)	1724년 8월 1일	18
1091	조구명3 (趙龜命)	1693 ~1737	유지리산기 (遊智異山記)	1724년 8월 2일~3일	18
1092	조구명4 (趙龜命)	1693 ~1737	유심진동기 (遊尋眞洞記)	1724년 가을	18
1093	조구명5 (趙龜命)	1693 ~1737	추기동협유상 (追記東峽遊賞)	1726년 12월~1727년 윤2월	18
1094	조구명6 (趙龜命)	1693 ~1737	유봉림기 (遊鳳林記)	미상	18
1095	조규운 (趙奎運)	1725 ~1800	사군일기 (四郡日記)	1789년 2월~6월 23일	18
1096	조근1 (趙根)	1631 ~1680	유적벽기 (遊赤壁記)	1657년 4월	17
1097	조근2 (趙根)	1631 ~1680	유덕천기 (遊德川記)	1663년 7월	17
1098	조근3 (趙根)	1631 ~1680	심백운동서원일기 (尋白雲洞書院日記)	1671년 9월 12일~14일	17
1099	조근4 (趙根)	1631 ~1680	심도산서원일기 (尋陶山書院日記)	미상	17
1100	조긍섭 (曺兢燮)	1873 ~1933	유구연기 (遊臼淵記)	1891년	19
1101	조덕린1 (趙德鄰)	1658 ~1737	관동록 (關東錄)	1708년 4월 16일~5월 1일	18
1102	조덕린2 (趙德鄰)	1658 ~1737	관동속록 (關東續錄)	1708년 9월 10일~10월 13일	18
1103	조면호 (趙冕鎬)	1803 ~1887	유옥호정기 (遊玉壺亭記)	1883년 3월	19
1104	조병만1 (曺秉萬)	19세기	태백산부석사동유기 (太白山浮石寺同遊記)	미상	19
1105	조병만2 (曺秉萬)	19세기	해망산연유기 (海望山宴遊記)	미상	19

순번	저자	생몰연도	일기명	일기 기간	해당 세기
1106	조보양 (趙普陽)	1709 ~1788	소백유산기 (小白遊山記)	1761년 4월	18
1107	조봉묵 (曺鳳默)	1805 ~1883	유무등산기 (遊無等山記)	1828년	19
1108	조성렴1 (趙性濂)	1836 ~1886	두류유기 (頭流遊記)	1872년 8월 16일~26일	19
1109	조성렴2 (趙性濂)	1836 ~1886	해인사유기 (海印寺遊記)	미상	19
1110	조성하 (趙成夏)	1845 ~1881	금강산기 (金剛山記)	1865년 7월 26일~9월 8일	19
1111	조성한1 (趙晟漢)	1628 ~1686	회덕행록 (懷德行錄)	1667년 2월 16일~28일	17
1112	조성한2 (趙晟漢)	1628 ~1686	진잠행록 (鎭岑行錄)	1677년 5월 7일~14일	17
1113	조수익 (趙守翼)	1565 ~1602	유구월산기 (遊九月山記)	1594년 9월 10일~12일	16
1114	조술도1 (趙述道)	1729 ~1803	동유록 (東遊錄)	1768년 9월	18
1115	조술도2 (趙述道)	1729 ~1803	남유록 (南遊錄)	1776년	18
1116	조승기 (趙承基)	1836 ~1913	동유록 (東遊錄)	1899년 4월~6월	19
1117	조식 (曺植)	1501 ~1572	유두류록 (遊頭流錄)	1558년 4월 10일~25일	16
1118	조운도 (趙運道)	1718 ~1796	유청량산기 (遊淸凉山記)	1761년 5월	18
1119	조위경 (趙緯經)	1698 ~1780	유금강산기 (遊金剛山記)	미상(가을)	18
1120	조위한 (趙緯韓)	1567 ~1649	유두류산록 (遊頭流山錄)	1618년 4월 11일~20일	17
1121	조유수 (趙裕壽)	1663 ~1741	유연풍령저폭포기 (遊延豊嶺底瀑布記)	1706년 9월 9일	18
1122	조임도1 (趙任道)	1585 ~1664	심현록 (尋賢錄)	1626년 7월	17
1123	조임도2 (趙任道)	1585 ~1664	경양대하선유기 (景釀臺下船遊記)	1628년	17

순번	저자	생몰연도	일기명	일기 기간	해당 세기
1124	조임도3 (趙任道)	1585 ~1664	과종록 (過從錄)	1629년 3월 18일~24일	17
1125	조임도4 (趙任道)	1585 ~1664	원행록 (遠行錄)	1631년 6월 6일~24일	17
1126	조임도5 (趙任道)	1585 ~1664	유관록 (遊觀錄)	1635년 3월 2일~13일	17
1127	조임도6 (趙任道)	1585 ~1664	개진기회록 (開津期會錄)	1643년 10월	17
1128	조정만1 (趙正萬)	1656 ~1739	복천동유기 (福川同遊記)	1677년	17
1129	조정만2 (趙正萬)	1656 ~1739	유금강산소기 (遊金剛山小記)	1690년	17
1130	조종덕1 (趙鍾悳)	1858 ~1927	두류산음수기 (頭流山飮水記)	1895년 4월 11일~미상	19
1131	조종덕2 (趙鍾悳)	1858 ~1927	도원계일기 (到遠溪日記)	1897년 2월 27일~3월 10일	19
1132	조종덕3 (趙鍾悳)	1858 ~1927	자문산지화양동기 (自文山至華陽洞記)	1897년 6월	19
1133	조종덕4 (趙鍾悳)	1858 ~1927	배종일기 (陪從日記)	1898년 3월 1일~4월 3일	19
1134	조종덕5 (趙鍾悳)	1858 ~1927	남유일기 (南遊日記)	1910년 1월 9일~17일	20
1135	조종덕6 (趙鍾悳)	1858 ~1927	자활산지화양동기 (自活山至華陽洞記)	1910년 2월~3월	20
1136	조종덕7 (趙鍾悳)	1858 ~1927	자화양입선유동기 (自華陽入仙遊洞記)	1910년 3월 5일~6일	20
1137	조찬한1 (趙纘韓)	1572 ~1631	유천마성거양산기 (遊天磨聖居兩山記)	1605년 9월 7일	17
1138	조찬한2 (趙纘韓)	1572 ~1631	유검호기 (遊劍湖記)	미상	17
1139	조창기 (趙昌期)	1640 ~1676	망해봉기 (望海峯記)	1672년	17
1140	조필감 (趙弼鑑)	1767 ~1828	동행일기 (東行日記)	1802년 4월~6월	19
1141	조현기 (趙顯期)	1634 ~1685	무자장유록 (戊子壯遊錄)	1648년	17

순번	저자	생몰연도	일기명	일기 기간	해당 세기
1142	조호익1 (曺好益)	1545 ~1609	유묘향산록 (遊妙香山錄)	1585년 4월 18일~5월 4일	16
1143	조호익2 (曺好益)	1545 ~1609	유향풍산록 (遊香楓山錄)	1585년 6월	16
1144	조화승 (曺華承)	1843 ~?	주방산기 (周房山記)	1889년 4월	19
1145	주세붕 (周世鵬)	1495 ~1554	유청량산록 (遊淸凉山錄)	1544년 4월 9일~18일	16
1146	지상은 (池尙殷)	19세기	금강록 (金剛錄)	1832년 4월 6일~5월 4일	19
1147	채수1 (蔡壽)	1449 ~1515	망양정기 (望洋亭記)	1481년	15
1148	채수2 (蔡壽)	1449 ~1515	유송도록 (遊松都錄)	미상(3월)	15
1149	채제공1 (蔡濟恭)	1720 ~1799	조원기 (曹園記)	1783년 3월 10일	18
1150	채제공2 (蔡濟恭)	1720 ~1799	중유조원기 (重遊曹園記)	1784년 윤3월 13일	18
1151	채제공3 (蔡濟恭)	1720 ~1799	유오원기 (遊吳園記)	1784년 윤3월	18
1152	채제공4 (蔡濟恭)	1720 ~1799	유칠장사기 (遊七長寺記)	1784년 9월	18
1153	채제공5 (蔡濟恭)	1720 ~1799	회룡사관폭기 (回龍寺觀瀑記)	1785년 가을	18
1154	채제공6 (蔡濟恭)	1720 ~1799	유관악산기 (遊冠岳山記)	1786년 4월 13일~14일	18
1155	채제공7 (蔡濟恭)	1720 ~1799	유이원기 (遊李園記)	미상	18
1156	채제공8 (蔡濟恭)	1720 ~1799	유북저동기 (遊北渚洞記)	미상	18
1157	채지홍 (蔡之洪)	1683 ~1741	동정기 (東征記)	1740년	18
1158	최경휴1 (崔敬休)	19세기	기유구월원유일록 (己酉九月遠遊日錄)	1849년 9월 9일~12월 29일	19
1159	최경휴2 (崔敬休)	19세기	북행일기 (北行日記)	1850년 2월 19일~4월 15일	19

순번	저자	생몰연도	일기명	일기 기간	해당 세기
1160	최기모 (崔基模)	1869 ~1925	정산왕환일기 (定山往還日記)	1903년 5월 23일~윤5월 14일	20
1161	최두찬 (崔斗燦)	1779 ~1821	승사록 (乘槎錄)	1818년 4월 8일~10월 2일	19
1162	최림 (崔琳)	1779 ~1841	도산심진기 (陶山尋眞記)	1833년 3월	19
1163	최벽 (崔璧)	1762 ~1813	유도연록 (遊陶淵錄)	미상	18
1164	최병하 (崔炳夏)	1839 ~1924	남유기행 (南遊記行)	1898년 8월 20일~9월 14일	19
1165	최부 (崔溥)	1454 ~1504	표해록 (漂海錄)	1488년 1월 30일~6월 4일	15
1166	최영조 (崔永祚)	1859 ~?	남행일기 (南行日記)	미상(1876년~1878년 사이)	19
1167	최우순1 (崔宇淳)	1832 ~1911	유낙수암지고산정기 (遊落水菴至孤山亭記)	1878년 9월	19
1168	최우순2 (崔宇淳)	1832 ~1911	유금산록 (遊錦山錄)	1890년 8월 8일~17일	19
1169	최우순3 (崔宇淳)	1832 ~1911	동유록 (東遊錄)	1899년 4월	19
1170	최유해 (崔有海)	1588 ~1641	영동산수기 (嶺東山水記)	1620년 9월 15일~11월 9일	17
1171	최익현1 (崔益鉉)	1833 ~1906	유한라산기 (遊漢拏山記)	1875년 3월 27일	19
1172	최익현2 (崔益鉉)	1833 ~1906	남중일기 (南中日記)	1900년 4월 3일~6월 1일	19
1173	최일휴1 (崔日休)	1818 ~1879	좌춘일록 (坐春日錄)	1850년 11월 20일~1851년 1월 19일	19
1174	최일휴2 (崔日休)	1818 ~1879	서행일록 (西行日錄)	1853년 4월 17일~26일	19
1175	최일휴3 (崔日休)	1818 ~1879	과화양원기 (過華陽院記)	미상	19
1176	최일휴4 (崔日休)	1818 ~1879	유두륜산기 (遊頭崙山記)	미상	19
1177	최정진 (崔鼎鎭)	1800 ~1868	중유문수산기 (重遊文殊山記)	1817년 9월, 1829년 5월	19

순번	저자	생몰연도	일기명	일기 기간	해당 세기
1178	최현 (崔晛)	1563 ~1640	낙산산수병기 (洛山山水屏記)	1627년 초가을	17
1179	최흥벽1 (崔興璧)	1739 ~1812	농호범주동유기 (農湖泛舟同遊記)	1778년 9월	18
1180	최흥벽2 (崔興璧)	1739 ~1812	황강적벽범주기 (黃江赤壁泛舟記)	1802년 7월	19
1181	최흥원 (崔興遠)	1705 ~1786	유가야산록 (遊伽倻山錄)	1757년 2월 17일~18일	18
1182	춘파거사 (春坡居士)	19세기	해악유기 (海嶽遊記)	1877년 7월 27일~9월 20일	19
1183	풍계 현정 (楓溪 賢正)	19세기	일본표해록 (日本漂海錄)	1817년 11월 16일~1818년 7월 14일	19
1184	하겸진 (河謙鎭)	1870 ~1946	유두류록 (遊頭流錄)	1899년 8월 16일~24일	19
1185	하달홍 (河達弘)	1809 ~1877	두류기 (頭流記)	1851년 윤8월 2일~7일	19
1186	하수일1 (河受一)	1553 ~1612	남간기 (南澗記)	1581년 4월 25일	16
1187	하수일2 (河受一)	1553 ~1612	유황계폭포기 (遊黃溪瀑布記)	1582년 10월 3일~4일	16
1188	하수일3 (河受一)	1553 ~1612	유덕산장항동반석기 (遊德山鄣項洞盤石記)	미상(8월 18일)	16
1189	하수일4 (河受一)	1553 ~1612	유낙수암기 (遊落水巖記)	미상	16
1190	하수일5 (河受一)	1553 ~1612	유청암서악기 (遊青巖西岳記)	미상(4월)	16
1191	하익범1 (河益範)	1767 ~1813	담락행일기 (潭洛行日記)	1800년 3월 2일~4월 6일	18
1192	하익범2 (河益範)	1767 ~1813	금악연승록 (錦嶽聯勝錄)	1803년 9월 9일~19일	19
1193	하익범3 (河益範)	1767 ~1813	유두류록 (遊頭流錄)	1807년 3월 25일~4월 8일	19
1194	하익범4 (河益範)	1767 ~1813	의상대유록 (義湘臺遊錄)	1807년 4월 22일~25일	19

순번	저자	생몰연도	일기명	일기 기간	해당 세기
1195	하진태 (河鎭兌)	1737 ~1813	유가야록 (遊伽倻錄)	1790년 4월 15일~27일	18
1196	학산 (學山)	19세기	금강록 (金剛錄)	1881년 4월 19일~5월 12일	19
1197	한몽삼 (韓夢參)	1589 ~1662	내내선유서 (柰內船遊序)	1626년 3월	17
1198	한산두 (韓山斗)	1556 ~1627	유소백산록 (遊小白山錄)	1586년 3월	16
1199	한장석1 (韓章錫)	1832 ~1894	유수락산기 (遊水落山記)	1868년 4월 미상~4월 16일	19
1200	한장석2 (韓章錫)	1832 ~1894	유청담기 (游清潭記)	1870년 3월	19
1201	한장석3 (韓章錫)	1832 ~1894	강남간사록 (江南幹事錄)	1874년 2월	19
1202	한장석4 (韓章錫)	1832 ~1894	기남곡유 (記南谷遊)	1885년	19
1203	한장석5 (韓章錫)	1832 ~1894	동령관폭기 (東泠觀瀑記)	미상(6월)	19
1204	한장석6 (韓章錫)	1832 ~1894	유삼십육동기 (遊三十六洞記)	미상(8월)	19
1205	한진호 (韓鎭㦛)	1792 ~1844	입협기 (入峽記)	1823년 4월 12일~5월 13일	19
1206	허각 (許桷)	18세기	유천관산기 (遊天冠山記)	미상(무술년 8월 23일~9월 2일)	18
1207	허강 (許傕)	1766 ~1822	유관록 (遊觀錄)	1799년 3월 12일~4월 7일	18
1208	허균 (許筠)	1569 ~1618	유원주법천사기 (遊原州法泉寺記)	1609년	17
1209	허돈 (許燉)	1586 ~1632	유가야산기 (遊伽倻山記)	1625년 9월 11일~15일	17
1210	허만박 (許萬璞)	1866 ~1917	유화양록 (遊華陽錄)	1898년 여름	19
1211	허목01 (許穆)	1595 ~1682	범해록 (泛海錄)	1638년 9월	17
1212	허목02 (許穆)	1595 ~1682	무술주행기 (戊戌舟行記)	1658년 6월	17

순번	저자	생몰연도	일기명	일기 기간	해당 세기
1213	허목03 (許穆)	1595 ~1682	고양산수기 (高陽山水記)	1658년 여름	17
1214	허목04 (許穆)	1595 ~1682	삼척기행 (三陟記行)	1660년 10월 13일~17일	17
1215	허목05 (許穆)	1595 ~1682	두타산기 (頭陀山記)	1661년 6월	17
1216	허목06 (許穆)	1595 ~1682	갑진기행 (甲辰記行)	1664년 1월 7일~3월	17
1217	허목07 (許穆)	1595 ~1682	해제장로범주유기 (偕諸丈老泛舟遊記)	1667년 가을	17
1218	허목08 (許穆)	1595 ~1682	괘암제명기 (卦巖題名記)	1668년 여름	17
1219	허목09 (許穆)	1595 ~1682	피서심원사기 (避暑深源寺記)	1669년 여름	17
1220	허목10 (許穆)	1595 ~1682	웅연범주도기 (熊淵泛舟圖記)	1672년 4월	17
1221	허목11 (許穆)	1595 ~1682	갑인기행 (甲寅記行)	1674년 5월	17
1222	허목12 (許穆)	1595 ~1682	무오기행 (戊午記行)	1678년 4월 17일~5월 22일	17
1223	허목13 (許穆)	1595 ~1682	단양산수기 (丹陽山水記)	미상	17
1224	허목14 (許穆)	1595 ~1682	웅연범주기 (熊淵泛舟記)	미상(8월 14일)	17
1225	허목15 (許穆)	1595 ~1682	월악기 (月嶽記)	미상(9월)	17
1226	허목16 (許穆)	1595 ~1682	유운계기 (遊雲溪記)	미상(10월)	17
1227	허목17 (許穆)	1595 ~1682	한송정기 (寒松亭記)	미상(10월 2일)	17
1228	허봉 (許篈)	1551 ~1588	국도기 (國島記)	1585년 가을	16
1229	허유 (許愈)	1833 ~1904	두류록 (頭流錄)	1877년 8월 5일~15일	19
1230	허훈1 (許薰)	1836 ~1907	유금오산기 (遊金烏山記)	1867년 9월 9일	19

순번	저자	생몰연도	일기명	일기 기간	해당 세기
1231	허훈2 (許薰)	1836 ~1907	서유록 (西遊錄)	1885년 9월 7일~19일	19
1232	허훈3 (許薰)	1836 ~1907	유수정사기 (遊水淨寺記)	1895년 7월 7일~8일	19
1233	허훈4 (許薰)	1836 ~1907	유주방산록 (遊周房山錄)	1895년 8월 24일~30일	19
1234	허훈5 (許薰)	1836 ~1907	동유록 (東遊錄)	1898년 4월 14일~7월 1일	19
1235	홍경모01 (洪敬謨)	1774 ~1851	서정기 (西征記)	1791년 8월	18
1236	홍경모02 (洪敬謨)	1774 ~1851	선루배유기 (仙樓陪遊記)	1792년 3월	18
1237	홍경모03 (洪敬謨)	1774 ~1851	청담기 (淸潭記)	1806년 3월	19
1238	홍경모04 (洪敬謨)	1774 ~1851	진관사기 (津寬寺記)	1806년 3월	19
1239	홍경모05 (洪敬謨)	1774 ~1851	한북산성기 (漢北山城記)	1806년 3월	19
1240	홍경모06 (洪敬謨)	1774 ~1851	삼선암기 (三仙巖記)	1810년	19
1241	홍경모07 (洪敬謨)	1774 ~1851	사인암기 (舍人巖記)	1810년	19
1242	홍경모08 (洪敬謨)	1774 ~1851	주하구담기 (舟下龜潭記)	1810년	19
1243	홍경모09 (洪敬謨)	1774 ~1851	한벽루기 (寒碧樓記)	1810년	19
1244	홍경모10 (洪敬謨)	1774 ~1851	삼성사기 (三聖祠記)	1813년 8월	19
1245	홍경모11 (洪敬謨)	1774 ~1851	구월산기 (九月山記)	1813년 9월	19
1246	홍경모12 (洪敬謨)	1774 ~1851	기행 (記行)	1816년 4월 8일~5월 9일	19
1247	홍경모13 (洪敬謨)	1774 ~1851	준해승유기 (遵海勝遊記)	미상	19
1248	홍경모14 (洪敬謨)	1774 ~1851	청량산기 (淸凉山記)	미상	19

순번	저자	생몰연도	일기명	일기 기간	해당 세기
1249	홍경모15 (洪敬謨)	1774 ~1851	도산기 (陶山記)	미상	19
1250	홍구 (洪球)	1784 ~1836	유청량산기 (遊淸凉山記)	1812년 가을	19
1251	홍길주1 (洪吉周)	1786 ~1841	유곡운기 (游谷雲記)	1810년 8월 5일	19
1252	홍길주2 (洪吉周)	1786 ~1841	승람일책 (勝覽日笧)	1816년 8월 1일~14일	19
1253	홍대구1 (洪大龜)	1610 ~1694	유속리산기 (遊俗離山記)	1648년 가을	17
1254	홍대구2 (洪大龜)	1610 ~1694	유풍악기 (遊楓嶽記)	1663년 8월 11일~9월	17
1255	홍대구3 (洪大龜)	1610 ~1694	풍악기보유 (楓嶽記補遺)	1663년	17
1256	홍백창 (洪百昌)	1702 ~1742	문일기 (文日記)	1737년 4월 1일~28일	18
1257	홍삼우당1 (洪三友堂)	1848 ~?	서석록 (瑞石錄)	1886년	19
1258	홍삼우당2 (洪三友堂)	1848 ~?	두류록 (頭流錄)	1887년 7월 17일~8월 1일	19
1259	홍석모 (洪錫謨)	1781 ~1857	마니산기행 (摩尼山紀行)	1799년 4월 21일	18
1260	홍석주1 (洪奭周)	1774 ~1842	속리유기 (俗離遊記)	1803년 3월 1일	19
1261	홍석주2 (洪奭周)	1774 ~1842	도압록강기 (渡鴨綠江記)	1831년	19
1262	홍석주3 (洪奭周)	1774 ~1842	과봉황산기 (過鳳凰山記)	1831년	19
1263	홍석주4 (洪奭周)	1774 ~1842	유반산소림사기 (遊盤山少林寺記)	1831년 9월	19
1264	홍석주5 (洪奭周)	1774 ~1842	등계구기 (登薊邱記)	1831년	19
1265	홍석주6 (洪奭周)	1774 ~1842	강행소기 (江行小記)	미상	19
1266	홍성민 (洪聖民)	1536 ~1594	계림록 (鷄林錄)	1580년~1590년	16

순번	저자	생몰연도	일기명	일기 기간	해당 세기
1267	홍양호 (洪良浩)	1724 ~1802	유이계기 (遊耳溪記)	1777년 9월 16일	18
1268	홍여하1 (洪汝河)	1621 ~1678	유풍악기 (遊楓嶽記)	1657년 9월	17
1269	홍여하2 (洪汝河)	1621 ~1678	유삼일포기 (遊三日浦記)	1657년	17
1270	홍여하3 (洪汝河)	1621 ~1678	총석정기 (叢石亭記)	1657년	17
1271	홍여하4 (洪汝河)	1621 ~1678	유국도기 (遊國島記)	1657년	17
1272	홍의호 (洪義浩)	1758 ~1826	유주왕산기 (遊周王山記)	1797년 4월 4일~미상	18
1273	홍인우 (洪仁祐)	1515 ~1554	관동일록 (關東日錄)	1553년 4월 9일~5월 20일	16
1274	홍직필1 (洪直弼)	1776 ~1852	유도봉기 (遊道峯記)	1819년 9월 10일	19
1275	홍직필2 (洪直弼)	1776 ~1852	유삼막기 (遊三邈記)	1836년 8월 1일~2일	19
1276	홍직필3 (洪直弼)	1776 ~1852	유수락산기 (遊水落山記)	미상	19
1277	홍태유 (洪泰猷)	1672 ~1715	유설악기 (遊雪嶽記)	미상	17
1278	홍한주1 (洪翰周)	1798 ~1868	유주방산기 (遊周房山記)	1826년 9월	19
1279	홍한주2 (洪翰周)	1798 ~1868	재유주방산기 (再遊周房山記)	1827년 5월	19
1280	황도익 (黃道翼)	1678 ~1753	두류산유행록 (頭流山遊行錄)	1744년 8월 27일~9월 9일	18
1281	황복성 (黃復性)	1880 ~1985	유장수방기 (遊長壽坊記)	1909년 봄	20
1282	황서 (黃曙)	1554 ~1602	유청량산록 (遊淸凉山錄)	1582년 9월 16일~21일	16
1283	황신구 (黃信龜)	1633 ~1685	유오산기 (遊鰲山記)	미상	17
1284	황여일 (黃汝一)	1556 ~1622	유내영산록 (遊內迎山錄)	1587년 8월 1일~10일	16

순번	저자	생몰연도	일기명	일기 기간	해당 세기
1285	황위 (黃暐)	1605 ~1654	북관일기 (北關日記)	1649년 6월~10월 13일	17
1286	황현1 (黃玹)	1855 ~1910	유방장산기 (遊方丈山記)	1876년 8월~미상	19
1287	황현2 (黃玹)	1855 ~1910	적벽기 (赤壁記)	1895년 9월	19
1288	황후간 (黃後榦)	1700 ~1773	유상족기 (遊床足記)	1744년 3월 8일~20일	18

2. 조선시대 한문 기행일기의 주요 저자

순번	저자	생몰연도	일기 편수	일기명
1	강세황 (姜世晃)	1713 ~1791	5	유격포기(遊格浦記), 호가유금원기(扈駕遊禁苑記), 중구일등의관령소기(重九日登義館嶺小記), 유금강산기(遊金剛山記), 유우금암기(遊禹金巖記)
2	권상신 (權常愼)	1759 ~1825	5	자청절사지석림사기(自淸節祠至石林寺記), 재도원장유수락산기(在道院將遊水落山記), 섭노원천기(涉蘆原川記), 자노천지청절사기(自蘆川至淸節祠記), 정릉유록(貞陵遊錄)
3	김수민 (金壽民)	1734 ~1811	5	유석양산기(遊夕陽山記), 망덕산기(望德山記), 유변산록(遊邊山錄), 삼동유산록(三洞遊山錄), 남산기(南山記)
4	김익동 (金翊東)	1793 ~1860	5	유팔공산기(遊八公山記), 유청량산기(遊淸凉山記), 호남기행(湖南紀行), 유운문산기(遊雲門山記), 유가야산기(遊伽倻山記)
5	남경희 (南景羲)	1748 ~1812	5	유사군기(遊四郡記), 유단석산기(遊斷石山記), 유주사산기(遊朱砂山記), 유대현동기(遊大賢洞記), 재유원적산기(再遊圓寂山記)
6	남효온 (南孝溫)	1454 ~1492	5	유금강산기(遊金剛山記), 송경록(松京錄), 지리산일과(智異山日課), 유천왕봉기(遊天王峰記), 유가수굴기(遊佳殊窟記)
7	박종 (朴琮)	1735 ~1793	5	상고유록(上古遊錄), 백두산유록(白頭山遊錄), 칠보산유록(七寶山遊錄), 동경유록(東京遊錄), 청량산유람록(淸凉山遊覽錄)
8	송광연 (宋光淵)	1638 ~1695	5	오대산기(五臺山記), 임영산수기(臨瀛山水記), 두류록(頭流錄), 삼한동기(三韓洞記), 유계양산기(遊桂陽山記)
9	어유봉 (魚有鳳)	1672 ~1744	5	유신계선유암기(遊新溪仙遊巖記), 주유동호소기(舟遊東湖小記), 동유기(東遊記), 유금강산기(遊金剛山記), 재유금강내외산기(再遊金剛內外山記)
10	오두인 (吳斗寅)	1624 ~1689	5	조석천기(潮汐泉記), 의암기(義巖記), 두류산기(頭流山記), 청량산기(淸凉山記), 부석사기(浮石寺記)
11	이계서 (李溪墅)	19세기	5	유속리산기(遊俗離山記), 오군기행(五郡紀行), 동학동기유(東鶴洞紀遊), 남악기유(南嶽紀遊), 유북한기(遊北漢記)
12	이산해 (李山海)	1539 ~1609	5	망양정기(望洋亭記), 월송정기(越松亭記), 월야방운주사기(月夜訪雲住寺記), 유선암사기(遊仙巖寺記), 유백암사기(遊白巖寺記)
13	하수일 (河受一)	1553 ~1612	5	남간기(南磵記), 유황계폭포기(遊黃溪瀑布記), 유덕산장항동반석기(遊德山獐項洞盤石記), 유낙수암기(遊落水巖記), 유청암서악기(遊靑巖西岳記)
14	허훈 (許薰)	1836 ~1907	5	유금오산기(遊金烏山記), 서유록(西遊錄), 유수정사기(遊水淨寺記), 유주방산록(遊周房山錄), 동유록(東遊錄)

순번	저자	생몰연도	일기 편수	일기명
15	권뢰 (權珠)	1800 ~1873	6	경행일록(京行日錄), 청상갈문일기(請狀碣文日記), 정유오월경행일록(丁酉五月京行日錄), 유금산록(遊錦山錄), 동정일기(東征記), 유덕유산록(遊德裕山錄)
16	김신겸 (金信謙)	1693 ~1738	6	회화원심암기(會話遠心庵記), 유북성기(遊北城記), 유박연기(遊朴淵記), 도유기(島遊記), 득문소동기(得聞韶洞記), 유문소동우득청하곡기(遊聞韶洞又得靑霞谷記)
17	송심명 (宋心明)	1788 ~1850	6	정금호범주기(淨衿湖泛舟記), 동유기(東遊記), 용문수석기(龍門水石記), 남유해상기(南遊海上記), 포연수석기(鋪淵水石記), 유산기(遊山記)
18	안석경 (安錫儆)	1718 ~1774	6	유청평산기(遊淸平山記), 유도산역동이서원기(遊陶山易東二書院記), 유치악대승암기(遊雉岳大乘菴記), 동행기(東行記), 동유기(東遊記), 유천등산기(遊天登山記)
19	유휘문 (柳徽文)	1773 ~1832	6	유동호기(遊東湖記), 서유록(西遊錄), 북유록(北遊錄), 남유록(南遊錄), 유영남루기(遊嶺南樓記), 동유록(東遊錄)
20	이원호 (李源祜)	1790 ~1859	6	탐라일기 상(耽羅日記 上), 탐라일기 하(耽羅日記 下), 귀정일기(歸程日記), 패서일기(浿西日記), 남유일기(南遊日記), 통영기행(統營記行)
21	이익 (李瀷)	1681 ~1763	6	유삼각산기(遊三角山記), 방백운동기(訪白雲洞記), 유청량산기(遊淸凉山記), 알도산서원기(謁陶山書院記), 유천마산기(遊天磨山記), 유관악산기(遊冠岳山記)
22	조구명 (趙龜命)	1693 ~1737	6	유서계기(遊西溪記), 유용유담기(遊龍游潭記), 유지리산기(遊智異山記), 유심진동기(遊尋眞洞記), 추기동협유상(追記東峽遊賞), 유봉림기(遊鳳林記)
23	조임도 (趙任道)	1585 ~1664	6	심현록(尋賢錄), 경양대하선유기(景釀臺下船遊記), 과종록(過從錄), 원행록(遠行錄), 유관록(遊觀錄), 개진기회록(開津期會錄)
24	한장석 (韓章錫)	1832 ~1894	6	유수락산기(遊水落山記), 유청담기(游淸潭記), 강남간사록(江南幹事錄), 기남곡유(記南谷遊), 동령관폭기(東泠觀瀑記), 유삼십육동기(遊三十六洞記)
25	홍석주 (洪奭周)	1774 ~1842	6	속리유기(俗離遊記), 도압록강기(渡鴨綠江記), 과봉황산기(過鳳凰山記), 유반산소림사기(遊盤山少林寺記), 등계구기(登薊邱記), 강행소기(江行小記)
26	김창협 (金昌協)	1651 ~1708	7	유송경기(游松京記), 동유기(東遊記), 서유기(西遊記), 능암심폭기(凜巖尋瀑記), 동정기(東征記), 유백운산기(游白雲山記), 유만취대기(游晩翠臺記)
27	박장원 (朴長遠)	1612 ~1671	7	유두류산기(遊頭流山記), 유청평산기(遊淸平山記), 중유청평기(重遊淸平記), 인유기(麟遊記), 보상망창산기(步上望昌山記), 백운동심원기(白雲洞尋院記), 유박연기(遊朴淵記)

순번	저자	생몰연도	일기 편수	일기명
28	송정악 (宋廷岳)	1697 ~1775	7	서행록(西行錄), 경행북정록(京行北征錄), 통행일기(統行日記), 연영노정기(蓮營路程記), 서유경조록(西遊慶弔錄), 호행록(湖行錄), 유경일기(留京日記)
29	오원 (吳瑗)	1700 ~1740	7	곡운행기(谷雲行記), 청협일기(淸峽日記), 호좌일기(湖左日記), 영협일기(永峽日記), 유풍악일기(遊楓嶽日記), 금양유기(衿陽遊記), 서유일기(西遊日記)
30	이만운 (李萬運)	1736 ~1820	7	유천생산기(遊天生山記), 촉석동유기(矗石同遊記), 덕산동유기(德山同遊記), 문산재동유기(文山齋同遊記), 가야동유록(伽倻同遊錄), 유관어대기(遊觀魚臺記), 유금산기(遊錦山記)
31	정식 (鄭栻)	1683 ~1746	7	두류록(頭流錄), 가야산록(伽倻山錄), 금산록(錦山錄), 월출산록(月出山錄), 관동록(關東錄), 도연유록(陶淵遊錄), 청학동록(靑鶴洞錄)
32	조종덕 (趙鍾悳)	1858 ~1927	7	두류산음수기(頭流山飮水記), 도원계일기(到遠溪日記), 자문산지화양동기(自文山至華陽洞記), 배종일기(陪從日記), 남유일기(南遊日記), 자활산지화양동기(自活山至華陽洞記), 자화양입선유동기(自華陽入仙遊洞記)
33	김인섭 (金麟燮)	1827 ~1903	8	유부암산기(遊傅巖山記), 강좌기행(江左記行), 범주유총석정기(泛舟遊叢石亭記), 관음사전춘기(觀音寺餞春記), 선유동수석기(仙遊洞水石記), 금산기행(錦山記行), 유금란굴기(遊金襴窟記), 유집현산기(遊集賢山記)
34	김훈 (金勳)	1836 ~1910	8	동유록(東遊錄), 화양록(華陽錄), 흑산록(黑山錄), 천관록(天冠錄), 남유록(南遊錄), 지유록(坴遊錄), 옥천록(沃川錄), 방구록(訪舊錄)
35	박문호 (朴文鎬)	1846 ~1918	8	유속리산기(遊俗離山記), 유계룡산전관강경호기(遊鷄龍山轉觀江鏡湖記), 유심도관해기(遊沁都觀海記), 산행소기(山行小記), 유백운대기(遊白雲臺記), 동협행기(峒峽行記), 만유기(漫遊記), 유상당산성남악사기(遊上黨山城南岳寺記)
36	신석우 (申錫愚)	1805 ~1865	8	유만월대기(遊滿月臺記), 춘유광복동기(春遊廣腹洞記), 촉석루연유기(矗石樓讌遊記), 입통제영기(入統制營記), 유한산도기(遊閑山島記), 입가야산기(入伽倻山記), 유김씨산정기(遊金氏山亭記), 금릉유기(金陵遊記)
37	이의숙 (李義肅)	1733 ~1805	8	유종남동봉기(遊終南東峯記), 화악일기(華嶽日記), 선유동기(仙遊洞記), 동릉상추기(東陵賞秋記), 유선몽대기(遊仙夢臺記), 가야산기(伽倻山記), 범상유기(泛上遊記), 작괘기(勻掛記)
38	채제공 (蔡濟恭)	1720 ~1799	8	조원기(曹園記), 중유조원기(重遊曹園記), 유오원기(遊吳園記), 유칠장사기(遊七長寺記), 회룡사관폭기(回龍寺觀瀑記), 유관악산기(遊冠岳山記), 유이원기(遊李園記), 유북저동기(遊北渚洞記)
39	김운덕 (金雲悳)	1857 ~1936	9	경성유람기(京城遊覽記), 영남유람기(嶺南遊覽記), 서호유람기(西湖遊覽記), 남원유람기(南原遊覽記), 회덕유람기(懷德遊覽記), 영주유람기(瀛州遊覽記), 중사유람기(中沙遊覽記), 서석유람기(瑞石遊覽記), 임피유람기(臨陂遊覽記)

순번	저자	생몰연도	일기편수	일기명
40	이정구 (李廷龜)	1564 ~1635	10	유금강산기(遊金剛山記), 유삼각산기(遊三角山記), 유박연기(游朴淵記), 유천산기(遊千山記), 유각산사기(遊角山寺記), 유화담기(遊花潭記), 유송악기(遊松嶽記), 유도봉서원기(遊道峯書院記), 유의무려산기(遊醫巫閭山記), 유조계기(遊曹溪記)
41	김수증 (金壽增)	1624 ~1701	12	유희령산기(遊戲靈山記), 유송도기(遊松都記), 유백사정기(遊白沙汀記), 산중일기(山中日記), 칠선동기(七仙洞記), 중유칠선동기(重遊七仙洞記), 풍악일기(楓嶽日記), 화산기(花山記), 한계산기(寒溪山記), 유화악산기(遊華嶽山記), 유곡연기(遊曲淵記), 청룡산청룡사기(靑龍山靑龍寺記)
42	김창흡 (金昌翕)	1653 ~1722	12	단구일기(丹丘日記), 호행일기(湖行日記), 설악일기(雪岳日記), 관서일기(關西日記), 영남일기(嶺南日記), 유봉정기(遊鳳頂記), 평강산수기(平康山水記), 북관일기(北關日記), 남유일기(南遊日記), 오대산기(五臺山記), 남정일기(南征日記), 울진산수기(蔚珍山水記)
43	홍경모 (洪敬謨)	1774 ~1851	15	서정기(西征記), 선루배유기(仙樓陪遊記), 청담기(淸潭記), 진관사기(津寬寺記), 한북산성기(漢北山城記), 삼선암기(三仙巖記), 사인암기(舍人巖記), 주하구담기(舟下龜潭記), 한벽루기(寒碧樓記), 삼성사기(三聖祠記), 구월산기(九月山記), 기행(記行), 준해승유기(遵海勝遊記), 청량산기(淸凉山記), 도산기(陶山記)
44	정약용 (丁若鏞)	1762 ~1836	17	유물염정기(遊勿染亭記), 유수종사기(遊水鍾寺記), 월파정야유기(月波亭夜遊記), 남호범주기(南湖汎舟記), 단양산수기(丹陽山水記), 유세검정기(遊洗劍亭記), 재유촉석루기(再遊矗石樓記), 영보정연유기(永保亭宴遊記), 유천진암기(遊天眞菴記), 곡산북방산수기(谷山北坊山水記), 자하담범주기(紫霞潭汎舟記), 창옥동기(蒼玉洞記), 관적사기(觀寂寺記), 유석림기(遊石林記), 유서석산기(遊瑞石山記), 유오서산기(遊烏棲山記), 산행일기(汕行日記)
45	허목 (許穆)	1595 ~1682	17	범해록(泛海錄), 무술주행기(戊戌舟行記), 고양산수기(高陽山水記), 삼척기행(三陟記行), 두타산기(頭陀山記), 갑진기행(甲辰記行), 해제장로범주유기(偕諸丈老泛舟遊記), 괘암제명기(卦巖題名記), 피서심원사기(避暑深源寺記), 웅연범주도기(熊淵泛舟圖記), 갑인기행(甲寅記行), 무오기행(戊午記行), 단양산수기(丹陽山水記), 웅연범주기(熊淵泛舟記), 월악기(月嶽記), 유운계기(遊雲溪記), 한송정기(寒松亭記)

순번	저자	생몰연도	일기 편수	일기명
46	송병선 (宋秉璿)	1836 ~1905	22	유황산급제명승기(遊黃山及諸名勝記), 유금오산기(遊金烏山記), 서유기(西遊記), 동유기(東遊記), 지리산북록기(智異山北麓記), 서석산기(瑞石山記), 적벽기(赤壁記), 백암산기(白巖山記), 도솔산기(兜率山記), 변산기(邊山記), 덕유산기(德裕山記), 황악산기(黃岳山記), 수도산기(修道山記), 가야산기(伽倻山記), 단진제명승기(丹晉諸名勝記), 금산기(錦山記), 두류산기(頭流山記), 유승평기(遊昇平記), 유교남기(遊嶠南記), 유월출천관산기(遊月出天冠山記), 유안음산수기(遊安陰山水記), 유화양제명승기(遊華陽諸名勝記)
47	이상수 (李象秀)	1820 ~1882	29	유석담기(遊石潭記), 유속리산기(遊俗離山記), 시등금수정기(始登金水亭記), 화적연기(禾積淵記), 동행산수기(東行山水記), 유철이령기(踰鐵彝嶺記), 지장안사기(至長安寺記), 장안동명경대기(長安東明鏡臺記), 장안동령원동기(長安東靈源洞記), 오심백탑기(誤尋百塔記), 숙영원암기(宿靈源菴記), 장안북서저표훈사기(長安北西抵表訓寺記), 표훈사헐성루등조기(表訓寺歇惺樓登眺記), 표훈북서수미탑기(表訓北西須彌塔記), 표훈북만폭팔담기(表訓北萬瀑八潭記), 중향성기(衆香城記), 유점사서은선대기(楡店寺西隱仙臺記), 유점사구문기(楡店寺舊聞記), 신계사서구룡연기(神溪寺西九龍淵記), 신계서북만물초기(神溪西北萬物草記), 고성서망금강외산기(高城西望金剛外山記), 고성동해금강기(高城東海金剛記), 고성북삼일호기(高城北三日湖記), 병해북행기(並海北行記), 통천북총석기(通川北叢石記), 주지천도기(舟至穿島記), 화양동유기(華陽洞遊記), 속리회우기(俗離會遇記), 유오서산기(遊烏棲山記)

제4장

조선시대
한문 기행일기의
특징과 활용

1. 조선시대 한문 기행일기의 자료적 특징

조선 후기로 갈수록 많은 수량의 일기가 등장하는 것은 일반적인 흐름이라 할 수 있다. 조선시대 관청·공동체·개인의 일기를 조사한 황위주, 조선시대 개인의 일기를 조사한 최은주, 호남문집 소재 일기를 조사한 필자가 제시한 세기별 일기 수량에서 이를 확인할 수 있다.[1]

연구자별 일기의 수량

	황위주	최은주	김미선
14~15세기	15	7	5
16세기	165	142	75
17세기	243	211	59
18세기	305	228	57
19세기	437	273	172
20세기	178	27	197
미상	259	49	·
총 수량	1,602	937	565

기행일기 또한 15세기에는 17편에 불과하지만 점점 수량이 증가하여 19세기에는 491편에 이른다. 그렇다면 기행일기는 어떤 자료적 특징을 가지고 있

---

[1] 황위주, 「조선시대 일기자료의 현황과 활용방안」, 『국역 조선시대 서원일기』, 한국국학진흥원, 2007, 770쪽 ; 최은주, 「조선 시대 일기 자료의 실상과 가치」, 『대동한문학』 30, 대동한문학회, 2009, 12쪽 ; 김미선, 『호남문집 소재(所載) 일기류 자료』, 경인문화사, 2018, 282쪽.

을까? 이는 다음과 같이 세 가지로 정리할 수 있다.

첫째, 기행일기는 문집 내에 수록된 경우가 많다. 성현(成俔, 1439~1504)의 <동행기(東行記)>와 같이 유기를 모은 『와유록(臥遊錄)』에 수록되어 전해지는 경우, 고경명(高敬命, 1533~1592)의 <유서석록(遊瑞石錄)>과 같이 기행일기만 별도로 간행된 경우, 이재(李栽, 1657~1730)의 <창구객일록(蒼狗客日錄)>과 같이 기행일기가 별도의 필사본으로 전해진 경우도 있다. 하지만 이러한 경우는 극히 일부분으로 앞서 제2장에서 제시한 세기별 목록의 '출전' 부분에서 보듯, 많은 기행일기는 저자의 문집 내에 수록되어 있다.

이는 여행의 특별함을 일기로 남기려고 한 글쓰기 태도, 분량에 있어서 문집 수록이 용이한 상황 등이 반영된 것이라 할 수 있다. 생활일기와 같이 오랜 기간 작성한 일기는 많은 분량으로 인해 문집 수록에 어려움이 있으며, 내용에 있어서도 특별함이 부족하다. 기행일기의 경우 여행이라는 특별한 경험을 담고, 여정이 끝나면서 일기도 끝나 완결성을 가지며, 분량도 비교적 적다. 그렇기 때문에 문집에 수록되어 많은 작품이 전해질 수 있었던 것으로 보인다.

둘째, 기행일기는 유람을 기록한 경우가 많다. 기행일기 속 여행 목적을 살펴본 결과 약 80%가 유람을 목적으로 한 것이었으며, 그 외 과거 응시를 위한 여행, 스승을 배종하기 위한 여행, 관직이나 유배 관련하여 외지에 있는 사람을 만나기 위한 여행, 성묘나 문헌 간행 준비 등 선조 관련 여행, 기타 온천욕, 상소 준비, 모임 참석을 위한 여행 등을 확인할 수 있었다.[2]

조선시대에 산수 유람이 성행하였고, 유람을 다녀온 후 이를 한시, 일기 등으로 남긴 경우가 많았다. 선인이 남긴 유람 기록은 후인들의 기행일기 창작에 영향을 미쳤는데, 금강산 등으로 유람을 떠나면서 선인이 남긴 유람 기록을 가지고 가는 것도 볼 수가 있다. 1671년의 금강산 유람을 기록한 김창협

---

2) 김미선, 「조선시대 기행일기 속 여행 목적」, 『국어문학』 71, 국어문학회, 2019, 151~154쪽.

(金昌協, 1651~1708)의 <동유기(東遊記)>를 보면 여행을 떠나면서 『와유록(臥遊錄)』을 챙겨서 가고 있다. 선인이 남긴 유람 기록을 보고 유람을 떠나고, 자신도 유람을 마친 후 다시 기행일기를 남긴 것이다.

유람을 기록한 기행일기는 제목에 '유(遊)'가 드러난 경우와 일기의 초반부에 유람을 떠나게 되었음을 밝힌 경우가 많아 비교적 빠르게 파악이 가능하였다. 또한 유람 지역이 제목에 명시된 경우가 많아, 조선시대의 주된 유람 지역 파악도 가능하였다.3)

셋째, 기행일기는 1인이 여러 편을 남긴 경우가 많다. 한 사람이 평생을 살아가다보면 여러 차례 여행을 떠나게 된다. 여행별로 기록한 일기가 각각의 제목을 가지고 문집 등에 별도의 작품으로 수록된 경우를 다수 볼 수가 있다. 그러다보니 2~3편의 기행일기를 남긴 경우도 있지만, 10편 이상의 많은 기행일기를 남긴 경우도 볼 수 있었다.

이정구(李廷龜, 1564~1635), 허목(許穆, 1595~1682), 김수증(金壽增, 1624~1701), 김창흡(金昌翕, 1653~1722), 정약용(丁若鏞, 1762~1836), 홍경모(洪敬謨, 1774~1851), 송병선(宋秉璿, 1836~1905) 등은 10편 이상의 기행일기를 남겼다. 이들의 기행일기는 모두 문집 내에 수록되어 있으며, 한 사람이 평생을 살아가면서 다니게 되는 여러 여행을 볼 수가 있다.

----

3) 필자는 제목에 유람 지역이 비교적 명확히 드러난 기행일기 969편을 대상으로 명승지의 유형을 파악한 논문 「기행일기로 본 조선시대 명승지」(『한민족어문학』 89, 한민족어문학회, 2020)를 발표하였다. 이 논문에서는 명승지의 유형을 자연 유형과 인문 유형으로 나누고 이를 다시 세분화 한 후 유형별 기행일기 수량을 제시하였다. 그리고 명승지의 경향을 '산, 계곡, 봉우리 등 산 관련한 곳 치중', '선인들의 자취가 있는 곳 중시', '전국적인 곳·지역적인 곳의 혼재' 등 세 가지로 정리하였다.

2. 조선시대 한문 기행일기의 활용 가치

기행일기는 다양한 면에서 활용 가치를 지닌다. 2019년에 발표한 논문「조선시대 한문 기행일기의 현황과 가치」와「조선시대 기행일기 속 여행 목적」에서 각각 '조선시대 한문 기행일기의 가치', '여행 목적을 바탕으로 한 기행일기의 활용'이라는 소제목 아래 기행일기의 가치와 활용을 정리하였다.4) 이를 '기행일기의 활용 가치'로 묶어 요약하면 다음과 같다.

첫째, 기행일기는 우리나라 일기자료 확보에 기여할 수 있다. 많은 일기가 현전하고 있으나 그 존재유무 자체를 몰라 연구자료로 활용되지 못하는 경우가 많다. 본 조사 결과 1,200편이 넘는 기행일기를 확인하였으니, 이는 우리나라 일기의 수량을 한층 늘어나게 할 것이다.

둘째, 기행일기는 기행문학, 일기문학 연구에 기여할 수 있다. 기행일기는 여행을 기록하였기 때문에 기행문학에, 일기 형식으로 작성한 것이기 때문에 일기문학에 속한다. 본 조사를 통해 확인된 1,288편의 기행일기는 기행문학, 일기문학 연구자들에게 풍부한 연구자료를 제공하여, 기행문학, 일기문학 연구에 기여할 수 있을 것이다.

셋째, 기행일기는 조선시대 여행문화, 지리 및 명승 연구의 토대자료를 제공할 수 있다. 일기는 현실 속 저자의 감정을 볼 수 있는 진솔한 문학으로서도 의미가 있지만, 당대의 세세한 삶을 볼 수 있는 역사적 자료로서도 의미가 크다. 그중 기행일기는 15세기부터 조선이 사라져 간 20세기 초반까지 다양한 작품이 남아 있어, 조선시대 여행문화를 볼 수 있는 중요한 자료가 된다. 또

---

4) 김미선,「조선시대 한문 기행일기의 현황과 가치」,『한국민족문화』71, 부산대학교 한국민족문화연구소, 2019, 26~31쪽 ; 김미선,「조선시대 기행일기 속 여행 목적」,『국어문학』71, 국어문학회, 2019, 173~177쪽.

기행일기는 조선시대 지리, 명승에 대한 정보를 담고 있기 때문에 조선시대 지리나 명승을 연구할 때 이를 활용할 수 있을 것이다.

넷째, 기행일기는 지역 관광 활성화를 위한 자료로 활용할 수 있다. 기행일기에는 조선시대 선비들의 유람을 기록한 일기가 많으며, 이들이 다닌 곳에는 아름다운 자연환경을 갖춘 곳이 많다. 이런 곳을 유람한 일을 기록한 기행일기들은 특정 지역에 대한 여행의 역사를 증명해 줄 수 있으며, 여행지에 대한 일화를 제공할 수가 있다. 또 제주도 올레길과 같이 걸어서 관광할 수 있는 코스를 개발할 때, 기행일기 속 저자들이 거닌 경로를 활용할 수 있을 것이다. 본 연구를 통해 다양한 산, 다양한 지역의 기행일기를 확보하였으니, 앞으로 해당 지역의 관광 활성화에 활용할 수 있을 것이다.

다섯째, 기행일기는 선조들의 여행 관련 미시적인 삶 파악에 활용할 수 있다. 기행일기 속에 조선시대 사람들이 평생에 걸쳐 가게 되는 다양한 여행이 담겨 있다. 유람을 기록한 기행일기는 양적으로도 풍부하기 때문에 조선시대의 유람 여행 과정을 세밀하게 파악하는 데에 기행일기를 활용할 수 있다. 또 과거에 응시하기 위한 여정과 스승을 모시고 떠나는 여행, 관직이나 유배로 인해 외지에 나간 사람을 만나기 위한 여행, 성묘나 온천욕을 위한 여행 등이 담겨 있기 때문에 기행일기를 활용하여 조선시대 선조들의 여행 관련 미시적인 생활을 파악할 수 있을 것이다.

여섯째, 기행일기는 선조들의 여행 관련 교육자료로 활용할 수 있다. 여행은 문학, 사학, 문화콘텐츠학 등 다양한 학문 분야에서 관심을 갖는 소재이다. 기행문학의 특징을 가르칠 때, 선조들의 여행 과정을 설명할 때, 여행 관련 사건을 문화콘텐츠로 활용하는 방법을 가르칠 때 기행일기는 중요한 자료로 활용될 수 있을 것이다.

일곱째, 기행일기는 선조 선양을 위한 활동 파악에 활용할 수 있다. 조선시대 사람들은 선조를 추모하고 선조를 선양하여 가문을 높이는 것을 중요하게 여겼다. 선조의 정려를 청하거나 알려진 인물에게 선조에 대한 글을 받는 것, 선조의 문집을 간행하는 것은 선조 선양을 위한 활동 중 대표적인 것이라 할 수 있다. 기행일기 중에는 그를 위한 여정을 집중적으로 기록한 일기가 있어 이를 선조 선양을 위한 활동 파악에 활용할 수 있을 것이다.

1,200편이 넘는 기행일기를 간략한 목록으로라도 한 자리에 모을 수 있었던 것은 선행 연구 성과들이 있었기 때문이었다. 본 저서도 기행일기 연구의 한 부분이 되어, 앞으로의 기행일기 연구에 기여할 수 있기를 기대한다.

참고문헌

1. 자료

강세황 저/박동욱·서신혜 역, 『표암 강세황 산문 전집』, 소명출판, 2008.

강정화 외, 『지리산 유람록의 이해』, 보고사, 2016.

강정화·황의열 편, 『지리산권 유산기 선집』, 선인, 2016.

경상대학교 경남문화연구원 편, 『금강산유람록』 1~10, 민속원, 2016~2019.

국립문화재연구소 미술문화재연구실, 『조선시대 개인일기1 - 대구·경북』, 국립문화재연구소, 2015.

국립문화재연구소 미술문화재연구실, 『조선시대 개인일기2 - 인천·경기』, 국립문화재연구소, 2016.

국립문화재연구소 미술문화재연구실, 『조선시대 개인일기3 - 서울』, 국립문화재연구소, 2017.

국립문화재연구소 미술문화재연구실, 『조선시대 개인일기4 - 충청·강원·전라·경남』, 국립문화재연구소, 2018.

국립수목원 편, 『산림역사 자료 연구총서1 경상북도 - 산림정책과 산림문화 역사성 규명을 위한 국역 유산기』, 한국학술정보, 2013.

국립수목원 편, 『산림역사 자료 연구총서2 경기도 - 산림정책과 산림문화 역사성 규명을 위한 국역 유산기』, 한국학술정보, 2014.

국립수목원 편, 『산림역사 자료 연구총서3 경상남도 - 산림정책과 산림문화 역사성 규명을 위한 국역 유산기』, 한국학술정보, 2014.

국립수목원 편, 『산림역사 자료 연구총서4 강원도 - 산림정책과 산림문화 역사성 규명을 위한 국역 유산기』, 한국학술정보, 2015.

국립수목원 편, 『산림역사 자료 연구총서5 충청도, 전라도 - 산림정책과 산림문화 역사성 규명을 위한 국역 유산기』, 한국학술정보, 2016.

국립중앙도서관 도서관연구소 고전운영실, 『국립중앙도서관 선본해제13 - 일기류』, 국립중앙도서관 도서관연구소, 2011.

국학진흥연구사업추진위원회 편, 『臥遊錄』, 한국정신문화연구원, 1997.

김대현 외, 『국역 無等山遊山記』, 광주시립민속박물관, 2010.

김약행, 『仙華遺稿』, 교민, 2005.

김용곤 외 역, 『조선시대 선비들의 금강산 답사기』, 혜안, 1998.

김용남, 『옛 선비들의 속리산기행』, 국학자료원, 2009.

남선 저/김규선 역, 『창명유고』, 의령남씨직동문집간행회, 2004.

동양대학교 한국전통문화연구소, 『국역 소수서원 잡록』, 영주시, 2005.

박영호·김우동 역, 『국역 주왕산유람록』 Ⅰ~Ⅱ, 청송군, 2013~2014.

송정악 외 저/나상필 외 역, 『서행록』 1~2, 한국학호남진흥원, 2020.

송정악 외 저/송관종 역, 『서행록』, 원진문화사, 2008.

심경호, 『산문기행 - 조선의 선비, 산길을 가다』, 이가서, 2007.

안대회 외 역, 『한국 산문선』 1~9, 민음사, 2017.

오문복, 『제주도명승』, 제주문화원, 2017.

이경수, 『17세기의 금강산기행문』, 강원대학교출판부, 2000.

이동항 저/최강현 역, 『遲庵 李東沆의 紀行錄』, 국학자료원, 1996.

이상태 외 역, 『조선시대 선비들의 백두산 답사기』, 혜안, 1998.

이정엄 저/이원균 역, 『국역 남려유고』, 보문, 2008.

이종묵 편역, 『누워서 노니는 산수 - 조선시대 산수유기 걸작선』, 태학사, 2002.

이풍익 저/이충구·이성민 역, 『동유첩』, 성균관대학교출판부, 2005.

임제 저/신호열·임형택 역, 『譯註 白湖全集(하)』, 창작과비평사, 1997.

자우 저/윤찬호 역, 『설담집』, 동국대학교출판부, 2015.

장한철 저/김지홍 역, 『장한철 표해록』, 지식을만드는지식, 2018.

전송열·허경진 편역, 『조선 선비의 산수기행』, 돌베개, 2016.

정민 편, 『韓國歷代山水遊記聚編』 1~10, 민창문화사, 1996.

정병호·최종호·이완섭 역, 『경북 동해안 산수유람기』, 한국국학진흥원, 2012.

정영방 외 저/권경열 역, 『임장세고』, 한국국학진흥원, 2013.

정운경 저/정민 역, 『탐라문견록, 바다 밖의 넓은 세상』, 휴머니스트, 2008.

정윤영 저/박종훈 역, 『천하제일명산 금강산 유람기 - 영악록』, 수류화개, 2021.

조용호 역, 『19세기 선비의 의주·금강산기행』, 삼우반, 2005.

지상은 저/박종훈 역, 『금강록 - 수원사람들의 금강산 유람기』, 수원박물관, 2016.

청량산박물관 편역, 『옛 선비들의 청량산 유람록』 Ⅰ~Ⅲ, 민속원, 2007~2012.

최두찬 저/박동욱 역,『승사록, 조선 선비의 중국 강남 표류기』, 휴머니스트, 2011.

최부 저/서인범·주성지 역,『표해록』, 한길사, 2004.

최석기 외 역,『선인들의 지리산 유람록』, 돌베개, 2007.

최석기 외 역,『선인들의 지리산 유람록』3~6, 보고사, 2009~2013.

최석기 외 역,『지리산 유람록 – 용이 머리를 숙인 듯 꼬리를 치켜든 듯』, 보고사,
       2008.

풍계 현정 저/김상현 역,『일본표해록』, 동국대학교출판부, 2010.

한진호 저/이민수 역,『島潭行程記 – 入峽記』, 일조각, 1993.

허만박 저/허호구 역,『역주 창애집』, 이회문화사, 2008.

홍길주 저/박무영 외 역,『표롱을첨(상)』, 태학사, 2006.

화악 지탁 저/김재희 역,『삼봉집』, 동국대학교출판부, 2012.

2. 논저

강명관,『조선시대 책과 지식의 역사』, 천년의상상, 2014.

강정효,『한라산』, 돌베개, 2003.

강현경,「鷄龍山 遊記에 대한 硏究」,『한국한문학연구』31, 한국한문학회, 2003.

고연희,『조선후기 산수기행예술 연구』, 일지사, 2007.

권혁진,「淸平山 遊山記 연구」,『인문과학연구』29, 강원대학교 인문과학연구소,
       2011.

김경미,「조선후기 변산반도 유람록의 관광학적 고찰 – 소승규 유봉래산일기를 중
       심으로」,『Tourism Research』43, 한국관광산업학회, 2018.

김대현,「無等山 遊山記에 대한 硏究」,『남경 박준규박사 정년기념논총』, 남경 박
       준규박사 정년기념논총 간행위원회, 1998.

김미선,「강주호(姜周祜) 기행일기로 본 19세기초 안동 선비의 유람 여행」,『어문
       론총』83, 한국문학언어학회, 2020.

김미선,「기행일기 정리의 현황과 과제」,『국학연구론총』21, 택민국학연구원, 2018.

김미선,「기행일기로 본 조선시대 명승지」,『한민족어문학』89, 한민족어문학회,

2020.

김미선, 「섬 여행을 기록한 조선시대 기행일기」, 『도서문화』 53, 목포대학교 도서
　　문화연구원, 2019.

김미선, 「소승규「유봉래산일기」의 유람 여행 글쓰기와 문학교육적 의미」, 『동양
　　학』 84, 단국대학교 동양학연구원, 2021.

김미선, 「장한철 『표해록』의 표류 체험 글쓰기와 문학교육적 의미」, 『영주어문』
　　44, 영주어문학회, 2020.

김미선, 「조선시대 기행일기 속 여행 목적」, 『국어문학』 71, 국어문학회, 2019.

김미선, 「조선시대 기행일기의 문학교육적 활용」, 『동아인문학』 52, 동아인문학회,
　　2020.

김미선, 「조선시대 기행일기의 범주에 대한 논의」, 『국학연구』 35, 한국국학진흥
　　원, 2018.

김미선, 「조선시대 한문 기행일기의 현황과 가치」, 『한국민족문화』 71, 부산대학교
　　한국민족문화연구소, 2019.

김미선, 『호남문집 소재(所載) 일기류 자료』, 경인문화사, 2018.

김민정, 「18-19세기의 백두산 기행로 및 기행 양식」, 성신여자대학교 석사학위논문,
　　2006.

김순영, 「무등산 유산기 연구」, 전남대학교 석사학위논문, 2013.

김순영, 「연재 송변선의 호남 지역 名山 인식에 대한 연구 -『연재집』 소재 호남 유
　　산기 작품을 중심으로」, 『어문논총』 31, 전남대학교 한국어문학연구소, 2017.

김순영, 「호남 유산기의 자료적 특징과 의의」, 『국학연구론총』 13, 택민국학연구
　　원, 2014.

김영진, 「예헌(例軒) 이철환의 생애와 『상산삼매』」, 『민족문학사연구』 27, 민족문
　　학사연구소, 2005.

김영진, 「朝鮮朝 文集 刊行의 諸樣相 - 朝鮮後期 事例를 中心으로」, 『민족문화』
　　43, 한국고전번역원, 2014.

김용남, 「이상수의 俗離山遊記에 드러나는 議論의 강화와 그 특징」, 『고전문학과
　　교육』 17, 한국고전문학교육학회, 2009.

김용남, 「조선후기 俗離山遊記에 나타난 산수관」, 『개신어문연구』 23, 개신어문학
　　회, 2005.

박영호, 「周王山 遊覽錄의 현황과 특징」, 『동방한문학』 71, 동방한문학회, 2017.

박현순, 「문집을 통해 본 조선시대의 일기와 일기쓰기」, 『조선시대사학보』 79, 조선시대사학회, 2016.

변영섭, 「豹菴 姜世晃의 禹金巖圖와 遊禹金巖記」, 『미술자료』 78, 국립중앙박물관, 2009.

사경화, 「조선시대 月出山 遊山記의 개괄적 검토」, 『한문고전연구』 38, 한국한문고전학회, 2019.

소재영·김태준 편, 『여행과 체험의 문학-국토기행』, 민족문화문고간행회, 1987.

손오규, 「한라산 山水遊記의 산수문학적 연구」, 『퇴계학논총』 26, 사단법인 퇴계학부산연구원, 2015.

손혜리, 「조선 후기 문인들의 백두산 유람과 기록에 대하여」, 『민족문학사연구』 37, 민족문학사학회, 2008.

심경호, 「동아시아 산수기행문학의 문화사적 의미」, 『한국한문학연구』 49, 한국한문학회, 2012.

심경호, 『여행과 동아시아 고전문학』, 고려대학교 출판부, 2013.

양승이, 「金剛山 관련 文學作品에 나타난 儒家的 思惟 硏究」, 고려대학교 박사학위논문, 2012.

염정섭, 「조선시대 일기류 자료의 성격과 분류」, 『역사와현실』 24, 한국역사연구회, 1997.

윤미란, 「조선시대 한라산 遊記 연구」, 고려대학교 교육대학원 석사학위논문, 2008.

윤치부, 「韓國 海洋文學 硏究-漂海類 작품을 중심으로」, 건국대학교 박사학위논문, 1992.

이경순, 「17-18세기 士族의 유람과 山水空間 인식」, 서강대학교 박사학위논문, 2014.

이길구, 「鷄龍山 遊記의 硏究-콘텐츠 活用方案 摸索을 겸하여」, 충남대학교 박사학위논문, 2016.

이병찬, 「연재 송병선의 유기문학 연구」, 『어문연구』 68, 어문연구학회, 2011.

이상균, 「朝鮮時代 遊覽文化 硏究」, 강원대학교 박사학위논문, 2013.

이석환, 「『금강산』의 역사적 위상에 관한 연구」, 『불교연구』 47, 한국불교연구원, 2017.

이우경, 『한국의 일기문학』, 집문당, 1995.

이종묵, 「조선시대 臥遊 文化 硏究」, 『진단학보』 98, 진단학회, 2004.

이태희, 「鄭敬源의 『峽遊日記』연구」, 『장서각』 29, 한국학중앙연구원, 2013.

이혜순 외, 『조선중기의 유산기 문학』, 집문당, 1997.

임노직, 「소백산의 문학적 형상화 고찰」, 『한문학논집』 38, 근역한문학회, 2014.

장현아, 「遊山記로 본 朝鮮時代 僧侶와 寺刹」, 동국대학교 석사학위논문, 2003.

정구복, 「朝鮮朝 日記의 資料的 性格」, 『정신문화연구』 19, 한국학중앙연구원, 1996.

정민, 「새자료 정학유의 흑산도 기행문 「부해기(浮海記)」와 기행시」, 『한국한문학
      연구』 79, 한국한문학회, 2020.

정용수, 「조선조 산수유람문학에 나타난 <록> 체의 전통과 남해 錦山」, 『석당논총』
      25, 동아대학교 석당학술원, 1997.

정지아, 「淸凉山 遊山錄과 智異山 遊山錄 比較 硏究」, 경북대학교 박사학위논문,
      2016.

정치영, 「日記를 이용한 조선중기 양반관료의 여행 연구」, 『역사민속학』 26, 한국
      역사민속학회, 2008.

정치영, 『사대부, 산수 유람을 떠나다』, 한국학중앙연구원 출판부, 2014.

정치영·박정혜·김지현, 『조선의 명승』, 한국학중앙연구원 출판부, 2016.

정하영, 「朝鮮朝 '日記'類 資料의 文學史的 意義」, 『정신문화연구』 19, 한국학중앙
      연구원, 1996.

최강현 편, 『한국 기행문학 작품 연구』, 국학자료원, 1996.

최성환, 「유배인 김약행의 <遊大黑記>를 통해 본 조선후기 대흑산도」, 『한국민족
      문화』 36, 부산대학교 한국민족문화연구소, 2010.

최영화, 「朝鮮後期 漂海錄 硏究」, 연세대학교 박사학위논문, 2017.

최완수, 『겸재를 따라가는 금강산 여행』, 대원사, 1999.

최은주, 「조선 시대 일기 자료의 실상과 가치」, 『대동한문학』 30, 대동한문학회,
      2009.

한국문화역사지리학회 편, 『한국인에게 산은 무엇인가』, 민속원, 2016.

한영, 「三淵 金昌翕의 日記體 遊記 硏究」, 한양대학교 박사학위논문, 2018.

황위주, 「日記類 資料의 國譯 現況과 課題」, 『고전번역연구』 1, 한국고전번역학회,
      2010.

황위주, 「조선시대 일기자료의 현황과 활용방안」, 『국역 조선시대 서원일기』, 한국
　　　국학진흥원, 2007.
황천우·김영미, 『수락산에서 놀다』, 주류성, 2015.

3. 기타

『금강일보』, 「[유물로 본 충남 역사문화] '아버지의 그림자', 운재 최영조의 남행일
　　　기(南行日記)」(http://www.ggilbo.com/news/articleView.html?idxno=563936)
　　　검색일: 2021.10.14.
CNC 학술정보(http://yescnc.com/) 검색일: 2021.10.14.
국립문화재연구소 문화유산연구지식포털(http://portal.nrich.go.kr/) 검색일: 2021.10.14.
국립중앙도서관(http://www.nl.go.kr/) 검색일: 2021.10.14.
국학진흥원 일기류DB(http://diary.ugyo.net/) 검색일: 2021.10.14.
국회전자도서관(http://dl.nanet.go.kr/) 검색일: 2021.10.14.
남명학고문헌시스템(http://nmh.gsnu.ac.kr/) 검색일: 2021.10.14.
문화콘텐츠닷컴(http://www.culturecontent.com/) 검색일: 2021.10.14.
미디어한국학(http://www.mkstudy.com/) 검색일: 2021.10.14.
불교기록문화유산아카이브(https://kabc.dongguk.edu/) 검색일: 2021.10.14.
서울대학교 규장각한국학연구원(http://kyu.snu.ac.kr/) 검색일: 2021.10.14.
스토리테마파크 - 일기와생활(http://story.ugyo.net/) 검색일: 2021.10.14.
유교넷(http://www.ugyo.net/) 검색일: 2021.10.14.
장서각디지털아카이브(http://yoksa.aks.ac.kr/) 검색일: 2021.10.14.
한국고전종합DB(http://db.itkc.or.kr/) 검색일: 2021.10.14.
한국역대인물 종합정보시스템(http://people.aks.ac.kr/) 검색일: 2021.10.14.
한국향토문화전자대전(http://www.grandculture.net/) 검색일: 2021.10.14.
호남기록문화유산(http://memoryhonam.co.kr/) 검색일: 2021.10.14.

김미선金美善

전남대학교 국어국문학과를 졸업하고 같은 대학원에서 박사학위를 받았다. 전남대학교 인문학연구소 학술연구교수로서 조선시대 한문 기행일기 연구를 수행하였으며, 현재 전남대학교 교육혁신본부 강사로 재직 중이다. 일기문학을 집중적으로 연구하고 있으며, 고전문학의 교육적 활용 방안에도 관심을 기울이고 있다.

논문으로는 「『노송당일본행록(老松堂日本行錄)』의 구성 방식과 시서(詩序)의 역할」, 「임자도 유배에 관한 부자(父子)의 기록 읽기」, 「전북지역 유람일기의 현황과 활용」, 「미암(眉巖) 유희춘(柳希春) 문학 작품의 교육적 활용 방안」, 「고전소설 교육에서 실기(實記)의 활용 가치 - 전쟁 소재 작품을 중심으로」 등이 있다. 저서로는 『호남의 포로실기 문학』, 『호남문집 소재(所載) 일기류 자료』가 있고, 공저로는 『호남문집 기초목록』, 『호남유배인 기초목록』, 『동아시아의 표류』 등이 있다.

조선시대 한문 기행일기

초판 1쇄 인쇄 2022년 4월 25일
초판 1쇄 발행 2022년 5월 03일

지 은 이 김미선
발 행 인 한정희
발 행 처 경인문화사
편   집 김지선 유지혜 한주연 이다빈 김윤진
마 케 팅 전병관 유인순 하재일
출 판 번 호 406-1973-000003호
주   소 파주시 회동길 445-1 경인빌딩 B동 4층
전   화 031-955-9300 팩 스 031-955-9310
홈 페 이 지 www.kyunginp.co.kr
이 메 일 kyungin@kyunginp.co.kr

ISBN 978-89-499-6634-2 93910
값 17,000원